书山有路勤为径,优质资源伴你行
注册世纪波学院会员,享精品图书增值服务

VALUE
The Four Cornerstones of Corporate Finance

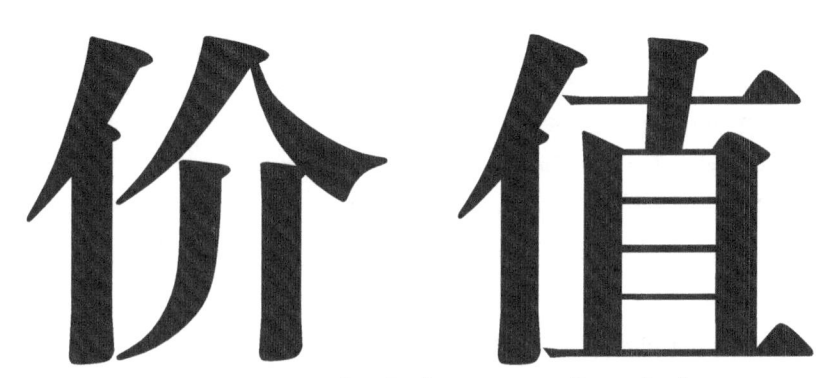

价值
公司金融的四大基石
（钻石版）

蒂姆·科勒
[美] 理查德·多布斯　著
比尔·休耶特

金永红　倪晶晶　单丽翡　译

电子工业出版社
Publishing House of Electronics Industry
北京·BEIJING

McKinsey & Company: Value: The Four Cornerstones of Corporate Finance

Copyright © 2010 by McKinsey & Company

All rights reserved. This translation published under license. Authorized translation from the English language edition published by John Wiley & Sons, Inc.

No part of this book may be reproduced in any form without the written permission of John Wiley & Sons, Inc. Simplified Chinese translation edition copyrights © 2023 by Publishing House of Electronics Industry Co., Ltd

Copies of this book sold without a Wiley sticker on the cover are unauthorized and illegal.

本书中文简体字版由 John Wiley & Sons, Inc. 授权电子工业出版社独家出版发行。未经书面许可，不得以任何方式抄袭、复制或节录本书中的任何内容。

版权贸易合同登记号　图字：01-2011-1869

图书在版编目（CIP）数据

价值：公司金融的四大基石：钻石版 /（美）蒂姆·科勒（Tim Koller），（美）理查德·多布斯（Richard Dobbs），（美）比尔·休耶特（Bill Huyett）著；金永红，倪晶晶，单丽翡译. — 北京：电子工业出版社，2023.6

书名原文：Value: The Four Cornerstones of Corporate Finance

ISBN 978-7-121-45647-3

Ⅰ.①价… Ⅱ.①蒂… ②理… ③比… ④金… ⑤倪… ⑥单… Ⅲ.①公司—金融学 Ⅳ.①F276.6

中国国家版本馆 CIP 数据核字（2023）第 091813 号

责任编辑：杨洪军
印　　刷：北京七彩京通数码快印有限公司
装　　订：北京七彩京通数码快印有限公司
出版发行：电子工业出版社
　　　　　北京市海淀区万寿路 173 信箱　邮编 100036
开　　本：720×1000　1/16　印张：13.75　字数：286 千字
版　　次：2023 年 6 月第 1 版
印　　次：2025 年 5 月第 4 次印刷
定　　价：59.00 元

凡所购买电子工业出版社图书有缺损问题，请向购买书店调换。若书店售缺，请与本社发行部联系，联系及邮购电话：（010）88254888，88258888。

质量投诉请发邮件至 zlts@phei.com.cn，盗版侵权举报请发邮件至 dbqq@phei.com.cn。

本书咨询联系方式：（010）88254199，sjb@phei.com.cn。

作者简介

麦肯锡是一家国际性的管理咨询公司，公司的使命是帮助领先的私营、公共和社会组织实现独特、持久和实质性的绩效改进。在过去的70年中，公司的首要目标始终不变：在高管面临的关键问题上担任组织最值得信赖的外部顾问高管。麦肯锡在全球50多个国家和地区开设了90多家分公司，向全球知名公司提供战略、经营、组织、财务和技术等领域的咨询服务。麦肯锡在所有主要行业和主要职能领域拥有丰富的经验。

麦肯锡的公司金融业务，以及公司的战略和风险业务，在为客户提供咨询时，将行业洞察力、公司的全球业务和专有知识独特地结合在一起。这些业务共同帮助客户确定企业投资组合方向，管理投资选择中的风险，并建立有效的估值管理能力。

蒂姆·科勒（Tim Koller），麦肯锡纽约分公司董事，公司绩效中心的负责人，同时是全球公司金融业务领导小组成员。蒂姆在纽约和阿姆斯特丹分公司服务了25年，在此期间，蒂姆为全球客户提供公司战略和资本市场、兼并和收购、价值管理方面的服务。他是《价值评估：公司价值的衡量与管理》一书的合著者，该书目前已是第5版，被世界各地的银行、公司和主要商学院作为该领域的权威书籍广泛采用。蒂姆在价值评估和资本市场的研究活动中起到领导作用。在加入麦肯锡之前，蒂姆曾就职于思腾思特公司（Stern Stewart & Company）和美孚公司（Mobil Corporation）。蒂姆曾获芝加哥大学工商管理硕士学位。

理查德·多布斯（Richard Dobbs），麦肯锡首尔分公司董事，麦肯锡全球研究院的董事，该研究院是公司的业务和经济研究部门。在此之前，理查德负责麦肯锡公司金融业务的研发。自1988年加入麦肯锡伦敦分公司以来，理查德为全球客户提供公司战略和资本市场、兼并和收购、价值管理方面的服务。他毕业于牛津大学，并担任牛津大学赛德商学院副研究员。作为富布赖特学者，他还获得了斯坦福大学商学院工商管理硕士学位。

比尔·休耶特（Bill Huyett），麦肯锡波士顿分公司董事，而且是公司战略、公司金融和医疗保健业务的领导者。在苏黎世、波士顿和华盛顿特区的23年咨询生涯中，比尔为全球客户提供产品开发和商业化、增长、创新、公司战略、兼并和收购以及企业领导力方面的服务。在加入麦肯锡之前，比尔在电子行业担任过各种直线管理职务。他在弗吉尼亚大学攻读 MBA 期间还获得了电子工程和计算机科学学位。

前　言

大多数高管已经想出了如何为股东创造价值。通过经验、观察和直觉，他们已经积累了丰富的个人智慧，幸运的话，这些智慧通常会引领他们走向正确的方向。但让我们面对现实吧，这种智慧并不总是占上风。事实上，2008年金融危机的爆发只是一个例子，说明金融神话、潮流和误解是多么容易压倒智慧，即使在最复杂的组织中。

高管的日子并不好过。在公司股价和基本经济价值相对一致的时期，当股东期望获得荒谬的高额回报时，要保持稳定是很困难的。当同行的利润以看似非理性的方式飙升时（如2008年），或者当股价达到前所未有的不可持续的水平时（如互联网泡沫时代），坚持基本面就更加困难了。

在这样的时期，出现了诱人的新经济理论。这些理论吸引了记者、交易员、董事会、投资者和高管的注意——尽管它们与100多年来一直坚持的金融原则公然相悖。

这些一厢情愿的想法只是强化了价值创造的永恒原则。这四条原则，我们称之为公司金融的基石，其出发点是，公司的存在是为了满足客户的需求，并将其转化为投资者的可靠回报。这些基石共同构成了一个基础，即使市场、经济和行业在他们周围发生变化，高管也可以在此基础上做出有关战略、兼并和收购、预算、财务政策、技术和业绩衡量的决定。

对于负有职能、业务或公司责任的高管来说，忽视这些基石可能会导致破坏价值的决策，或者导致彻底的公司灾难。让我们举两个例子。

第一，杠杆。随着2007年和2008年市场的升温，许多精明的金融服务高管认为，杠杆可以用来创造（而不仅是重新分配）价值。这种错误的观念与基石相冲突。杠杆是制造会计利润的快速方法，但它并没有为公司或经济增加真正的价值，因为它只是重新安排了对现金流的要求并增加了风险。

第二，波动性。有些人说，当公司提供稳定的、可预测的收益增长时，它们的价值会更高。这也是一种假设，并不是从基石中产生的。事实是，最老练的投资者，也就是那些对高管最重要的投资者，期望收益会有一定的波动性，只要他们能够识别出无法控制的经济动态的变化。与此相关的是这样一种信念，即投资者会对每股收益的提示性公告和因管理而消耗的重要经营时间的提示性公告给予较高的评估，即使实证研究已经清楚地显示了相反的情况。

在财务业绩如何反映经济理论和实证数据方面存在明显的脱节，这使误解更加严重。这些脱节会影响高管对商业战略和投资案例的判断。例如，基本经济学认为，高于资本成本的回报会被竞争掉。但数据显示，一些公司利用商业模式获得了持续的超额回报，这些商业模式能够抵御竞争对手和新进入者。

在实践中，我们发现总经理和职能领导的财务能力发展不平衡。很多时候，这些管理者学习财务知识的时候并没有以四大基石为基准，从而导致一些过于简单的应该避免的想法出现，如"我们需要使盈利增长快于收入增长"，或者过于强调每股收益，而以资本生产率或增长为代价。

当我们把这些误解、金融和经济之间的矛盾以及金融技能的不平衡发展结合起来时，我们就会明白决策偏离长期原则的根源是什么。媒体的声音并不经常阐明问题，投资者对什么是价值和什么不是价值所阐述的观点是分裂的，而交易员通过不自然地抬高或降低个别公司甚至整个行业的股票价格，造成了进一步的混乱。

将公司金融的四大基石内化，了解它们与实体经济和公共股票市场（或私人业主的预期）的关系，并有勇气在整个企业中应用它们，将使价值出现明显的上升和略微的下降。至少，这四个基石可以防止高管做出破坏价值创造的战略、财务和商业决策。在最好的情况下，这些基石可以鼓励高管、董事会、投资者、银行家和媒体之间进行更具建设性的、以价值为导向的对话，从而做出勇敢的甚至不受欢迎的决定，建立持久的企业价值。

为此，我们为您提供《价值：公司金融的四大基石》一书。

我们希望本书能够成为一个催化剂和具体的指南,以改善高管规划战略、做出决策和培养下一代领导人的方式。最终,我们希望更多的公司接受这些原则,创造更加稳定和富有成效的经济。

致　谢

1990年，麦肯锡首先出版了《价值评估：公司价值的衡量与管理》一书。该书共有10种语言的版本，在共计售出50万本后，第5版在2010年年中问世。

我们非常感谢《价值评估》这本书的作者，因为正是他们的成功造就了这本书的构想。Tom Copeland和Jack Murrin是《价值评估》这本书前三个版本的作者，而Marc Goedhart和David Wessels是第4版和第5版的作者。如果没有他们的洞察力和勤奋，今天也就不会有《价值：企业金融的四大基石》这本书，因此我们对这几位优秀的同事表示由衷的感谢。

如果没有我们客户的帮助，我们也绝对无法完成这本书的创作，在彼此的互动中，他们磨砺了我们的思维和见解。他们为我们提供了测试我们的假设和理念的实际情况，他们的经验对于我们来说十分重要，我们将这些经验与学术理论相结合来挖掘真相。

本书的处理方法来源于资本预算的现值法和价值评估方法，其中，价值评估方法是由Merton Miller和Franco Modigliani在1961年发表于《商业》周刊上的一篇文章《红利政策、增长和股票价格估值》所提出的。其他人为了推广他们的方法已经做了很多努力。特别是，西北大学教授Alfred Rappaport和思腾思特公司的Joel Stern就是最早将Miller-Modigliani公司的估值公式运用到真实世界中的两个人。

Ennius Bergsma值得我们给予特别的感谢，因为他在20世纪80年代中期首先开始发展麦肯锡的公司金融业务。他从麦肯锡原有的内部估值手册中得到启发并召集了一些人来支持他的工作,最终将这本手册出版——面向外部受众。我们也要向 Dave Furer 道一声谢谢,他在 20 年前创作了《价值评估》的初稿。

如果没有麦肯锡公司金融业务领导的鼓励和支持,尤其是 Christian Caspar、Bernie Ferrari、Massimo Giordano、Ron Hulme、Rob Latoff、Thomas Leudi、Nick Leung、Michael Patsalos-Fox、Jean-Marc Poullet、Pedro Rodeia、Michael Silber、Vincenzo Tortoricci 和 Felix Wenger,我们不可能有时间和精力完成这本书。

同样,如果没有麦肯锡前常务董事 Ian Davis 和公司现在的总经理 Dominic Barton 的远见,我们也不可能有适当的时间和精力投入这项工作中。

我们还要感谢那些就遇到的具有挑战性的问题向我们提问,从而加深了我们在公司金融、战略和经济学方面的知识的人。我们要感谢 Buford Alexander、Ennius Bergsma、Peter Bisson、Tom Copeland、Mike Dodd、Bill Fallon、Bernie Ferrari、Richard Foster、Marc Goedhart、John Goetz、Robert Harris、Tim Jenkinson、Larry Kanarek、Jack McDonald、Michael Mauboussin、Colin Meyer、Michael Mire、Jack Murrin、Jonathan Peacock、Chandan Sengupta、Bennett Stewart、Bill Tren、Robert Uhlaner、James van Horn 和 David Wessels。

能与麦肯锡公司绩效中心(Corporate Performance Certer,CPC)的这些财务专家共事,我们感到荣幸,他们每天都在影响着我们的思维。公司绩效中心的领导包括 Ankur Agrawal、André Annema、Andres Cottin、Bas Deelder、Susan Nolen Foushee、Marc Goedhart、Regis Huc、Mimi James、Mauricio Jaramillo、Bin Jiang、Marc Metakis、Jean-Hugues Monier、Rishi Raj、Werner Rehm、Ram Sekar 和 Zane Williams。

我们广泛利用麦肯锡的公司绩效分析工具(Corporate Performance Analytical Tool,CPAT),它提供了一个巨大的数据库和深刻的分析能力。感谢 Bin Jiang 开发了 CPAT,感谢 Bing Cao 帮我们进行数据分析,感谢 Dick Foster——麦肯锡的一位退休的合伙人,对 CPAT 的开发起了启发作用。

我们的主编 Neil DeCarlo,为我们提供征询意见,思考每章的结构,是我们的教练和临时仲裁,帮助我们找到最好的表达我们想法的语言。他非常变通,能够容忍我们忙碌的时间表,无论是否在他的工作时间内。在很多方面,可以说他是本书的第四作者。

Rik Kirkland 和 Michael Stewart 确保我们可以获得来自麦肯锡外部出版和外

致谢

部沟通团队的帮助。Bill Javetski 和 Dennis Swinford 来自麦肯锡的编辑团队,就本书的许多文章和其他工作与我们合作。此外,Joanne Mason 负责策划营销和分销工作,事实核查和编辑支持主要由 Drew Holzfeind、Joe Mandel 和 Katherine Boas 提供。

Kim Bartko 熟练地监督本书中的图表,由于本书的图表需要各种格式和技术,这是一项艰巨的任务。我们无法完全形容 Kim Bartko 如何用她的视觉沟通方面的天分帮助我们改善我们最初的图表。在效率和专业工作上,Mark Bergeron、Gail Farrar 和 Richard Peal 支持 Kim Bartko 的工作。

有些章节中的想法可以追溯到多年来对我们的思维产生影响的一些人:Rob McLean 和 John Stuckey 对第 5 章的最佳所有者原则,Werner Rehm 和 Rob Palter 对第 6 章的投资者分类以及第 16 章的投资者沟通,Marc Goedhart 对第 8 章的股票市场泡沫讨论,Lee Dranikoff 和 Antoon Schneider 对第 12 章的剥离讨论,以及 Marc Goedhart 和 Werner Rehm 对第 15 章的资本结构讨论。

在《价值评估》的 5 个版本中有很多人的工作、思想和分析对本书有值得借鉴的地方,包括 Carlos Abad、Paul Adam、Buford Alexander、Petri Allas、Alexandre Amson、André Annema、已故的 Pat Anslinger、Vladimir Antikarov、Ali Asghar、Dan Bergman、Bill Barnett、Dan Bergman、Olivier Berlage、Peter Bisson、已故的 Joel Bleeke、Nidhi、Chadda、Carrie Chen、Steve Coley、Kevin Coyne、Johan Depraetere、Mikel Dodd、Lee Dranikoff、Will Draper、Christian von Drathen、David Ernst、Bill Fallon、George Fenn、Susan Nolen Foushee、Russ Fradin、Gabriel Garcia、Richard Gerards、Alo Ghosh、Irina Grigorenko、Fredrik Gustavsson、Marco de Heer、Keiko Honda、Alice Hu、Régis Huc、Mimi James、Chris Jones、William Jones、Phil Keenan、Phil Kholos、David Krieger、Shyanjaw Kuo、Bill Lewis、Kurt Losert、Harry Markl、Yuri Maslov、Perry Moilinoff、Fabienne Moimaux、Mike Murray、Terence Nahar、Juan Ocampo、Martijn Olthof、Rob Palter、Neha Patel、John Patience、Bill Pursche、S. R. Rajan、Frank Richter、David Rothschild、Michael Rudolf、Yasser Salem、Antoon Schneider、Meg Smoot、Silvia Stefini、Konrad Stiglbrunner、Ahmed Taha、Bill Trent、David Twiddy、Valerie Udale、Sandeep Vaswani、Kim Vogel、Jon Weiner、Jack Welch、Gustavo Wigman、David Willensky、Marijn deWit、Pieter deWit、Jonathan Witter、David Wright 和 Yan Yang。

我们还要感谢我们的助手 Jennifer Fagundes、Sumi Choi 和 Alice Morris，他们帮助我们准备手稿，协调文件、电子邮件和接听电话。

我们也衷心感谢 John Wiley & Sons 的团队，包括 Tiffany Charbonier、Mary Daniello、Bill Falloon、Meg Freeborn、Mike Freeland、Pamela van Giessen、Emilie Herman、Joan O'Neil 和 Cristin Riffle-Lash。我们无法完全表达 John Wiley & Sons 团队的高质量和专业水平。我们还要感谢 Cape Cod Compositors 团队，他们严谨的工作使我们的手稿最终出版。

最后，谢谢 Melissa Koller、Cathy Dobbs 和 Lauren Huyett，以及我们的孩子们。我们的家人是我们真正的灵感来源，没有他们的鼓励、支持和牺牲，这本书不可能出版。

目 录

第 1 部分　四大基石

第 1 章　为何重视价值 2

许多公司以创造价值的名义做出了损害价值的决定。但是，如果有勇气和独立性，高管可以运用公司金融的四个基石做出合理的决定，从而实现持久的价值创造。

四大基石 3
不重视价值的后果 5
重视价值的优点 8
高管面临的挑战 10

第 2 章　价值核心原则 12

投入资本收益率和增长是创造价值的双重动力，但它们很少同等重要。有时提高投入资本收益率更重要，而其他时候加速增长更重要。

增长、投入资本收益率和现金流的关系 13
现实世界的证据 17
管理心得 20

第3章 价值守恒原则 24

你可以制造价值的假象，也可以创造真正的价值。有时收购和金融工程计划会创造价值，有时却不会。无论你如何划分这块金融蛋糕，只有改善现金流才能创造价值。

价值守恒的基础 26
管理心得 27

第4章 期望值跑步机原则 34

没有一家公司能够永远超越股票市场的预期。当一家公司表现出色时，期望值就会上升，迫使它做得更好，以跟上步伐。跑步机解释了为什么高绩效公司的股价有时会下跌，反之亦然。

股东收益率和基本价值 36
了解期望 39
管理心得 40

第5章 最佳所有者原则 43

没有一家公司的价值是客观固定的。一家目标公司对于这个所有者是这个价值，对于其他潜在所有者又是另一个价值——取决于从该公司创造现金流的能力。

谁是最佳所有者 44
最佳所有者生命周期 47
管理心得 48

第2部分 股票市场

第6章 谁组成了股票市场 52

传统的观念将投资者分为价值型投资者和成长型投资者，但这种分类是错误的。一个更加精确的分类方法可以筛选出对于价值取向的高管来说哪类投资者是最重要的。

股票市场的一个模型 52
传统的见解 54

了解投资者的更好方式 55
　　内在投资者驱动估值水平 59

第7章　股票市场和实体经济 61

股票市场和实体经济的表现通常是一致的，虽然几乎没有完全一致的情况，也很少有非常不一致的情况。了解这一点的高管和投资者能够更好地制定出创造价值的决策。

　　100年以来的股东收益率 63
　　1960—2009年期间的股票市场 64
　　一年期的市场模型 70
　　理解市场 73

第8章　股票市场泡沫 75

股票市场泡沫是不常见的，而且通常仅限于特定的行业和公司。了解为什么以及什么时候会产生泡沫可以确保管理人员注重依据公司内在价值制定健全的战略决策。

　　泡沫为什么产生 77
　　整个市场的泡沫 80
　　行业和公司泡沫 83
　　金融危机 84
　　泡沫再次告诉我们需要关注长期价值创造 86

第9章　盈利管理 87

试图使盈利平稳化是一个愚蠢的游戏，可能会适得其反，在某些情况下甚至会损害价值。价值创造是一个长期的过程，有时需要减少短期盈利。

　　预期盈利并不重要 89
　　盈利波动不可避免 93
　　会计处理不会改变基本价值 96

第 3 部分　管理价值创造

第 10 章　投入资本收益率 100

如果没有有吸引力的产业结构和明显的竞争优势，公司就无法维持较高的投入资本收益率。然而，令人惊讶的是，很少有高管能够准确地指出提高其公司回报率的竞争优势。

什么驱动投入资本收益率 102
投入资本收益率的可持续性 110
投入资本收益率的趋势 113
投入资本收益率仍是重要的 117

第 11 章　增长 118

不增长就很难创造价值，但仅仅增长也并不一定能创造价值。这完全取决于公司实现的增长类型是什么以及增长的回报率是多少。

不同的增长创造不同的价值 119
增长是难以维持的 122
增长需要不断探索新市场 124

第 12 章　业务投资组合 129

一家公司的命运在很大程度上等同于它所拥有的业务，主动管理的投资组合胜过被动管理的投资组合。有时，公司甚至可以通过销售高绩效的业务来创造价值。

最佳所有者：公司价值增加 131
剥离：定期修正 133
增加投资组合 137
业务投资组合多元化 138
规模 139

第 13 章　兼并和收购 142

大多数收购都创造了价值，但通常情况下，收购方的股东只能获得一小部分价值，而大部分归于目标公司的股东。但收购方有一些典型的方法可以创造价值。

衡量价值创造 142
实证结果 144
价值创造的收购原型 146
为收购创造价值制定战略更困难 149
重点在价值创造而不是会计 152

第 14 章　风险 154

在业务中，没有什么比管理风险的必要性更明确、更复杂的了。明确是因为风险对公司、董事会、投资者和决策者来说非常重要。复杂是因为这些群体中的每个人都有不同的观点。

风险对公司和投资者的影响不同 155
衡量风险 157
公司应保留一定的风险 159
金融市场对降低经济风险的帮助有限 160
承受多少风险 161
风险文化 163

第 15 章　资本结构 165

正确的资本结构很重要，但不一定会创造价值，而错误的资本结构会带来巨大的价值损害。当涉及财务结构时，公司最好尽可能地保持简单。

债务和股权的组合 166
复杂的金融结构和金融工程 168
股息和股票回购 171

第 16 章　投资者沟通 174

良好的投资者沟通可以确保公司的股价不会与它的内在价值不符。而且，沟通不只是一种方式，高管应该有选择地倾听正确的投资者，就像他们告诉投资者有关公司的情况一样。

与投资者沟通的目的 175
内在价值与市场价值 175
投资者类型重要吗 177
与内在投资者沟通 179
指导 182
倾听投资者 184

第 17 章　价值管理 186

要在短期财务结果和长期价值创造之间取得适当的平衡并不容易，尤其是在大型复杂的公司。诀窍是，通过使你的管理过程更加细化和透明来消除杂乱无章的情况。

价值组织 187
绩效衡量 188
报酬 191
战略规划和预算 192
董事会 193

附录 A　价值计算 196

附录 B　市盈率的使用 200

第1章
为何重视价值

在市场经济中，毫无疑问，价值是一个重要的度量工具。人们投资时都期望投资价值的增长足以弥补投资带来的风险以及资金的时间价值。对于所有类型的投资，如债券、银行存款、房地产、股票等，这一点都是成立的。①

因此，了解如何创造和衡量价值是高管的一个重要工具。如果说我们从最近的金融危机，从我们历史上的经济泡沫和破灭时期中学到了什么，那就是价值创造和价值衡量的规律是永恒的。金融工程、过度杠杆、在膨胀的繁荣时期认为旧的经济规则不再适用的想法——这些都是导致公司价值受损和整个经济衰退的错误观念。

除了价值的永恒性，本书中关于创造和衡量价值的想法是直截了当的。数学教授迈克尔·斯塔伯德（Michael Starbird）指出："典型的1 200页的微积分课本是由2页观点和1 198页的例子和应用组成的。"公司金融也是如此。我们认为，

---

① 在本书中，我们使用了价值和价值创造这两个术语。在其最纯粹的形式中，价值是未来预期现金流的现值之和，这是从时点上来衡量的。价值创造是指由于公司业绩而产生的价值变化。有时我们会根据对未来增长、投入资本收益率和现金流的明确预测来提及价值和价值创造。其他时候，我们会用公司股票价格指代价值，用股东整体收益率（股票价格增值加上股息）指代价值创造。

它可以概括为四大基石。① 应用这些原则，高管可以找出大多数公司财务问题的价值创造答案，如该采取什么战略、是否进行收购、是否进行回购等。

这些基石也是很直观的。例如，大多数高管都明白，无论高管的股票期权在公司的利润表中被记录为费用，还是在财务报表的脚注中被单独引用，都不会影响公司的价值，因为现金流没有发生变化。当高管花了十多年的时间在会计准则上争论不休以反映这些期权的经济性时，他们理应感到困惑。

四大基石

公司金融的四大基石到底是什么？它们如何引导公司创造持久的价值？

第一大也是指导性的基石：公司要创造价值，就必须利用从投资者筹集的资本，以超过资本成本的收益率（投资者要求的收益率）来创造未来的现金流。公司的收入增长得越快，以诱人的收益率配置的资本越多，创造的价值也就越多。增长与投入资本收益率的结合推动了价值和价值创造。②

第一大基石被命名为价值核心原则（the core of value），它解释了为什么一些公司在低增长的情况下仍有很高的市盈率。例如，在品牌消费品行业，全球糖果制造商好时公司在2009年年底的市盈率为18，高于美国400家最大的非金融公司中的70%。然而，好时公司的收入增长率一直在3%～4%之间。

这个原则的关键点在于，企业的增长和投入资本收益率能够推动其战略的重大变化。对于投入资本收益率高的企业来说，增长的改善创造了最大的价值。但对于投入资本收益率较低的企业来说，投入资本收益率的改善提供了最大的价值。

第二大基石是第一大基石的必然结果：当公司产生更多的现金流时，才会为股东创造价值，而不是仅对原来投资者的资产进行重新配置。我们称之为价值守恒原则（the conservation of value），或者说没有增加现金流（通过增加收入或者提高投入资本收益率）的投资也就没有创造价值（假设公司的风险状况没有改变）。

当一家公司用债券取代股权或发行债券回购股票时，只是改变了现金流的所有权，并未改变可获得的总现金流或者增加价值（除非债券节税增加公司的现金

---

① 本书中我们会交替使用基石与原则这两个术语。
② 根据收入与利润来定义增长。我们将投入资本收益率（Return On Invested Capital，ROIC）定义为营业利润除以投资于固定资产、营运资本和其他资产的资本。

流）。同样，改变会计处理方法只会给我们一个业绩增加的假象，但不会真正影响现金流，因而不会影响公司的价值。

我们有时会听到这样一种说法，高市盈率公司购买低市盈率公司，那么低市盈率公司的收入将根据高市盈率公司的市盈率来重新衡量。如果合并后公司的增长率、投入资本收益率以及现金流没有变化，目标公司的市值为什么会增加呢？该说法除了逻辑上不成立，重新衡量也没有任何实证支持。当然，如果新的合并公司由于收购而改善了收入和现金流，就意味着创造了新的价值。

第三大基石：一个公司在股票市场中的表现是由股票市场预期的变化所驱动的，而不仅仅是公司的实际表现（增长、投入资本收益率和由此产生的现金流）。我们把这称为期望值跑步机原则（the expectations treadmill）——因为股票市场对公司股票价格的期望值越高，公司就必须有更好的表现才能跟上。

例如，美国大型零售商家得宝从1999年到2009年损失了一半的股票价值，尽管在此期间每年收入增长11%，投资收益率也很有吸引力。这归因于1999年家得宝的股票价值升到了1 320亿美元，投资者相信，家得宝至少将以年均26%的速度增长15年，这一期望没有实现，因而这一极高的价值无法维持。

在一个相反的例子中，大陆集团（总部位于德国的全球汽车供应商）的股东受益于2003年股票市场对业绩的低期望值，当时大陆集团的市盈率约为6。在接下来的三年里，股东每年获得的收益率为74%，其中约1/3可归因于股票市场对业绩的消极期望的消失以及市盈率恢复到11的正常水平。

正如一句老话所说，好的公司不一定是好的投资选择。在一个高管薪酬在相对较短的时间内与股票价格表现密切相关的世界里，高管往往更容易通过扭转业绩不佳的公司而获得更多的收入，而不是将一家业绩优异的公司提升到更高的水平。

第四大基石即最后的基石：公司价值取决于谁在管理，以及采取什么样的战略。该基石可命名为最佳所有者原则（the best owner），该原则指出任何一项业务本身都没有一种固有的价值，不同的所有者基于其独特的价值创造能力，将产生不同的现金流。

与此相关的是，公司的内在价值没有一个确定的值，它取决于所有者以及执行者。有些企业通过与投资组合中的其他企业的独特联系来增加价值，例如，那些具有强大能力的企业，可以加速以前由新兴技术公司拥有的产品的商业化。

公司金融的四大基石为制定健全的管理决策、维持持久的价值创造提供了一个稳定的参考框架。相反，忽视四大基石将导致决策失误、损害公司价值，在某些情况下，还将导致大范围的股票市场泡沫和金融危机。

不重视价值的后果

价值创造的第一大基石——投入资本收益率和增长创造价值，以及它的推论——价值守恒原则，都经受住了时间的考验。阿尔弗雷德·马歇尔在1890年写过关于投入资本收益率与资本成本之间的关系。[1]如果管理层、董事会和投资者忘记了这些简单的原则，后果往往是灾难性的。

20世纪70年代企业集团的兴衰、80年代美国的恶意收购、90年代日本泡沫经济的崩溃、1998年的东南亚金融危机、21世纪初的互联网泡沫，以及2007年开始的经济危机，所有这些都可以追溯到对这些原则的误解或误用。例如，在互联网泡沫期间，经理人和投资者忽视了投入资本收益率的驱动力，许多人甚至完全忘记了它的重要性。

当网景通讯公司在1995年上市时，该公司的市值一度飙升至60亿美元，而年收入只有8 500万美元，这个估值是十分惊人的。金融界被这一现象所折服，认为互联网可以改变每个行业的基本商业规则，从而掀起了一场创建互联网相关公司并将其上市的竞赛。在1995—2000年期间，有4 700多家公司在美国和欧洲上市，许多公司的市值超过10亿美元。

这一时期创立的一些公司，如亚马逊、易趣和雅虎，已经创造并可能继续创造可观的利润和价值。但对于每个可行的创新的经营理念，总会有几十家公司（包括网景通讯）在短期或长期内都不能产生类似的收入或现金流。这些公司最初在股票市场上的成功代表了炒作战胜了经验。

在互联网泡沫中，许多高管和投资者要么忘记了，要么摒弃了经济学的基本规则。这里我们考虑规模收益递增的概念，或者称为"网络效应""需求方规模经济"。在加州大学伯克利分校教授卡尔·夏皮罗和哈尔·瓦里安在他们的书《信息规则：网络经济的策略指导》中描述了这一概念之后，这一概念在20世纪90年代

---

[1] A. Marshall, *Principles of Economics*, vol. 1 (New York: MacMillan & Co., 1890), 142.

大受欢迎。①

其基本思想是这样的：在某些情况下，随着公司规模的扩大，他们可以获得更高的收入和投入资本收益率，因为他们的产品随着每个新客户的到来而变得更有价值。在大多数行业中，竞争迫使投入资本收益率回到合理水平；但在投入资本收益率增加的行业中，市场领导者的单位成本低且不断下降，使竞争受到抑制（因此在这种行业中被称为"赢家通吃"）。

规模收益递增是合理的经济学概念。在互联网泡沫时代，不健全的是，它被错误地应用于几乎所有与互联网有关的产品和服务，在某些情况下，还被应用于所有行业。创新的历史表明，除非在非常特殊的情况下，否则很难获得垄断规模的投入资本收益率。

许多市场评论员在不分青红皂白地推荐互联网股票时忽略了历史。他们走智力捷径，为科技公司股票的荒谬价格辩护，从而吹大了互联网泡沫。当时，质疑新经济学的人被指不开窍——新经济学中的托勒密天文学捍卫者。

当经济学定律盛行时，很明显，互联网企业（如在线宠物食品或杂货配送）不具备无懈可击的竞争优势，甚至无法获得适度的投入资本收益率。互联网和其他创新理念一样，彻底改变了经济，但它没有也不能改变经济、竞争和价值创造的规则。

忽视公司金融的四大基石，是金融危机（如2007年的金融危机）的根源。当银行和投资者忘记了价值守恒这一原则时，他们就必须承担非持续性的风险。

该危机发生的情况是这样的：首先，业主和投机者购买房产，而房产属于非流动资产。他们的按揭贷款计息方式为，开始几年采用引诱性的低利率，这段期限结束后，利率则大幅上涨。贷款者和购买者都明白，当引诱性的低利率期结束后，购买者是无法承担按揭款的。但是他们都心存侥幸，假设要么购买者的收入增长，足以支付增加的按揭款，要么房产的价值上涨，可以吸引新的贷款人按类似的引诱性的低利率重新提供抵押贷款。

银行把这些高风险债务打包为长期证券，并出售给投资者。这些证券的流动性是非常低的，但是购买这些证券的投资者通常是对冲基金和其他银行，是用短

---

① C. Shapiro and H. Varian, *Information Rules: A Strategic Guide to the Network Economy* (Boston: Harvard Business School Press, 1999).

期债务来支付价款的，如此便给借出短期债务的投资者带来了长期风险。

在这些房屋购买者的可调整利率上升后，他们无力承担付款义务。在这种情况下，房地产市场开始崩溃，导致许多房产的价值低于尚需支付的抵押款。此时，房屋购买者既无力支付贷款，也无法出售房产。当看到这种情况时，那些向不动产贷款抵押证券投资者发放短期贷款的银行便不愿意继续提供贷款，促使投资者只好尽快出售这些证券。

这些证券的价值暴跌。最后，许多大银行自己的账面上也有了这些证券，当然，他们是通过短期债务来融资的，因此这些短期债务无法继续滚动。

这个故事揭示了按揭证券化的参与者所做决定的两个根本性缺陷。第一个缺陷是，他们都假设将房屋抵押贷款证券化可以降低资产风险，从而增加价值，但他们没有意识到这违背了价值守恒原则。证券化没有增加房屋抵押贷款的现金流，因此没有创造价值，初始风险依然存在。

资产证券化只是将风险转嫁给其他所有者，但总有一些投资者在某个环节承担了这一风险。当然，由于证券化链条的复杂性，我们无法知悉到底谁承担了风险，承担的是什么风险。在房产市场崩溃后，金融服务机构担心其对手是否承担了大量风险，因此基本中止了彼此之间的业务。这就是信贷紧缩的开始，引发了实体经济的长期衰退。

在最近的金融危机中，决策者的第二个缺陷是，他们认为通过杠杆能够使资产自身创造价值。这是不成立的，因为根据价值守恒原则，杠杆没有增加现金流。许多银行采用大量的短期债务来购买长期非流动资产。这些债务并没有为这些银行股东创造长期价值，相反它增加了持有该银行股票的风险。

市场泡沫在痛苦中破灭，但我们不需要改写竞争和金融的规则来理解或避免它们。当然，互联网改变了我们购物和交流的方式，但它并没有创造出一种实质上不同的经济机制，即所谓的新经济。相反，互联网使信息，特别是价格信息变得透明，从而加剧了真实市场的竞争。

2007年引发的金融危机将约束当前经济中的一些过度行为，如允许人们购买无法负担的房产，不控制消费者的信用卡借款。但是，要避免下一次金融危机的关键在于，重申基本的经济规则，而不是改写它们。

重视价值的优点

股东价值相对于公司提供的就业岗位以及社会责任（也是衡量成功的标志），两者孰轻孰重，一直以来都存在着激烈的争论。在其意识形态和法律框架中，美国和英国都强调公司的主要职能是使股东价值最大化。

长期以来，对公司宗旨、治理结构和组织形式的更广泛的看法在欧洲大陆一直具有影响力。例如，在荷兰和德国，一家大公司的董事会有责任为了所有利益相关者（包括员工以及当地社区）而维持公司的持续经营。

我们的分析和经验表明，对于世界上任何地方的大多数公司来说，追求创造长期的股东价值并不意味着其他利益相关者会受到影响。我们进一步认为，致力于价值创造的公司通常更富活力，更有可能建立强大的经济体，实现更高的生活水平，以及为个人实现自我创造更多的机会。

现在，我们分析员工这一利益相关者。如果一家公司试图通过提供简陋的工作环境、克扣工资等来提高利润，那么它将难以吸引和留住高素质的员工。在当今流动性更强、受教育程度更高的劳动力中，这样的公司在与提供更有吸引力的工作环境的竞争对手的长期竞争中会很艰难生存。给员工提供优厚的待遇，本身也是一种良好的业绩。

创造价值的公司也会创造更多的就业机会。在研究就业问题时，我们发现在过去 15 年中创造了最大股东价值的美国和欧洲公司表现出更高的就业增长率。如图 1.1 所示，股东整体收益率（Total Return to Shareholders，TRS）最高的公司就业增长率也最高。我们对各个经济部门的这种关系进行了测试，发现结果类似。

通常人们认为公司应关注短期会计盈余以创造股东价值，对此，我们持不同意见。事实上，我们发现长期股东收益率与研发支出显著正相关。如图 1.2 所示，股东整体收益率最高的公司，研发支出也最多。这个结果也适用于经济的各个部门。

也有一种说法认为，创造价值的公司往往会忽视其社会责任，但事实并非如此。我们的研究证实，许多公司履行社会责任的举措有助于创造股东价值。[1]

---

[1] Sheila Bonini, Timothy Koller, and Philip H. Mirvis, "Valuing Social Responsibility Programs," *McKinsey on Finance*, no. 32 (Summer 2009): 11–18.

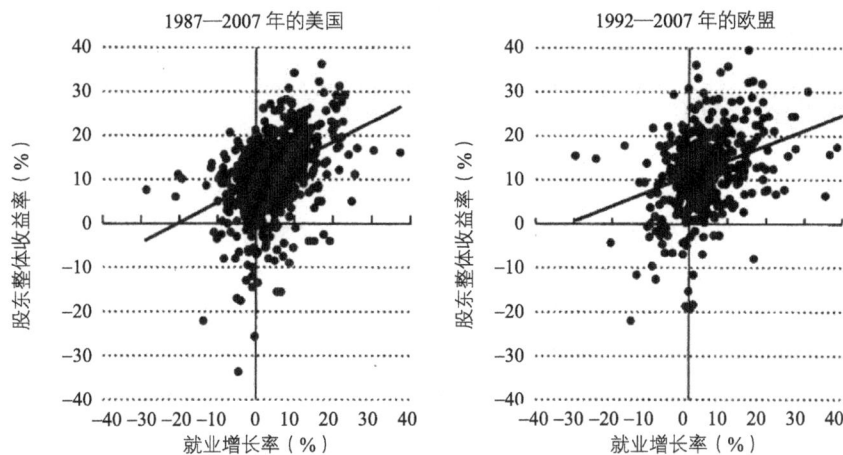

图 1.1 股东整体收益率与就业增长率的关系

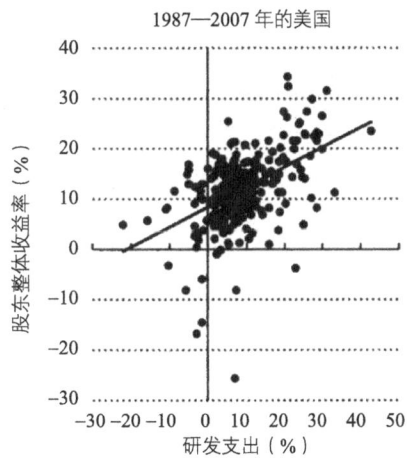

图 1.2 股东整体收益率与研发支出的关系

例如，IBM 为发展中经济体的中小企业提供免费的基于 Web 的管理资源。这一举措不仅提高了 IBM 在新市场的声誉，还促进了与可能成为未来客户的公司的关系。百思买开展了一个有针对性的计划，旨在降低女性员工的流动率，帮助她们建立自己的支持网络并培养领导技能。由于该方案的实施，女性员工的流动率降低了 5% 以上。

所有的证据都表明，如果公司管理者致力于为股东创造长期价值，那么股票市场的表现就是其努力的回报。反过来，公司创造的可持续价值越多，它们就越有财力及人力资本来施行有利于其他利益相关者的举措。

高管面临的挑战

毫无疑问，对于高管来说，要实现长期的投入资本收益率和收入增长是一项艰巨的任务，除非他们确信这样做可以带来更多的投资者和更高的股票价格，否则他们不会采取策略来实现这一要求。但正如后面的章节所显示的那样，大多数投资者是看重长期现金流、增长和投入资本收益率的，在这些方面表现良好的公司相应地在股票市场上也会有好的表现。

尽管有证据表明股东重视价值，但公司仍在继续听取关于市场需求的误导性建议。他们试图相信以各种未经证实的方式创造价值的承诺，如采纳有问题的会计处理方法、复杂的财务结构，或者对每股收益（Earnings Per Share，EPS）的盲目重视。但是，这样做是不可行的。

在讨论收购方案时，经常提出的问题是，在开始的一到两年内，收购是否会增加或稀释每股收益。事实上，这并不重要。没有实证显示，增加或稀释每股收益是衡量收购是否会创造或破坏价值的重要指标。增加每股收益的交易和减少每股收益的交易都有可能创造或破坏价值。

直觉告诉我们，收购所带来的价值创造不能简单地定义为每股收益增加/稀释。毕竟，每股收益增加/稀释受到许多因素的影响，其中一些因素对于价值创造来说是十分重要的，如目标公司的增长率以及协同效应实现的时机。相比之下，其他因素就没有那么重要了，如交易是如何达成的或者会计人员如何应用会计准则。

但是，如果每股收益增加/稀释以及类似的概念是荒谬的，那么为什么它们还如此盛行呢？尽管金融知识简单而直接，但为什么高管经常做出违背公理原则和自己本能的决定呢？

在最近与一家公司及其银行家的讨论中，我们提到了每股收益稀释这个问题。其中一位银行家表示："我们知道对每股收益的任何影响都与价值无关，但我们将其作为与董事会沟通的一种简单方式。"

然而，公司高管表示，他们也不认为对每股收益的影响是十分重要的。他们告诉我们，他们只是在沿用华尔街的做法而已。此外，投资者告诉我们，交易对每股收益的短期影响对他们来说也不十分重要。总之，我们了解到几乎每个人都认为交易对每股收益的影响是无关紧要的，但是，他们还是对该指标极其关注。

这种群体思维和缺乏对价值的估计往往导致决策要么损害价值，要么放弃创造价值的机会。事实上，试图将短期收入增长与价值创造联系起来的做法是不可取的，因为创造长期价值往往需要以降低短期收入为代价。此外，当高管把每股收益作为决策的依据时，他们会使负责分析收购决策的初级员工产生困惑。

1997—2003年，某家领先公司每股收益每年增长幅度都在11%~16%之间，就这一点而言，该公司是很成功的。但是，如果我们看一下其他对价值创造十分重要的因素，如收入增长，就会发现在同一时期这家公司年收入增长仅为2%。

该公司通过削减成本来实现利润增长，但是当削减成本所带来的商机耗尽时，该公司只能通过降低营销和产品开发费用来维持利润增长。2003年公司股票价格暴跌后，管理者终于承认他们在长期增长动力方面投资不足，并需要经历一个痛苦的重建期。

当企业发展成熟、增长放缓时，展示强劲的短期业绩的压力往往会增加。投资者继续追捧高增长。管理者受到诱惑，想方设法在短期内保持利润的增长，同时试图刺激长期增长。可以肯定的是，在某些情况下，提高短期利润应该是优先事项，而且管理者很容易把长期价值的争论作为忽视短期内可以和应该做的事情的借口。但是，为提高收益而做出的短期努力（削弱了生产性投资）使实现长期增长更加困难，造成了恶性循环。

一些分析师和投资者总是叫嚣着短期成果的重要性。即使一家公司一心追求长期价值，往往也不能满足他们的要求，这种连续的压力促使管理者必须马不停蹄地工作。正如有勇气做出正确的决定是关键的个人素质一样，在短期盈利与长期价值创造之间寻求平衡是管理者的重要工作内容之一。

换句话说，应用价值创造原则需要独立和勇气。

同样重要的是，公司董事会有责任调查和了解其投资组合中企业的经济状况，以判断管理者何时做出正确的取舍，最重要的是，当管理者选择以牺牲短期利润为代价建立长期价值时，要给予保护和支持。

应用价值创造的四大基石有时意味着逆潮流而上，它说明世上没有免费的午餐。它意味着应用四大基石，必须依靠数据、深刻的分析，以及对一个行业的竞争态势的深入理解。我们希望本书的其他部分能在这方面对你有所帮助，这样你就能够做出为投资者和整个社会创造价值的决定。

第 2 章
价值核心原则

公司通过现在投资现金,以期在未来产生更多现金,从而为股东创造价值。所创造的价值是所投入的资金和现金流入之间的差额——由于货币的时间价值和未来流动的风险性,明天的现金流的价值要比今天的低,所以要进行调整。正如我们后面所展示的,公司的投入资本收益率[①]和收入增长,决定了收入如何转化为现金流。因此,价值创造最终是由投入资本收益率、收入增长,以及随着时间的推移维持两者的能力所驱动的。图 2.1 说明了第一大基石——价值核心原则。

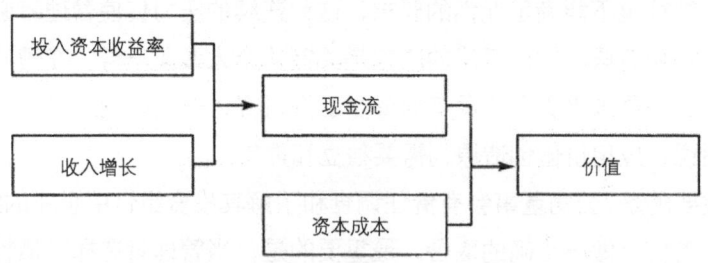

图 2.1 投入资本收益率和收入增长推动价值

人们可能期望在如何衡量和管理价值方面达成普遍共识,但事实并非如此——因为许多高管、董事会和记者仍然痴迷地关注利润和利润增长。尽管利润和现金

---

① 投入资本收益率的一个简单定义是税后营业利润除以投入资本(营运资金加固定资产)。

流通常是相关的，但它们并不能说明价值创造的全部，而且过多地关注利润往往会使公司误入歧途。

利润增长本身并不能解释为什么像沃尔格林和小箭牌这样两个成功但不同的公司的投资者在 1968—2007 年期间获得了相似的股东回报，尽管增长率大不相同。在此期间，连锁药店（沃尔格林）的年增长率为 12%，收入从 6.23 亿美元增加到 540 亿美元；与此同时，口香糖制造商（小箭牌）的收入增长率为 9%，从约 1.6 亿美元增加到 54 亿美元。

尽管沃尔格林是美国当时发展最快的公司之一，但其平均年股东收益率仅为 16%，而增长速度明显较慢的小箭牌为 17%。尽管增长速度慢了 25%，但小箭牌能够创造的价值略高于沃尔格林，原因是它获得了 28% 的投入资本收益率，而沃尔格林获得了 14%（对于零售商来说，已经是很好的成绩了）。

这正是许多高管、分析师、银行家和记者所忽略的：有大量证据表明，盈利增长只是驱动公司业绩的一个因素（而且是一个不完美的因素）。盈利或盈利增长本身并不能反映资本利用的重要性。

为了公平起见，假设一个行业的所有公司都能获得相同的投入资本收益率，那么盈利增长就会成为区分的标准。为了简便起见，分析师和学者有时会做出这样的假设，但是，正如我们在第 10 章所显示的，即使在同一行业内，收益率也会有很大的不同。

迪尔公司在 2001 年就知道了这一点，当时它改变了高管的薪酬计划，更加注重投入资本收益率，一反只根据盈利和盈利增长来补偿高管的趋势——实质上是削弱了推动资本生产力的动力。结果令人印象深刻，迪尔公司的投入资本收益率近年来从不到 10% 上升到 40% 以上，其股票价格在 2001—2007 年间增长了两倍。[①]

增长、投入资本收益率和现金流的关系

将现金流分解为收入增长和投入资本收益率阐明了公司业绩的潜在驱动因素。假设一家公司的现金流去年是 100 美元，明年将是 150 美元。这并不能说明

[①] "The Future of Corporate Performance Management: A CFO Panel Discussion," *McKinsey on Finance*, no. 29 (Autumn 2008): 14–17.

它的经济表现，因为现金流增加的 50 美元可能来自很多方面，包括收入增长、资本支出的减少，或营销支出的减少。但是，如果我们告诉你一家公司的年收入增长为 7%，投入资本收益率为 15%，那么你就可以评估这家公司的业绩。例如，你可以将该公司的增长与行业或整个经济的增长相比较，也可以将该公司的投入资本收益率与同行或自身历史业绩相比较。

增长、投入资本收益率与现金流是紧密联系的。考虑两家公司——Value 公司和 Volume 公司，这两家公司的预计收入、盈利以及现金流如表 2.1 所示。

表 2.1 盈利相等、现金流不等的两家公司 （单位：美元）

	Value 公司					Volume 公司				
	第一年	第二年	第三年	第四年	第五年	第一年	第二年	第三年	第四年	第五年
收入	1 000	1 050	1 102	1 158	1 216	1 000	1 050	1 102	1 158	1 216
盈利	100	105	110	116	122	100	105	110	116	122
投资	(25)	(26)	(28)	(29)	(31)	(50)	(53)	(55)	(59)	(61)
现金流	75	79	82	87	91	50	52	55	58	61

两家公司在第一年都赚了 100 美元，并且每年的收入和盈利增长为 5%。在盈利相等的情况下，Value 公司创造了更多的现金流，原因在于 Value 公司达到同样的盈利增长所需的投资较低。Value 公司将其盈利的 25%用于投资，而 Volume 公司则将其利润的 50%用于投资以产生相同的增长（称为投资率）。正是基于这种低投资率，在盈利与 Volume 公司持平的情况下，Value 公司多创造了 50%的现金流。这个简单的例子告诉我们，仅仅关注盈利是大错特错的。你可能会问，现实中是否存在这种极端的投资差异呢？答案是肯定的。我们会在第 10 章加以分析。

我们可以通过对这两家公司的现金流按折现率进行折现来进行估值，该折现率反映了投资者期望从投资该公司中获得的收益（称为资本成本）。大多数公司的资本成本在 8%~10%之间。图 2.2 体现了如何对 Value 公司进行估值。我们用 10%的资本成本对现金流进行贴现，然后将所有未来现金流的现值加总，得到 1 500。采用相同的方法，Volume 公司的价值是 1 000。

我们还可以用市盈率来表示这些公司的价值，用它们的价值除以第一年的盈利 100 美元。Value 公司的市盈率是 15，而 Volume 公司的市盈率只有 10。尽管盈利和增长率相同，但由于现金流不同，两家公司的市盈率也不同。

	Value 公司						
	第一年	第二年	第三年	第四年	第五年	第 X 年	总计
盈利	100	105	110	116	122	…	—
投资	(25)	(26)	(28)	(29)	(31)	…	—
现金流	75	79	82	87	91	…	—
现值	68	65	62	59	56	…	1 500

75 的现金流按 10% 贴现一年

87 的现金流按 10% 贴现四年

图 2.2 Value 公司的贴现现金流估值（单位：美元）

由于 Value 公司的投资较 Volume 公司少，因此创造了更多的现金流。Value 公司的低投资率源于其较高的投入资本收益率。Volume 公司的投入资本收益率是 10%，要获得 5 美元的额外利润，需要 50% 的投资率。在这种情况下，Value 公司在第一年投资了 25 美元（从 100 美元中赚取），在第二年增加了 5 美元的收入和利润，它的投入资本收益率将是 20%（5 美元的额外利润除以 25 美元的投资）。[①] Volume 公司的投入资本收益率为 10%，即第二年的 5 美元额外利润除以 50 美元的投资。

增长、投入资本收益率和现金流（用投资率来表示）之间的关系可以用以下数学关系式来表示：

投资率 = 增长 ÷ 投入资本收益率

对于 Value 公司：

25% = 5% ÷ 20%

对于 Volume 公司：

50% = 5% ÷ 10%

由于这三个参数紧密相关，因此只要知道其中的两个，就可以推算出第三个，也就是说，可以通过其中任意两个参数来描述公司的业绩。从经济学的角度来看，用增长和投入资本收益率来描述一家公司是最适宜的。Value 公司的增长率是 5%，其投入资本收益率是 20%；Volume 公司的增长率也是 5%，而其投入资本收益率仅为 10%。

---

① 我们假设利润增长全部来自新投资，同时 Value 公司的现有投入资本收益率保持不变。

图 2.3 说明公司可以派发给投资者的现金流数额取决于在一个年度的投入资本收益率和增长。从图 2.3 中可以看出，这两个因素对于促进现金流均起着重要作用。作为利润的百分比，当增长率越低、投入资本收益率越高时，现金流最高。当增长率很高时，现金流甚至可能是负的。但是，这并不意味着增长率越低越好。图 2.3 只说明了一年的情况，今天的高增长率意味着今天的低现金流，但可能是今后的高现金流。

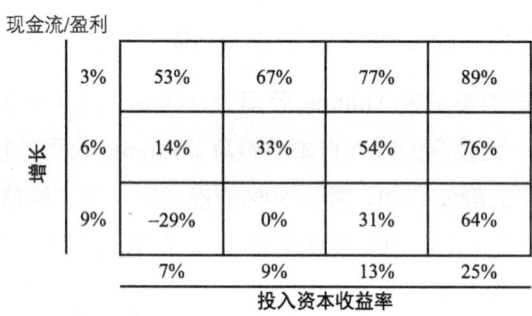

图 2.3 支付率随着增长和投入资本收益率而变化

在图 2.4 中，我们将展示增长和投入资本收益率的不同组合如何转化为价值，即以公司的资本成本为贴现率对现金流进行贴现得到的值。在这种情况下，我们假设资本成本为 9%，且公司第一年的盈利为 10 美元。①

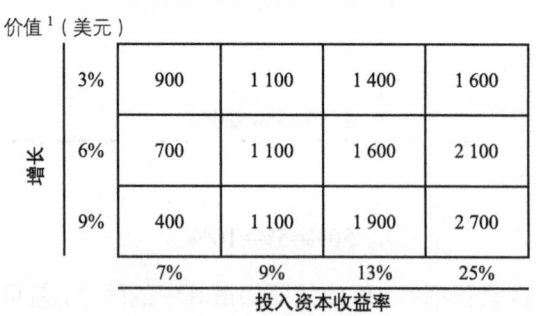

1 未来现金流的现值，假设第一年的盈利为 100 美元，资本成本为 9%。15 年之后，在此情况下，增长均为 4.5%。

图 2.4 将增长和投入资本收益率转化为价值

---

① 我们假设 15 年后，增长速度放缓到 4.5%。如果一家公司的增长速度永远快于经济增长，它最终将超越整个世界经济。

这些计算结果与我们在现实世界中发现的情况一致。以一家典型的大公司为例，该公司每年的增长率（名义）为 5%～6%，股本收益率约为 13%，资本成本为 9%。找到这家典型大公司的投入资本收益率和增长的交点，就会发现该公司的价值为 1 500～1 600 美元。将此价值除以 100 美元的收入，就得到公司的市盈率为 15～16。而在非衰退时期，大公司的平均市盈率是 15。

我们注意到，对于任何水平的增长，价值总是随着投入资本收益率的改善而增长的，也就是说，当其他条件都相同时，投入资本收益率总是越高越好。

增长则不然。当投入资本收益率高时，更快的增长会增加价值，但当投入资本收益率低时，更快的增长会减少价值。投入资本收益率与资本成本相等是区分增长是创造还是削减价值的分界线。当投入资本收益率高于资本成本时，高增长促进价值创造。在分界线即投入资本收益率与资本成本一致时，不管增长有多快，都不会创造或削减价值。

我们有时会听到这样的断言和反对意见，如果一家公司发展壮大，它的投入资本收益率自然会增加；因此，即使是低投入资本收益率的公司也应该努力实现增长。但我们发现，这仅适用于年轻的初创企业和产能利用率极低的企业。大多数情况下，低投入资本收益率表明商业模式有缺陷或者产业结构不具吸引力。

如果你比较喜欢探究并且倾向于用数学方式来说明问题，那么附录 A 就列出了有关价值核心原则及其推论的简单公式。

现实世界的证据

公司在股票市场中的行为反映了我们前面阐述的逻辑。我们之前就已经提到，为什么尽管沃尔格林增长得更快，但沃尔格林和小箭牌的股东收益率是大致相同的。

另一个例子是通用电气，其股票价格在 1991 年为 5 美元，而在 2001 年却增至 40 美元，在杰克·韦尔奇担任首席执行官的这 10 年间，投资者通过股票增值和红利派发赚取了 5 190 亿美元，而以同样的资金投资于标准普尔 500 指数仅能赚取 2 120 亿美元。

通用电气是如何做的呢？在不同方面，通用电气的工业业务和金融业务都对其整体价值创造做出了重大贡献。在这 10 年间，工业业务的收入每年仅增长 4%

（低于经济增长速度），但其投入资本收益率从13%增长到31%。金融业务表现更加平衡，每年增长18%，投入资本收益率从14%增长到21%。在工业业务中，投入资本收益率是价值创造的主要驱动力，而在金融业务中，增长和投入资本收益率都对价值创造做出了重大贡献。

因此，我们可以看出，价值核心原则这一基石适用于公司层面。那么，在行业层面是否适用呢？要回答这一问题，我们考虑整个包装消费品行业。尽管这个行业的一些公司（如宝洁和高露洁公司）增长率不高，但其市盈率较高。

典型的大型包装消费品公司在1998—2007年间年收入增长仅为6%，低于所有大型公司8%的年平均收入增长。然而，在2007年年底（在市场崩溃之前），包装消费品公司的平均市盈率为20，而大型公司的平均市盈率为17。该行业的高估值可归因于较高的投入资本收益率——该行业投入资本收益率为20，而大型公司平均仅为13（1998—2007年）。

将金宝汤公司（2008年收入为80亿美元）与快速增长的折扣零售商科尔士百货公司（2008年收入为160亿美元）相比较，也可以得到具有启发性的结论。在2000年中期，科尔士百货公司的年收入增长为15%，而金宝汤公司仅实现4%的内生增长。然而，这两家公司的市盈率很相近。尽管增长较低，金宝汤公司的50%的高投入资本收益率弥补了低增长，而科尔士百货公司的投入资本收益率平均仅为15%。

现在，我们来看价值核心原则这一基石在国家和全球层面的应用情况，为什么美国大型公司的市盈率通常高于日本的同类公司。一些高管认为，原因在于投资者愿意支付更高的价格来购买美国公司的股票。在某些情况下，非美国公司甚至考虑将其股票上市地转移到纽约证券交易所以提高其价值。

美国大型公司的市盈率高的真正原因在于，通常它们可以获取高额的投入资本收益率。2007年，美国大型公司的平均投入资本收益率为16%，而同时亚洲大型公司平均仅获取10%。从历史上看，亚洲公司通常更关注于增长而不是盈利能力或者投入资本收益率，这也正好可以解释为什么会出现如此大的估值差异。

当然，这种广泛的比较掩盖了不同公司和行业之间的差异，其中也有一些亚洲公司的表现优于其美国同行（如汽车行业的丰田）。

我们也曾用价值核心原则这一基石去解释市盈率如何随着时间而变动。图2.5描绘了1962—2009年间标准普尔500指数的市盈率，同时描绘了给定一些基本因素，采用基于价值核心原则（增长、投入资本收益率和资本成本）的公式计算出的预测市盈率。可以看到，预测市盈率与实际市盈率密切一致（参见第 7 章）。

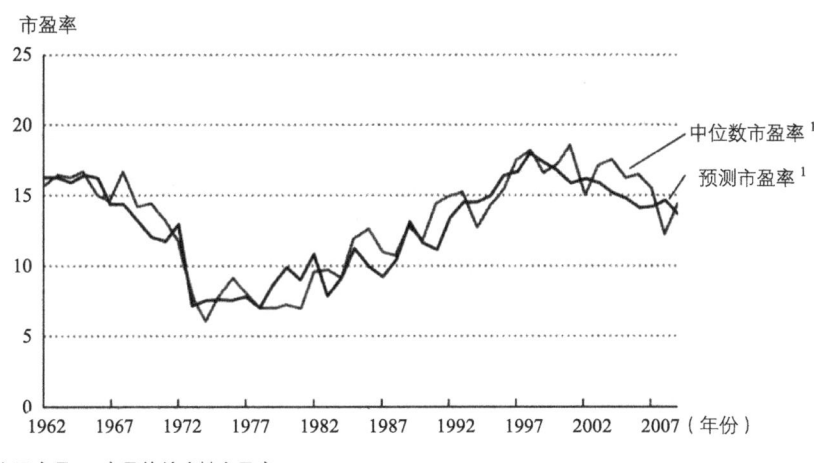

图 2.5 估计基本市场的估值水平

1 市盈率是 12 个月的前瞻性市盈率。

（资料来源：麦肯锡公司绩效中心分析。）

让我们来看看价值核心原则是如何作用于消费品行业的样本公司的。图 2.6 显示了具有不同收入增长率和投入资本收益率组合的公司的市盈率中位数。正如在前两行看到的，在增长一定的前提下，较高的投入资本收益率会导致较高的市盈率。请注意，对于两列较高的投入资本收益率，较高的收入增长也会导致较高的市盈率，但第一列值得解释一下。增长非常快的公司（每年大于 15%）尽管投入资本收益率较低，但市盈率很高。当深入研究时，我们发现这些公司都相当年轻——它们的投入资本收益率不高，部分原因是它们增长得很快，并在获取这些投入资本收益率的前几年已投入了大量资本。请注意，投入资本收益率低且增长水平居中的公司的市盈率最低，反映出它们的增长预期不会创造太多价值（如果有的话）。

为了表明增长与投入资本收益率之间的关系，我们一直采用市盈率尤其是 P／E 比率，作为总结公司价值的简写。在实践中，分析和解释市盈率可能是混乱的。附录 B 列示了一些微妙之处以便正确分析市盈率。

2007 年 12 月远期市盈率中位数

2004—2007 年年收入增长	10%~20%	20%~35%	>35%
<7.5%	16	16	17
7.5%~15.0%	14	17	20
>15.0%	20	n/a[1]	n/a[1]

2007 年投入资本收益率

[1] 处于这几格的公司少于 2 家。

（资料来源：麦肯锡公司绩效中心分析。）

图 2.6 消费品行业：增长和投入资本收益率推动市盈率

管理心得

在第 10 章和第 11 章，我们将分别就投入资本收益率和增长的管理方面进行深入分析。现在，我们回顾图 2.4，因为它包含了对管理者的重要战略见解。也就是说，我们可以用这个矩阵来考察投入资本收益率和增长的变化对公司价值的相对影响。

一般来说，高回报公司从增长中产生更多价值（假设投入资本收益率保持不变），而低回报公司从投入资本收益率的增加中产生更多价值。图 2.7 显示，一家典型的高回报公司，如品牌消费品公司，可以通过将其增长提高 1% 来将其价值提高 10%。一家典型的中等回报公司，如普通零售商，在同样的增长水平下，其价值只会增长 5%。

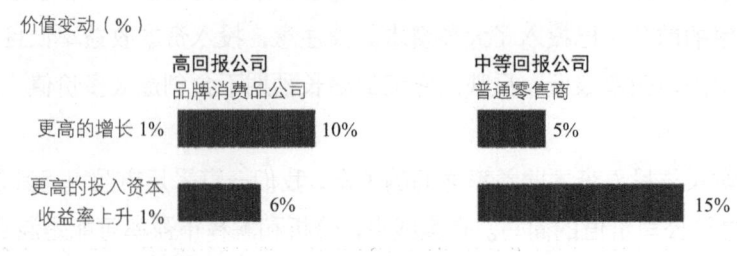

价值变动（%）

	高回报公司 品牌消费品公司	中等回报公司 普通零售商
更高的增长 1%	10%	5%
更高的投入资本收益率上升 1%	6%	15%

（资料来源：麦肯锡公司绩效中心分析。）

图 2.7 价值增加：更高的增长和投入资本收益率带来的影响

另外，中等回报公司的投入资本收益率每上升 1%，可带来 15% 的价值增长，而高回报公司在投入资本收益率增加同样的比例时，价值仅上升 6%。

一般性的结论是，高回报公司应该注重增长，而低回报公司在增长前应侧重于改善投入资本收益率。当然，这一结论的假设前提是，获得 1% 的增长和 1% 的投入资本收益率的难度是相等的，其他条件不变。在现实中，对于不同行业、不同公司，这一难度是有差异的，同时，增长和投入资本收益率对价值创造的影响也是有差异的，但是我们的分析对于公司设置战略优先级是十分必要的。

直到现在，我们一直都假设所有增长都带来同样的投入资本收益率，从而产生同样的价值，但事实并不如此。不同类型的增长，根据不同的行业和公司将创造不同的投入资本收益率和价值。

图 2.8 展示了一家典型的消费品公司的不同类型增长所创造的价值。这些结论是基于我们所熟悉的一些特定情况的，虽然不是全面的分析，但我们相信它们足以反映更广泛的现实情况。[1]（见第 11 章，就不同类型增长创造的不同数额的价值进行更加具体的分析。）

1 美元的收入增量创造的价值

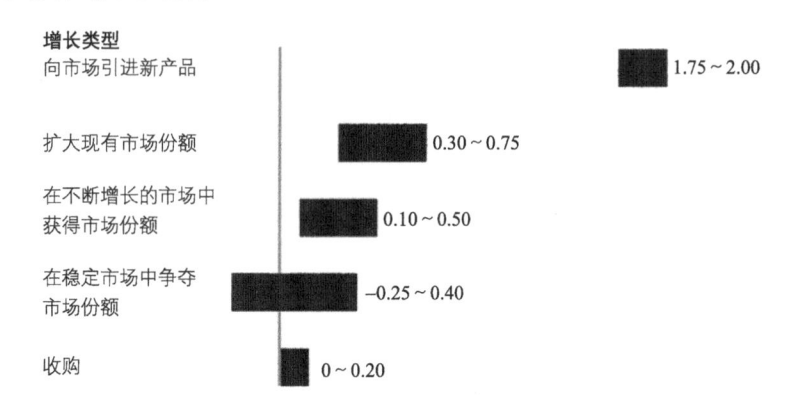

增长类型	
向市场引进新产品	1.75 ~ 2.00
扩大现有市场份额	0.30 ~ 0.75
在不断增长的市场中获得市场份额	0.10 ~ 0.50
在稳定市场中争夺市场份额	−0.25 ~ 0.40
收购	0 ~ 0.20

（资料来源：麦肯锡公司绩效中心分析。）

图 2.8　不同增长类型带来的价值创造：消费品公司

图 2.8 的结果是以 1 美元的增量收入所创造的价值来表示的。例如，在这个

---

[1] 我们定义了每种增长类型，并估计这些增长类型对于价值创造的影响。举例来说，对于新产品，我们得到了关于新产品利润率和资本金需求的几个例子。

行业中，新产品的1美元额外收入创造了1.75~2.00美元的价值。这个图最重要的含义是排名顺序。新产品通常为股东创造更多的价值，而收购通常创造最少的价值。这两个极端情况的关键就是投入资本收益率。

基于内在新产品开发的增长战略通常有最高的回报，因为它们不需要太多的新资本，而且公司可以在其现有的生产线和分销系统中加入新产品。此外，新产品所需的投资是随着时间的推移而分配的；如果初步试验结果不理想，资金就可以缩减或取消。

收购则要求所有的投资都是预先支付的。预付款项反映了目标公司的期望现金流，再加上溢价以阻止其他竞标者。因此，即使买方能够改善目标公司，使其产生有吸引力的投入资本收益率，其回报通常也只是超过资本成本的一小部分。

公平地说，这种分析并没有反映失败的风险。大多数产品创意在投入市场之前就失败了，并且失败创意的成本是无法估量的。相比之下，收购可根据现有收入和现金流来控制收购者的下行风险。

消费品公司价值创造倒数第二低的增长来源是在稳定市场中争夺市场份额。这是因为竞争者不可能不战而弃，这往往会导致价格战，行业内所有公司都会输掉（但对消费者来说是好事）。

更好一点的方式是在不断增长的市场中获得市场份额，通常比在稳定市场中争夺市场份额能够创造更多的价值。这是因为当一个市场不断增长时，即使失去一些市场份额，竞争者也可以快速发展。因此，他们不太可能打价格战进行报复。

最后，扩大现有市场份额可以创造高价值，因为这通常意味着可以在公司现有市场中挖掘新客户。因此，为这些新客户提供服务所需的增量成本和资本金相对较低。

增长和投入资本收益率之间的互相影响也是十分重要的。例如，我们看到一些非常成功、高回报的美国公司不愿意对增长进行投资，担心投入资本收益率（或利润率）会降低。我们了解到一家技术公司有30%的利润率和50%以上的投入资本收益率，因此不愿意投资于可能带来25%收益率的项目，担心该投资会稀释平均投入资本收益率。但是你可能预期，即使该公司的平均投入资本收益率可能下降，这个只有25%收益率的项目也可以创造价值。

但证据表明，这确实创造了价值。我们对78家高投入资本收益率（投入资本收益率高于30%）公司在1996—2005年间的业绩进行了研究。[1]毫不意外，那些增长最快且维持高投入资本收益率的公司创造的价值最大（由股东整体收益率来衡量）。而价值创造第二大的公司则增长最快，尽管它们的投入资本收益率略有下降。它们比投入资本收益率不断上升但增长缓慢的公司创造的价值更多。

我们也看到，投入资本收益率低的公司追求增长，认为增长也会提高他们的利润率和收益率，理由是增长可以通过将固定成本分散到更多收入中来增加回报。除了小型初创公司或者产能利用率低的公司，我们发现更快的增长很少能解决公司的投入资本收益率问题。低投入资本收益率通常表明行业结构不佳（如航空公司），商业模式有缺陷（Think Webvan），或执行力弱。如果没有处理好投入资本收益率的问题，增长无从谈起。

在研究了1996—2005年的64家低投入资本收益率公司的业绩后，证据支持了这一点。那些低增长但提高了投入资本收益率的公司的业绩，超过了那些没有提高投入资本收益率的快速增长的公司。

---

[1] Bin Jiang and Timothy Koller, "How to Choose between Growth and ROIC," *McKinsey on Finance*, no. 25 (Autumn 2007): 19–22.

第3章
价值守恒原则

回顾一下第一大基石：只有通过提高收入增长或投入资本收益率，或者两者相结合产生更多的现金流，才能真正创造价值。第二大基石——价值守恒原则，是第一大基石的推论：现金流没有增加，就没有创造价值。

如果公司仅改变现金流的所有权，而没有改变总的可用现金流（如将债务变为股权或者发行债券回购股份），那么价值是守恒的，或者是不变的。同样，改变现金流的账面值而没有真正改变现金流，如仅仅改变会计处理方法，并不会改变公司的价值。[1]

虽然这一原则是显而易见的，但我们在此重申这一原则，主要是因为高管、投资者以及权威人士经常无法抵抗免费午餐的诱惑，如希望某种会计处理方式可以比其他方式带来更高的价值，或者一些花哨的财务结构可以将普通的业绩变得优秀。

针对如何执行高管股票期权会计处理的争论，揭示了高管依旧坚定不移地相信股票市场是不知情的。公司发行高管股票期权以代替现金薪酬，从而激励员工为公司利益而努力并节约资金（对于年轻的创业公司尤其重要）。

---

[1] 在某些情况下，公司可以通过改变资本结构借入更多的债务来降低资本成本，从而增加价值。然而，即使在这种情况下，潜在的变化是减少了税收，但整体税前资本成本不会改变。请参阅第15章。

尽管在发行高管股票期权时没有现金效应，但在行使这些期权时将稀释现有股东的股权，从而减少现有股东的现金流。但是，根据20世纪70年代的会计规则，公司可以忽略在损益表中发行期权的影响。

随着期权变得越来越重要，在20世纪90年代初，美国财务会计准则委员会认识到了这种处理方式的错误，并提议改变它，要求公司在期权发行时记录期权价值的支出。

沃伦·巴菲特和其他人清楚地认识到，如果期权对员工有价值，那么对股东来说一定是有代价的。但是一大批高管和风险资本家认为，如果期权被纳入损益表，投资者会感到恐慌。一些人声称，整个风险投资行业将被摧毁，因为那些用期权支付大部分报酬的年轻的初创公司将出现低利润或负利润。他们甚至说服了参议员乔·利伯曼提出立法，来阻止美国财务会计准则委员会的工作。

美国财务会计准则委员会最终在2004年发布了新规则，[1]这时距离他们开始讨论这一事件已经超过10年，只有互联网泡沫的破灭和21世纪初会计丑闻的暴露才削弱了反对派的声音。尽管之前对于新规则带来的影响有过可怕的预测，但新的会计规则实施后股票价格根本没有变化——因为市场在对公司价值进行衡量的时候就已经包含了股票期权的成本。

一个受人尊敬的分析师对我们说："我不关心它们是被记录为费用还是仅仅在脚注中披露。我知道该如何处理这些信息。"

我们发现，价值守恒原则是很重要的基石，除了股票期权会计，它还对一系列问题做了回答：收购是否仅仅因为报告的收益增加而创造了价值，公司是否应该通过股票回购而不是股息将现金返回给股东，以及金融工程是否创造了价值。

高管应该专注于增加现金流，而不是寻找仅仅在投资者之间重新分配价值或变更报告结果的噱头。高管还应该警惕那些声称创造价值的提案，除非他们清楚自己的行动将如何实质性地增加市场份额。如果不能准确定位价值创造的确切来源，那么你所做的可能只是一种错觉。

---

[1]《财务会计标准123R》于2004年12月发布，自2005年6月15日起生效。

价值

价值守恒的基础

价值守恒这一基石（或原则）是建立在诺贝尔经济学奖得主弗兰科·莫迪利安尼和默顿·米勒的开创性成果之上的，这两位金融经济学家在20世纪50年代末和60年代初对管理者是否可以改变资本结构以提高股票价格提出疑问。1958年，他们指出公司价值不应受债务结构和股权结构变化的影响，除非公司所产生的整体现金流也随之变化。[1]

考虑这样一家公司：没有债务，在对股东进行支付前每年产生100美元的现金流。假设公司的价值是1 000美元。现在假设该公司借入200美元并将其支付给股东。价值核心原则和价值守恒原则告诉我们，该公司的价值仍然是1 000美元，其中200美元属于债权人，800美元属于股东，因为该公司可用于支付给股东和债权人的现金流仍旧是每年100美元。

然而，在大多数国家，债务确实可以改变现金流，这是因为利息支付是可以扣税的。公司支付的税款总额降低，从而增加了可用于支付给股东和债权人的现金流。此外，债务可以促使管理者更加勤勉，从而增加公司的现金流。

另外，拥有债务会使管理者更难为有吸引力的投资机会筹集资金，从而减少现金流。问题是，用债务替代股权本身并不重要；只有当这种替代通过减税改变了公司的现金流，或者管理决策的相关变化改变了价值时，它才重要。

与此相关的是，金融学者在20世纪60年代提出了有效市场的概念。尽管有效市场的含义和有效性一直存在争议，尤其是在2000年互联网和房地产泡沫破灭之后，但有效市场理论的一个重要意义一直存在：当公司采取措施来提高会计利润而没有增加现金流时，股票市场是不会轻易上当的。

我们在本章的介绍中提到了员工股票期权会计的例子。同样，当美国财务会计准则委员会在2002年取消商誉摊销时，以及国际会计准则委员会在2005年采取同样措施时，许多公司的利润增加了，但它们的基本价值并没有改变，因为会计处理变更不会影响现金流。大量的证据表明，市场不会被那些不影响现金流的

---

[1] F. Modigliani and M. H. Miller, "The Cost of Capital, Corporate Finance and the Theory of Investment," *American Economic Review* 48 (1958): 261–297.

行为所迷惑。[1]

管理心得

价值守恒原则是十分有用的,因为它会告诉我们在分析某些行动是否会创造价值时应该注意什么:寻找对现金流的影响。它也适用于一系列重要的商业决策,如会计政策(见第 9 章)、兼并和收购(见第 13 章)、业务投资组合(见第 12 章)、股息政策(见第 15 章)和资本结构(见第 15 章)。

接下来将讨论价值守恒原则如何应用于股票回购、收购和金融工程中。

股票回购

股票回购已成为公司向投资者返还现金的一种流行方式,第 15 章将对此进行深入分析。直到 20 世纪 80 年代初,美国大型公司对投资者的分配总额中 90%以上是股息,只有不到 10%是股票回购。然而,自 1998 年以来,股票回购占到分配总额的 50%~60%。[2]

为了确定股票回购是否创造价值,我们必须考虑用于回购股票的现金来源。例如,我们假设一家公司借了 100 美元来回购其 10%的股份。每回购 100 美元的股票,该公司将支付 6%的新债利息。如果税率是 35%,在支付税款后,其总收益将减少 3.90 美元(100×0.06×1-税率)。然而,股票的数量下降了 10%,所以它的每股收益将增加约 5%。

不费吹灰之力就能使每股收益增加 5%,听起来是个不错的选择。假设该公司的市盈率没有变化,那么它的每股票市场值也将增加 5%。换句话说,这个假设是你可以不劳而获;你可以在保持市盈率不变的情况下增加每股收益。

不幸的是,这并不符合价值守恒原则,因为公司的总现金流并没有增加。虽然每股收益增加了 5%,但公司的债务也增加了。这将使其市盈率下降,抵消了每

---

[1] 参阅《价值评估:公司价值的衡量与管理》一书第 5 版的第 15 章和第 16 章,科勒(Tim Koller)、戈德哈特(Marc Goedhart)、威赛尔斯(David Wessels)所著(Hoboken, NJ: JohnWiley & Sons, 2010)。

[2] Michael J. Mauboussin, "Clear Thinking about Share Repurchases," in *Mauboussin on Strategy* (Legg Mason Capital Management, 2006).

股收益的增长。

然而，即使现金流没有因为回购而增加，一些人也认为，回购股票可以减少管理层以低回报投资现金的可能性。如果这种说法是真的，而且管理层很可能不明智地投资，那么就有了一个合法的价值创造来源，因为公司的经营现金流会增加。换句话说，当以低回报投资现金的可能性很高时，股票回购作为避免价值破坏的策略是有意义的。

有些人认为，管理层应该在其股票价格被低估时回购股票。假设管理层认为公司目前的股票价格没有反映公司的内在潜力，所以今天回购股票。一年后，市场价格调整到管理层的预期。那么，价值被创造了吗？答案是否定的，价值没有被创造；它只是从一部分股东（那些出售股票的股东）转移到了没有出售股票的股东。因此，持股的股东可能已经受益，但全部股东的利益并没有受到影响。

当股票价格被低估时，回购股票可能对没有出售股票的股东有利，但对股票回购的研究表明，公司并不善于把握股票回购的时机，往往是在股票价格高而不是低时购买。

高管在面对那些看似通过提高每股收益来创造价值的交易时需要谨慎行事，这是一个重要原则。一定要问，价值创造的来源是什么？

例如，研发密集型行业的公司一直在寻找通过复杂的合资企业将研发支出资本化的方法，希望能降低研发费用，从而减少每股收益。但是，合资企业是否通过增加短期每股收益来创造价值呢？不，事实上，这可能会削弱价值，因为公司现在把升值潜力（当然还有风险）转移给了合作伙伴。

收购

只有当两家公司的合并现金流因收入加速增长、成本降低或更好地利用固定资本和营运资本而增加时，收购才能创造价值。第13章将对此进行深入的分析。

当强生公司在2006年年底以160亿美元收购辉瑞公司的消费者健康业务时，它立即宣布合并后每年将减少6亿美元的成本。这些节省的成本使强生公司/辉瑞公司消费者健康业务的合并经营利润增加了30%——相当于50亿～60亿美元。从这些数字来看，仅收购的成本节约就可以弥补1/3的收购价格，使其成为一个明显的价值创造者。

另一个基于收入加速的价值创造的例子也来自强生公司，它在1994年以9.24

亿美元收购了露得清（护肤品）。通过新产品的开发和增加该品牌在美国以外的影响力，强生公司将露得清的销售额从 2.81 亿美元增加到 2002 年的 7.78 亿美元。表 3.1 显示了强生公司在露得清品牌下推出的新产品的范围。

表 3.1　强生公司如何推动露得清的增长

推出的产品		推出的年份		
		1994—1996 年	1997—1999 年	2000—2002 年
男士系列				完整的男士产品线
化妆品				Dermatologist Developed 系列 85+SKU
护发产品			Clean 子品牌下的新产品线	
防晒系列		无黏性防晒霜 SPF 手部护理	清透防晒系列	Healthy Defense 品牌
身体护理		Rainbath 品牌（重新推出）挪威 Formula 足霜品牌	Body Clear 品牌	
面部护理	祛痘产品	On-the-Spot 品牌祛痘体验	维生素祛痘体验 控油祛痘体验	
	保湿系列	健康护肤品牌	清爽晚霜产品	Visibly Firm 品牌
	深层清洁系列	毛孔清洁体验 Deep Clean、Deep Pore 品牌	Extra Gentle 品牌 Pore Refining 品牌	Skin Clearing 品牌

（资料来源：麦肯锡公司绩效中心分析。）

这两起收购案的共同要素是彻底的业绩改善，而不是边际变化。但有时我们看到，有些收购真的只能用奇迹来描述。

例如，根据各自的期望现金流，假设 A 公司价值 100 美元，B 公司价值 50 美元。A 公司以 50 美元购买 B 公司，发行自己的股票。为了简单起见，我们假设合并后公司的现金流不会增加。那么，新的 AB 公司的价值是多少？

在收购后，两家公司的期望现金流和以前一样，原股东仍然持有合并后公司的股票。因此，AB 公司的价值应为 150 美元。原先持有 A 公司股票的股东，持有的 AB 公司的股票为 100 美元；而原先持有 B 公司股票的股东，持有的 AB 公司的股票为 50 美元。

价值

尽管这看起来很简单，但一些高管和金融专业人士为交易增加了一些额外的价值。我们假设 A 公司明年预计会赚 5 美元，所以它的市盈率是 20；B 公司预计明年预计会赚 3 美元，所以它的市盈率为 16.7。那么，AB 公司的市盈率将是多少？一个比较直接的方法表明，AB 公司的价值仍然保持在 150 美元。它的盈利将是 8 美元，所以它的市盈率将是 18.8，在 A 公司和 B 公司的市盈率之间。

但是这时就有比较神奇的现象出现了。有些人认为，一旦 A 公司购买了 B 公司，A 公司 20 的市盈率应该对 B 公司同样适用。也就是说，一旦 A 公司拥有了 B 公司，B 公司的价值将增加。根据这种想法，AB 公司的价值应该是 160 美元，合并后公司的价值比合并前增加了 10 美元。

甚至对这种现象还有专门的叫法，在美国称倍数扩张（multiple expansion），在英国称重新衡量（rerating）。B 公司的市盈率扩张到 A 公司的水平，因为市场没有意识到新增加的盈利可能不是那么有价值。这是必然的，因为现在 B 公司的盈利和 A 公司的盈利将混合在一起，而市场无法区分。

当然，像这样的幻觉不一定是符合逻辑的，也不一定是对称的。另一个版本的倍数扩张想法是反过来的，假设 B 公司购买了 A 公司。我们听说过这样的说法：既然一个低市盈率的公司购买了一个高市盈率的公司，它一定步入了高增长企业的行列。较高的增长通常是好的，所以另一种理论推测，由于 B 公司正在加速增长，所以其市盈率将增加。

如果倍数扩张和类似的谬论是正确的，那么所有的收购都可以创造价值，因为低市盈率公司的市盈率将上升至高市盈率公司的水平，而不管哪一方是购买者或出售者。虽然像倍数扩张这样的概念听起来很吸引人，但是仅仅因为一家低市盈率公司与一家高市盈率公司合并，是不会创造价值的。

你一定会对自己说，为什么我们要讨论这种明显的幻想？难道每个企业领导人都不知道吗？答案是，公司经常用这种逻辑来证明收购的合理性，信不信由你，尽管没有数据支持这种想法。另外，我们的想法很简单：如果你不能指出增加现金流的具体来源，股票市场就不会被愚弄。

金融工程

金融工程是价值守恒原则另一重要的应用领域，在第 15 章中将对此进行深入分析。我们将金融工程定义为使用金融工具或结构，而不是直接的债务和股权，来管理公司的资本结构和风险状况。

金融工程可以包括衍生工具、结构性债务、证券化和资产负债表外融资的使用。虽然其中一些活动确实可以创造真正的价值，但大多数活动不会——然而从事非增值的金融工程活动的动机仍然很强烈，因为其短期、虚幻的影响。

想想看，许多酒店公司并没有所经营酒店的所有权。相反，这些酒店由其他公司所有，这些公司通常是以合伙企业或房地产投资信托基金的形式构建的。与其他公司不同，合伙企业和房地产投资信托基金不缴纳美国所得税，所得税由所有人支付。

因此，通过合伙制和房地产投资信托基金，美国酒店业的整个税收被稀释了。以这种方式将所有权和经营权分开，支付给政府的税收总收入较低，因此从整体上而言，拥有所有权和经营权的投资者都可以盈利，因为总现金流增加了。这是一个金融工程通过增加现金流创造价值的案例。

另外，考虑一下导致 2007—2009 年金融危机的担保债务凭证——作为一个有问题的金融工程的例子。以下是担保债务凭证的运作方式。担保债务凭证的发起人（通常是银行）创建了一个新的合法机构，称为特殊目的机构，该机构购买了大量贷款。这些贷款可以是公司贷款、抵押贷款，甚至其他担保债务凭证。然后，这个新的合法机构发行债务证券用来抵消所购买的债务的现金流。

图 3.1 说明了与担保债务凭证有关的现金流。个体业主向抵押贷款服务机构支付利息和本金，后者将其转交给发行抵押贷款债务的特殊目的机构。该机构向其投资者支付利息和本金，其中可能包括一个担保债务凭证机构，该机构反过来向各个担保债务凭证投资者支付本金和利息。

但是投资者获得的总现金流不会超过他们直接拥有贷款和证券所获得的现金流。事实上，由于费用和交易成本，担保债务凭证的持有者可以获得的总现金流一定是低于基本贷款的现金流的。

担保债务凭证的好处是，它允许银行将资产负债表上的一些资产出售给投资者（通过担保债务凭证），从而释放出银行的一些权益资本来发放新的贷款。反过来，发放更多的贷款，加上相关的交易费用，增加了银行的现金流。

担保债务凭证在过去 20 多年里运作得很好，完全达到了预期效果。早期的担保债务凭证是住房抵押贷款的蓄水池，允许银行发放贷款并将这些贷款变成账外资金来生成更多贷款。但在 2005—2006 年发行的担保债务凭证与之前的不同，这些担保债务凭证具有根本性的缺陷。

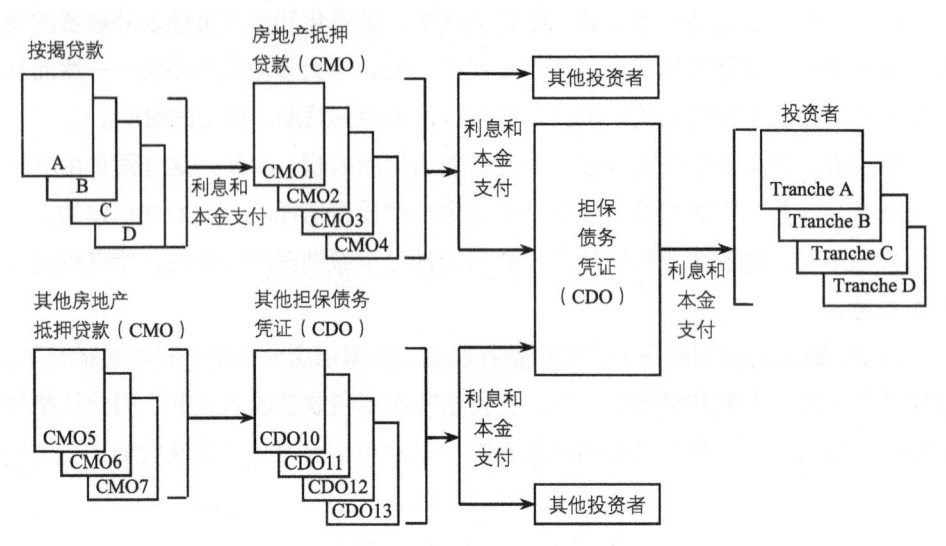

图 3.1 与担保债务凭证相关的现金流

与早期的担保债务凭证相比，这些新的担保债务凭证非常复杂和不透明，即使最顶尖的投资者和银行业，也不能评估其风险，所以他们只好依赖评级机构来做到这一点。问题在于，这些评级机构从银行的评级业务中可以获得大量的费用，他们不希望银行把这个业务转给其他类似机构。

由于自身没有投资于这些担保债务凭证，这些评级机构就宣称这些证券大部分都是 AAA 或 AA，即最安全的债券。在这个过程中，高风险的次级抵押贷款变成了 AAA 级证券，这违反了价值守恒原则。总风险和现金流没有改变，因此担保债务凭证的总风险也不可能降低。

当拥有次级抵押贷款的房主开始拖欠还款或违约时，房价开始下跌。投资者这才意识到担保债务凭证和房地产抵押贷款的风险比他们想象得要高，所以他们开始抛售这些证券。担保债务凭证和房地产抵押贷款开始卖不出去了，但是持有这些证券的投资者和银行需要经常用短期债务来为这些证券筹集资金，而这些短期债务是需要每月或每季度（有时是每天）更新的。

看到抵押品（担保债务凭证和房地产抵押贷款）的价值开始下降，债权人不愿意再为到期的短期债务提供融资。持有担保债务凭证的银行和投资者除了以大甩卖的价格抛售这些资产、歇业或得到政府救助，别无他法。

你可能会问，为什么银行的风险如此之大？它们不是仅仅发明了这些担保债务凭证，而没有真的投资吗？银行陷入了三类风险问题。第一，它们持有一些来不及打包和证券化的债券。第二，它们通常持有风险最高的担保债务凭证，因为这些证券自发明出来一直无法出售。第三，它们频繁地购入长期担保债务凭证，因为它们相信，它们可以从购买这些证券并用廉价的短期债务融资中受益。

另一个间接的好处是，担保债务凭证为投资者创造了更多的投资机会，但是这种观点经不起推敲。这种观点认为，投资者热衷于担保债务凭证是因为可以获取比其他同级证券更多的回报。换句话说，一个 AA 级的担保债务凭证的盈利率要高于 AA 级的公司债券。但是，如果这些担保债务凭证的评级与公司债券相等，为什么它们会有更高的盈利率呢？我们事后才知道这个问题的答案，这是因为这些证券的风险更高，即使评级机构没有指出来，市场也知道它们是高风险的。市场看穿了这种假象。

所以，一个好的创意如果做过头了，将会摧毁整个金融市场。

第4章
期望值跑步机原则

公司金融的前两大基石定义了什么是推动公司价值创造的真正因素。第三大基石——期望值跑步机原则，解释了价值是如何反映到股票投资者获得的回报中的。

公司赚取的投入资本收益率与股东赚取的收益率是不同的。假设一家公司可以向一家工厂投资1 000美元，每年赚取200美元。公司的第一批投资者为他们的股份支付了1 000美元，如果他们持有这些股份，他们每年将获得20%的收益（200美元除以1 000美元）。

假设一年后，投资者决定出售他们的股份，并找到了为这些股份支付2 000美元的买家。由于股票价格较高，并且假设价格不再上涨，因此这些新的买家每年只能赚取10%的投资收益（200美元除以2 000美元），而原来的所有者则赚取了120%的收益（投入资本收益率为20%，股票价格升值为100%）。

虽然所有的投资者集体将获得与公司相同的回报（按时间加权平均），但个别投资者群体将获得非常不同的回报，因为他们根据对公司未来业绩的期望，为股票支付了不同的价格。

一个有用的比喻是，跑步机的速度代表了公司股票价格中的期望。如果公司的业绩超出了期望，而且市场相信这种改善是可持续的，那么公司的股票价格就会上升，从而在本质上把握这种增量改善的未来价值。但这也加速了跑步机，所以随着业绩的改善，跑步机的速度加快，公司不得不更快地改善业绩，以保持其新的股票价格。相反，一个在开始时期望较低的公司可能更容易在股票市场中表现出色，仅仅是因为低期望更容易被打破。

期望值跑步机原则描述了持续跑赢股票市场的困难度。在某些时候，管理者不可能满足不断加快的期望而不失败，就像任何人最终都会在移动速度越来越快的跑步机上跌倒一样。

考虑一下蒂娜的情况，她是基于我们认识的许多首席执行官的经验而虚构出来的人物。蒂娜刚刚被聘为 Widgets R Us 的首席执行官，这家公司的投入资本收益率和增长相对于竞争对手来说都低于平均水平。正因为如此，市场对该公司的期望不高，所以相对于竞争对手，Widgets R Us 的价值很低。

蒂娜雇用了一支顶尖团队并着手工作。两年后，Widgets R Us 在利润率和投入资本收益率方面赶上了同行，其市场份额不断上升。Widgets R Us 的股票价格上升速度是同行的两倍，这是因为市场没有预期到该公司业绩的好转。

蒂娜和她的团队继续努力工作。两年后，Widgets R Us 在经营业绩上成为行业领导者，具有最高的投入资本收益率。由于起点较低，该公司的股票价格上升速度是该行业的四倍。假设该公司将沿着新的轨迹运作并维持良好的业绩，市场预期其投入资本收益率和收入将继续高于平均水平。

随着时间的推移，Widgets R Us 保持着较高的投入资本收益率和领先的市场份额。但是两年后，蒂娜沮丧地发现，尽管 Widgets R Us 的业绩超过了竞争对手，但公司的股票表现几乎跟同业一样。

蒂娜已经被期望值跑步机所困：她和她的团队的工作如此出色，以至于对公司持续的高业绩预期已经与公司的股票价格紧密联系在一起。只要她的业绩符合市场期望，那么公司的股票价格就不会好于行业平均水平，甚至可能低于平均水平。[1]

这就解释了为什么卓越的管理者往往只能提供普通的股东整体收益率[2]，或者为什么期望业绩较差的公司的管理者更容易实现较高的股东整体收益率，至少在

---

[1] 理论上，如果公司的业绩与预期完全一致，那么它给股东的整体回报将等于股权成本。然而，在实践中，随着利率、通货膨胀和经济活动的不断变化，与更广泛的市场进行比较有时更加可取。

[2] 股东整体收益率是股票价格增值加上股息。

短期内如此。即便卓越的管理者，也很难持续超过市场对股票价格越来越高的期望。相反，如果市场对公司的期望较低，通过将市场期望值提高到其同行的水平，管理者很容易获得较高的股东整体收益率。

对于期望值已经很高的公司来说，危险在于，在追求高于同行的股东整体收益率的过程中，它们可能采取错误的行动，如推动不切实际的盈利增长或追求高风险的重大收购。这种情况在20世纪90年代末和21世纪初美国电力行业蓬勃发展时出现过。在这一时期，放松管制导致电力公司被寄予厚望，它们以极高的估值从受管制的母公司中剥离出能源生产商。

例如，Mirant公司于2000年10月从南方公司分离出来，其股权和债务资本总额接近180亿美元，是息税及摊销前利润的30倍（对于一家电力公司，确实让人难以置信）。为了证明其价值，Mirant公司像其他类似公司一样积极扩张，在巴哈马、巴西、智利、英国、德国和菲律宾，以及美国的14个州投资发电厂。这些投资带来的债务负担很快变得难以承受，Mirant公司于2003年7月申请破产。

好的公司和好的投资可能是不一样的，这句话背后的动力就是预期踏步。在短期内，好的公司可能不是好的投资，因为未来的出色业绩可能已经包含在股票价格中。另外，聪明的投资者往往喜欢业绩较差的公司，因为它们有更多的上升潜力，其期望值更容易被超越。

股东收益率和基本价值

沃尔玛和塔吉特是世界上最大的两个零售商，2008年的销售额分别为4 030亿美元和650亿美元，它们不同的财富印证了期望值的变化及其复杂性。从1995年到2005年，沃尔玛在关键价值驱动因素——增长和投入资本收益率方面超过了塔吉特，但塔吉特的股东获得了更高的收益率。期望值跑步机原则解释了这一矛盾。

图4.1显示了沃尔玛和塔吉特的收入增长和投入资本收益率以及股东整体收益率（股票价格增值加股息）。这一时期，沃尔玛的销售额每年增长13%，而塔吉特仅为9%，同样，沃尔玛的投入资本收益率也高于塔吉特。然而，沃尔玛投资者获得的股东整体收益率只有15%，相比之下，塔吉特的股东整体收益率则要高得多，达到了24%。

期望值跑步机原则解释了这两家公司的股东整体收益率和潜在价值创造之间

第 4 章 | 期望值跑步机原则

的矛盾。用市盈率代表市场的预期，沃尔玛在 1995 年年初的市盈率为 15，而塔吉特仅为 11。在 2006 年年初，沃尔玛的市盈率略微上升，达到了 16；而塔吉特的市盈率则赶上并超过了沃尔玛，达到 18，如图 4.2 所示。

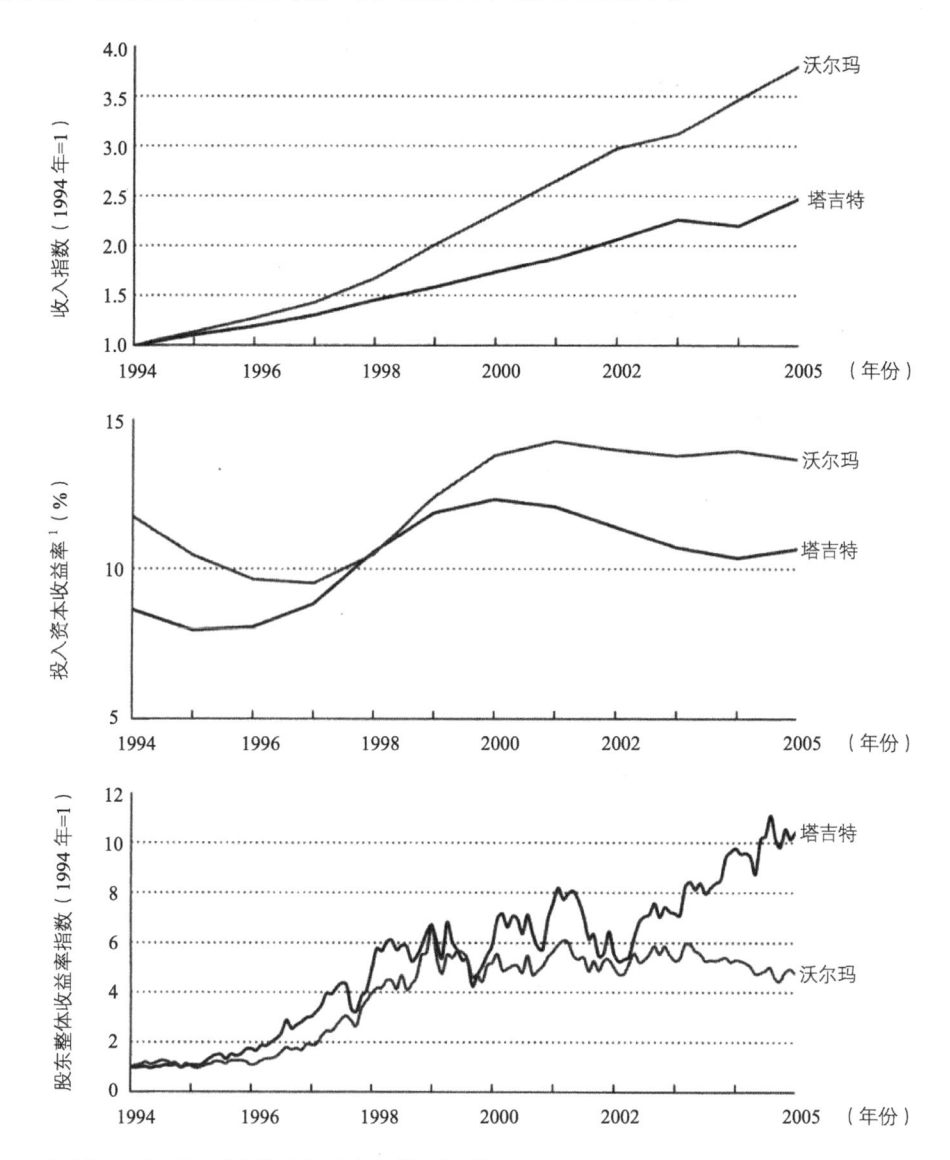

1 不含商誉的 3 年滚动投入资本收益率，根据租赁协议调整。

（资料来源：麦肯锡公司绩效中心分析。）

图 4.1 沃尔玛与塔吉特：沃尔玛在增长、投入资本收益率上领先，在股东整体收益率上落后

预测市盈率	1995 年	2006 年
沃尔玛	15	16
塔吉特	11	18

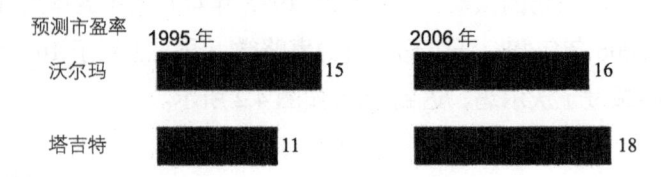

（资料来源：麦肯锡公司绩效中心分析。）

图 4.2　沃尔玛与塔吉特：市盈率上升有助于提升股东整体收益率

1995 年，塔吉特的低市盈率反映了人们对其 Mervyn 品牌的严重担忧，因为该品牌业绩不佳。塔吉特最终出售了 Mervyn 和马歇尔·菲尔德的品牌，之后业绩超出了预期，从而提高了市场对未来业绩的预期。与此同时，沃尔玛的业绩大致符合高预期。

哪一个做得更好？你可以从两方面进行论证：塔吉特在扭转其业务方面做得很好，而沃尔玛在实现非常高的预期方面做得很好。

表 4.1 量化了股东整体收益率的组成部分，提供了一个衡量股东整体收益率出现巨大差异的标准。从表中可以看出，有两个组成部分与期望相关：零增长收益率（股东整体收益率假设未来没有增长）和市盈率变化（投资者预期的变化）。两家公司的股东整体收益率差异为 9%，而这两个组成部分占了其中的 7%。

表 4.1　沃尔玛与塔吉特：股东整体收益率分解（1995—2005 年年均百分比）

	塔吉特	沃尔玛	差异
收入增长	9	13	(4)
为了提高增长的投资	(5)	(3)	(2)
利润率变动	4	—	4
来自业绩的股东整体收益率	8	10	(2)
零增长收益率	6	4	2
市盈率变化	5	—	5
财务杠杆的影响	5	2	3
其他	—	(1)	1
总计	24	15	9

1995 年，塔吉特的市盈率仅为 11，而沃尔玛为 15。这就意味着沃尔玛的股东整体收益率较低，即使两家公司都没有增长，而且它们的市盈率也保持不变。由于投资者在 1995 年为塔吉特的一美元收益支付的费用较少，因此塔吉特的现有

收益（无增长）比沃尔玛的现有收益产生了更高的效益。当塔吉特的市盈率从 11 上升到 18 时，仅此一项就产生了 5% 的年度股东整体收益率，而沃尔玛的市盈率上升极为轻微，产生的股东整体收益率不到 1%（四舍五入为 0）。

我们还看到，塔吉特较高的股东整体收益率中有 3% 是由较高的财务杠杆造成的。1995 年，塔吉特的举债远高于沃尔玛，资产负债率为 48%，而沃尔玛仅为 21%。但是，塔吉特在 1995 年的高杠杆率是不可持续的，事实上，塔吉特最终减少了债务。

相对于基本的经济表现，杠杆对股东整体收益率有倍增效应。换句话说，收入和利润增加 1%，对塔吉特的股票价格的影响要大于对沃尔玛的股票价格的影响。正如我们在第 15 章所讨论的，高杠杆率不一定能创造价值，因为放大作用是双向的：高杠杆率意味着高风险，而高风险会增加高业绩，也会降低低业绩。

从经营的角度来看，两家公司基本持平。沃尔玛 13% 的增长率高于塔吉特 9% 的增长率，而塔吉特不断增长的利润率则高于沃尔玛相对稳定的利润率。一家公司在一个领域的更好表现被另一家公司在另一个领域的更好表现所抵消了。

股东收益率的分解也显示了一家公司为了实现未来不同水平的股东整体收益率所必须采取的措施。例如，在写这本书的时候，沃尔玛和塔吉特的股票价格中都有类似的期望（基于类似的市盈率），这些期望接近具有相同业绩特征的公司的长期平均水平。

因此，塔吉特不能再期望仅仅通过提高市盈率就获得比沃尔玛更高的股东整体收益率。它也不能从降低债务水平中获益，因为它已经与沃尔玛的债务水平持平。在未来几年里，两家公司的股东整体收益率的差异将主要来自潜在的增长和投入资本收益率。

了解期望

除了要了解股东整体收益率，公司还要研究所需的业绩水平以便对当前股票价格做出判断。你的业绩计划是什么？它们是否与市场的期望相一致？要达到或超过当前对股票价格的期望，需要采取什么样的行动？

你可以通过期望的收入增长和投入资本收益率对股票价格的逆向工程，来估计所需的业绩水平。以家得宝为例，在 1999 年年初，家得宝的市值为 1 320 亿美

价值

元，市盈率为47。使用贴现现金流模型，假设利润率和投入资本收益率不变，家得宝在未来15年内必须每年增长26%的收入才能维持其1999年的股票价格。

到2007年，家得宝的实际收入增长为11%，对于这样一家大公司来说，这是一个令人印象深刻的数字，但远远低于维持1999年的股票价格所需的增长。这期间，家得宝的股票价格每年比标准普尔500指数低7%，这也是意料之中的。

鉴于1999年的高市值，家得宝的董事会应该怎么做？答案当然不会是庆祝。一些公司会试图通过考虑各种风险策略来证明其高股票价格的合理性。但鉴于家得宝的规模，找到足够的高投入资本收益率增长机会来证明其1999年的股票价格是合理的概率几乎为零。

家得宝除了为不可避免的股票价格暴跌做准备（家得宝的市值从1999年1月的1 320亿美元下降到2004年1月的800亿美元）外，实际上没有什么可做的。虽然有些公司可以利用高股票价格进行收购，但这对家得宝来说不是一个好主意，因为家得宝的内生增长为11%——要维持这一增长，对管理层来说是一个极大的挑战。

根据我们的经验，在我们评估的公司中，至少有80%的公司在其股票价格中植入了业绩期望，与行业增长期望和投入资本收益率相一致。这些公司未来的股东整体收益率将接近股权资本成本，并根据任何宏观变化（如利率或总体经济增长）的影响进行调整。但是，如果贵公司不属于这80%，为了在"跑步机"上获得明显更快或更慢的速度，你需要振奋精神。

管理心得

期望值跑步机原则让我们知道采用股东整体收益率作为衡量业绩的工具是不明智的。正如我们在沃尔玛和塔吉特的案例中所看到的，从1994年到2005年，这两家公司的股东整体收益率的巨大差异掩盖了衡量阶段初期，市场对它们期望的差异。在家得宝的案例中，达到期望目标几乎是不可能的，因为没有一家公司能够长期保持那么快的速度。[1]

---

[1] 正如我们在第8章中看到的那样，大多数严重的高估值都是全行业的，而不是特定公司的，因此高管无法采取太多措施来应对这种情况。然而，他们及其董事会应该意识到这种情况带来的后果。

期望值跑步机原则意味着许多以股东整体收益率为基础的高管薪酬体系无法反映出管理者的表现,这是因为一家公司的短期股东整体收益率是由其行业以及大盘走势所驱动的。在20世纪80年代和90年代,许多高管因股票期权而致富,当时股票价格上涨主要是因为利率下降,而不是管理者做了什么。相反,在最近的金融危机中,许多股票期权的收益都被抹去了。这些收益和损失在很大程度上与管理者的表现没有任何关系。

除了关注增长和投入资本收益率,薪酬体系还应该与相对于同行的股东整体收益率(而不是绝对的股东整体收益率)相关。这将消除大部分不受公司具体业绩驱动的股东整体收益率。

那么,为什么这一简单的薪酬体系没有被公司采用呢?这要追溯到会计规则的影响。在2004年以前,公司可以不必将股票期权作为费用列支,只要符合一定的条件。条件之一是,行权价必须固定不变。任何与业绩相关的费用都应该在损益表中列示,因此公司自然采用了可以带来更高会计收益的固定行权价期权。

一些公司已经转向了与相对业绩挂钩的股份薪酬体系。通用电气就根据公司的股东整体收益率相对于标准普尔500指数的股东整体收益率,发放首席执行官的绩效奖励。更多公司应该遵循这个方向。

除了要将薪酬体系固定下来,高管也要更好地理解股东整体收益率,尤其是短期股东整体收益率。如果高管和董事会了解他们的股票价格和同行的股票价格中包含了哪些期望,那么他们就可以预测当他们的行动被市场所知时,他们的股票价格会如何表现。

例如,如果你正在执行一项伟大的战略,这一战略将创造巨大的价值,但市场已经预期你会成功,你就不能指望在股东整体收益率上表现出色。管理团队和董事会需要知道这一点,所以董事会可以支持管理层的优先事项,即使其股票价格没有超越期望值。

高管也需要摆脱不断监测股票价格的做法,因为短期内的股东整体收益率基本没有意义。在一个典型的三个月的时间范围内,超过40%的公司经历了超过10%的股票价格上涨或下跌[1]——这些变动只不过是随机的。因此,高管甚至不用去理

---

[1] 2004—2007年期间,市值超过10亿美元的非金融公司的股票价格相对于标准普尔500指数的变动情况。

解股票价格的变动，除非它们在一天内变动超过 2%，或者在一个季度内变动超过 10%（相对于有关基准而言）。

　　最后，对你所希望的情况要保持谨慎。我们都希望看到公司的股票价格上涨，但一旦股票价格上涨，就很难保持比市场更快的上涨速度。期望值跑步机原则几乎是不可摆脱的，我们也不知道有什么简单的方法来降低期望。

第5章
最佳所有者原则

公司金融第四大即最后的基石：一项业务的价值取决于谁拥有它，谁在管理它，因为不同的所有者基于其独特的价值创造能力，将产生不同的现金流。[①]我们称这一基石为最佳所有者原则，因为当它由能够产生最多现金流的人拥有时，其价值就达到了最大化。与此相对应的是，任何一项业务都没有一种固有的价值，价值取决于谁在经营它。

收购是最佳所有者原则的一个很好的例子。2001年，通用磨坊以104亿美元的价格从帝亚吉欧手中收购了皮尔斯伯里，此后不久，通用磨坊每年至少增加了4亿美元的税前现金流，使皮尔斯伯里的营业利润大约增加了70%。

帝亚吉欧的核心业务是酒精饮料，而皮尔斯伯里和通用磨坊则销售包装食品。在帝亚吉欧旗下时，皮尔斯伯里的业务与帝亚吉欧的核心业务完全不相关，因为这两者在制造、分销和营销方面几乎没有重叠。另外，通用磨坊能够大幅降低采购、制造和分销方面的成本，而且在将皮尔斯伯里的产品引入通用磨坊已经拥有稳固地位的美国学校后，它的收入得到了提高。此外，通用磨坊还利用皮尔斯伯里的冷藏车来分发其新品牌——冷藏食品。

对于皮尔斯伯里来说，通用磨坊是比帝亚吉欧更好的所有者。事实上，我们

---

① 所谓所有者，我们指的是管理者和运营者，而不是股东本身。

价值

永远不知道谁是最好的所有者,我们只知道在相互竞争的选择中谁是更好的所有者。作为皮尔斯伯里的所有者,也可能是其他公司,可以产生比通用磨坊更多的现金流。

通用磨坊为皮尔斯伯里支付的 104 亿美元并不是它的价值,而是价格。皮尔斯伯里至少有两个价值:它对通用磨坊的价值和它对帝亚吉欧的价值。对于通用磨坊来说,皮尔斯伯里的价值(对通用磨坊来说)必须大于所支付的价格;对于帝亚吉欧来说,它所得到的价格必须大于帝亚吉欧所经营的皮尔斯伯里的价值。

通用磨坊和皮尔斯伯里的例子表明,最佳所有者的影响可以有多大(在这种情况下为 70%)。最佳所有者原则也有助于经济发展,因为它可以使资源重新配置,实现使用价值最大化。

谁是最佳所有者

那么,我们如何在任何时候、任何行业环境下确定企业的最佳所有者?我们必须研究潜在的所有者如何增加价值的来源。

有些所有者通过与投资组合中其他业务的联系来增加价值,如利用既定的销售渠道来接触新客户,或者分享现有的生产设备。有些所有者通过复制诸如独特的运营或营销技能来增加价值。有些所有者通过为管理团队提供更好的管理和激励措施来增加价值。最后,有些所有者通过与政府、监管机构或客户建立独特的关系来增加价值。

当然,在某些情况下,最佳所有者增值的来源有多个,但是我们每次只研究其中一个。

与其他业务的特有联系

所有者增加价值的最直接方式是,通过与投资组合中其他业务的联系,尤其是当这种联系是独一无二时,增值效果最明显。

例如,假设一家矿业公司拥有一个煤矿的开采权,这个煤矿远离任何铁路线或其他基础设施,且地处偏远位置。另一家矿业公司已经在 10 英里(约 16 千米)外经营着一个煤矿,并修建了必要的铁路线和其他基础设施。第二家矿业公司将是新煤矿的更好的所有者,因为它开发煤矿的增量成本比其他公司都低得多。它有能力以比其他公司更高的价格购买未开发的煤矿，并且仍然可以获得有吸引力的资本回报。

这些特有的联系可以发生在整个价值链上，从研发到制造到分销到销售。例如，一家拥有专门从事肿瘤药物销售队伍的大型制药公司可能是一家拥有有前途的肿瘤新药但没有销售队伍的小型制药公司的最佳所有者。

在许多情况下，这种联系不是某家公司特有的，而是适用于多家公司的。IBM就成功地收购了大量的小型软件公司，以利用其全球销售队伍。与被收购公司的原所有者相比，IBM是一个更好的所有者，因为IBM可以迅速将产品销往全球。

独特的技能

更好的所有者可能在整个商业系统的任何领域都拥有独特的且可复制的能力或管理技能，但要想有所作为，这些技能必须是行业内取得成功的关键驱动因素。例如，一家拥有出色制造技能的公司可能不会成为消费品包装公司的更好的所有者，因为制造成本很少大到足以影响公司的竞争地位。

在消费品包装行业，品牌的开发和营销技能可以使公司成为更好的所有者。以宝洁为例。截至2009年，该公司拥有23个价值为10亿美元（净销售额）的品牌和20个价值为5亿美元的品牌，这些品牌囊括了一系列产品类别，如洗涤产品、美容产品、宠物食品和纸尿布。几乎所有净销售额达到10亿美元的品牌在各自的市场上都位列第一或第二。

宝洁的特别之处在于，它以不同的方式发展了这些品牌。一些品牌已经延续几十年了，如汰渍和佳洁士。其他品牌则是在过去10年里收购的，包括吉列和欧乐B。最后，Febreze和Swiffer是在过去10年里从零开始开发的。作为一个群体，这些品牌在这十年间（2001—2009年）的销售额平均每年增长11%。

更好的洞察力或先见之明

洞察市场和行业将如何发展并能够利用这种洞察力的所有者，有时可以扩大现有业务或者作为创新者来开发新的业务。Intuit公司就是其中的一个例子。该公司在20世纪90年代末发现许多小企业正在使用它的Quicken软件，该软件最初是为帮助个人消费者管理个人财务而设计开发的。

这一发现给 Intuit 公司带来了一个重要启示：大多数商业会计软件对小企业主来说太复杂了。因此，Intuit 公司设计了一款针对小企业会计的新产品，并在两年内占领了这一新兴市场 80% 的份额。

20 世纪 80 年代中期，许多公司都认为光纤网络将是未来通信的主要方式，而石油和天然气公司——威廉姆斯公司则有一个额外的洞察力：光纤电缆可以安装在废弃的石油和天然气管道中，而成本仅为竞争对手需要支付的一小部分。将自己的网络与从其他公司获得的网络相连接，威廉姆斯公司最终控制了 11 000 英里（约 18 万千米）的电缆，将数字信号从美国的一端传输到另一端。

威廉姆斯公司的洞察力与它的管道基础设施相结合，使它在新兴的数字通信行业中成为最佳所有者。威廉姆斯公司还在价格虚高的时候减持了光纤电缆的股份，在 1994 年以 250 亿美元的价格出售了它的大部分电信业务。

更出色的治理

更好的所有者还可以通过更出色的治理方式来增加价值，而不需要身体力行管理日常运作。更出色的治理方式指的是公司的所有者（或他们的代表）与管理团队之间的互动方式，以推动长期价值创造的最大化。例如，最好的私募股权公司不只是用债务对公司进行资本重组，还通过改善治理来提高公司的业绩。

我们的两位同事对 11 家出色的私募股权公司投资的 60 个成功的项目进行了分析。他们发现，在几乎 2/3 的交易中，创造价值的主要来源是改善公司相对于同行的经营业绩。[1]与一些人的说法相反，使用财务杠杆或良好的投资时机并不是他们成功的主要来源。

私募股权公司没有时间或技能来管理他们所投资的公司的日常工作，但他们对这些公司的管理与许多上市公司非常不同，这是业绩优异的一大来源。通常情况下，公司会引入更强的绩效文化，并在必要时迅速进行管理变革。他们鼓励管理者放弃被奉为神圣的规则，并给他们留有余地，让他们专注于五年的发展前景，而不是如上市公司那样只关注一年的运营。

另外，私募股权公司董事会的工作时间是上市公司的三倍，他们的大部分时

---

[1] Conor Kehoe and Joachim Heel, "Why Some Private Equity Firms Do Better," *The McKinsey Quarterly*, no. 1 (2005): 24–26.

间花在战略和绩效管理上,而不是像上市公司那样花在合规和风险规避上。①

获取人才、资本以及与政府、供应商和客户建立关系的独特方式

这类联系往往更适用于新兴市场的公司,在这些市场上,由于管理人才空缺、资本市场不发达,以及政府作为客户、供应商和监管者对企业的高度介入,使得企业的经营变得复杂。在这些市场上,多元化的企业集团,如印度的塔塔和信实,以及韩国的三星,可以成为许多公司更好的所有者,因为他们是更有吸引力的雇主,拥有更多的资本,并且知道如何与政府合作。

在我们分析的类别中,不包括一些经常被提及的因素,因为根据我们的经验,这些因素是最佳所有者原则较为不重要的来源,如大小、规模和多元化。在第12章中,我们将讨论为什么它们没有被列为最佳所有者因素。

最佳所有者生命周期

最佳所有者不是静态的,它随着时间的变化而变化。最佳所有者可以是一家大公司、一家私募股权公司、一家主权财富基金、一个家庭或者公司的客户或员工,也可能是在股票交易所上市的独立上市公司。

此外,所有制结构在不同的地区仍在不断演变。在美国,大多数公司不是上市就是由私募股权公司拥有。在欧洲,政府所有制发挥着重要作用。在亚洲和南美洲,大公司往往由创立家族控制,同时彼此之间在业务上存在联系。

下面是关于公司最佳所有者演变的案例。当然,公司的创始人通常是第一个最佳所有者。创始人的动力、热情和对公司的奉献是公司顺利运营的重要因素。

然后,随着公司的发展,它通常需要更多的资金,此时,它可能将股份出售给专门帮助新公司成长的风险投资基金。这时风险投资基金引入新的管理者来取代或帮助创始人,也是比较常见的。这些新的管理者更善于处理因组织规模扩大而带来的复杂性和风险。

为了获取更多的资金,风险投资公司可能会将公司上市,向广大投资者出售

---

① Viral Acharya, Conor Kehoe, and Michael Reyner, "The Voice of Experience: Public versus Private Equity," *McKinsey on Finance* (Spring 2009): 16–21.

价值

股份,并在此过程中使自己、创始人和管理者能够实现他们所创建的公司的价值。作为一家上市公司,控制权转移给董事会(如果创始人仍旧持有大量股份,那么其仍然可以产生很大的影响力)。

随着行业的发展,这家公司可能发现它无法与大公司相竞争,因为,例如它无法在合理时间内建立所需的全球分销系统。因此,它可能会把自己卖给一家拥有这种能力的大公司,从而成为大公司的一个部门。(其他外部因素,如监管或技术变革,也可以促使公司产生改变所有者的需要。)

随着该部门市场的渐成熟,大公司决定把重点放在其他增长较快的业务上,因此,将该部门出售给一家私募股权公司。现在,这个部门独立了,私募股权公司将不符合缓慢增长的过剩开销削减。因此,私募股权公司以更精简的成本结构对该部门进行重组。重组完成后,私募股权公司将该部门卖给另一家专门经营缓慢增长品牌的大公司。

在公司生命周期的各个阶段,下一个最佳所有者都采取了行动来增加公司的现金流,从而增加价值。创始人提出公司的经营理念。风险投资公司提供资金和专业管理。上市为早期投资者提供了实现其工作价值的途径,并筹集了更多现金。大公司通过全球分销能力加速了公司的发展。私募股权公司在增长放缓时重组了公司。最后一个最佳所有者拥有运营缓慢增长品牌的技能。

管理心得

最佳所有者的生命周期意味着,高管需要不断地寻找他们可以成为最佳所有者的收购机会,也需要不断地研究剥离他们可能不再是最佳所有者的业务的机会。不幸的是,根据我们的经验,很少有高管能够清楚地说明他们是最佳所有者,也很少有高管在此基础上做出投资组合决策。

由于特定业务的最佳所有者是流动的,因此公司需要有一个结构化的公司战略流程,定期审查和更新一份活跃的收购目标清单,并定期测试其现有业务,看它们是否已达到出售日期。

对于收购者来说,应用最佳所有者原则往往会导致与传统筛选方法可能产生的目标非常不同。具体而言,传统方法往往侧重于寻找财务表现良好且与收购者公司业务线有某种关联的潜在目标。但是根据最佳所有者原则,这些特点可能是无关的或不重要的。

寻找一家财务状况不佳但潜力巨大的公司可能会更好，尤其是收购者具有公认的绩效改善专长。最好将注意力集中在降低成本的机会上，或者关注普通客户的存在，而不是关注目标公司与收购者的关系等模糊的概念上。

将最佳所有者原则放在首位也有助于收购谈判，因为这使管理者专注于目标公司对于他们公司的具体价值，以及对任何其他竞标者和卖方的价值。许多管理者错在只顾及目标公司对于自己公司的价值。因为他们不知道目标公司对潜在的更好的所有者的价值，也不知道其他竞标者愿意出的价格，所以他们采用盈亏平衡点进行谈判。当然，他们越接近盈亏平衡点，他们通过该交易为股东创造的价值就越少。

竞标者应该问，他们最少可以花多少钱来达成这笔交易，并创造最大的价值，而不是问最多可以支付多少钱。

考虑这样一个案例。一家亚洲公司与一家私募股权公司竞标收购一家契约式的欧洲药品制造商。这家亚洲公司估计了目标公司对自己的价值以及对私募股权公司的价值。私募股权公司可以通过降低间接成本和吸引新的客户来创造价值，这些新的客户之前不会购买目标公司的产品，因为它是竞争者所有的。亚洲公司估计这家契约公司对于私募股权公司的价值为 9 600 万美元。

但是，亚洲公司同样可以降低管理成本和吸引新的客户，除此之外，还可以将一些生产环节转移给成本较低的工厂。因此，目标公司对亚洲公司的价值是 1.2 亿美元，这样一来，亚洲公司就是目标公司的最佳所有者。同时，当亚洲公司以高于私募股权公司的价格收购目标公司后，仍旧可以获取可观的价值。另外，对于欧洲母公司来说，目标公司的价值仅为 8 000 万美元。

了解了这些相关价值，亚洲公司能够出价 1 亿美元，在击败私募股权公司的同时，为自己获取了 2 000 万美元的潜在价值创造。

在这种情况下，亚洲公司甚至可以通过宣布即使没有这次收购它也将进入这个市场来进一步扩大市场份额。如果卖方和私募股权公司相信这一极具竞争性的威胁，它们可能会进一步降低对目标公司的估值，而亚洲公司就可以降低报价，获取更多的价值。

我们之前也提过最佳所有者原则也鼓励剥离，包括出售或拆分。如果我们回到 50 多年前，我们将发现许多制药和化学公司是合并的，因为它们需要类似的制造工艺和技能，但是当这两个行业趋于成熟时，它们在研究、制造和其他技能上的差别越来越大，它们逐渐成为远亲，而不是姐妹。

今天，运营一家化学制品公司的关键在于，规模、经营效率以及管理成本和资本支出，而运营一家制药公司的关键在于，研发渠道、出色的销售团队、监管机构的审批过程，以及与购买处方药的国家卫生系统的独特关系。虽然这两家公司曾属于同一个企业集团，现在却不合适了，这就是为什么几乎所有以前合并的化学/制药公司都已经拆分。泽尼科于 1993 年从帝国化学工业公司拆分出来（后来并入阿斯利康），安万特于 1999 年从赫斯特公司拆分出来（后来并入赛诺菲安万特）。

高管往往担心剥离意味着承认经营失败，同时会缩减公司规模。但是，研究表明，股票市场对于剥离——不管是出售还是拆分的回应都是积极的。[1]研究也发现，剥离出来的公司往往可以在交易完成后的三年内增加 1/3 的利润率。[2]

简单地说，如果董事会和管理团队要使其投资组合中的公司价值最大化，他们必须清楚如何为每家公司（以及其投资组合之外的、可以加入投资组合的公司）增加价值。当重新审视他们的投资组合时，他们必须或者说至少要了解最佳所有者的来源。他们还应该考虑其他公司是否可以成为更好的所有者。由于最佳所有权的来源不是一成不变的，因此他们应该研究他们可以持续做出哪些有意识的决定来扩展自己的最佳所有权来源。

---

[1] J. Mulherin and A. Boone, "Comparing Acquisitions and Divestitures," *Journal of Corporate Finance* 6 (2000): 117–139.

[2] P. Cusatis, J. Miles, and J. Woolridge, "Some New Evidence That Spinoffs Create Value," *Journal of Applied Corporate Finance* 7 (1994): 100–107.

第 2 部分

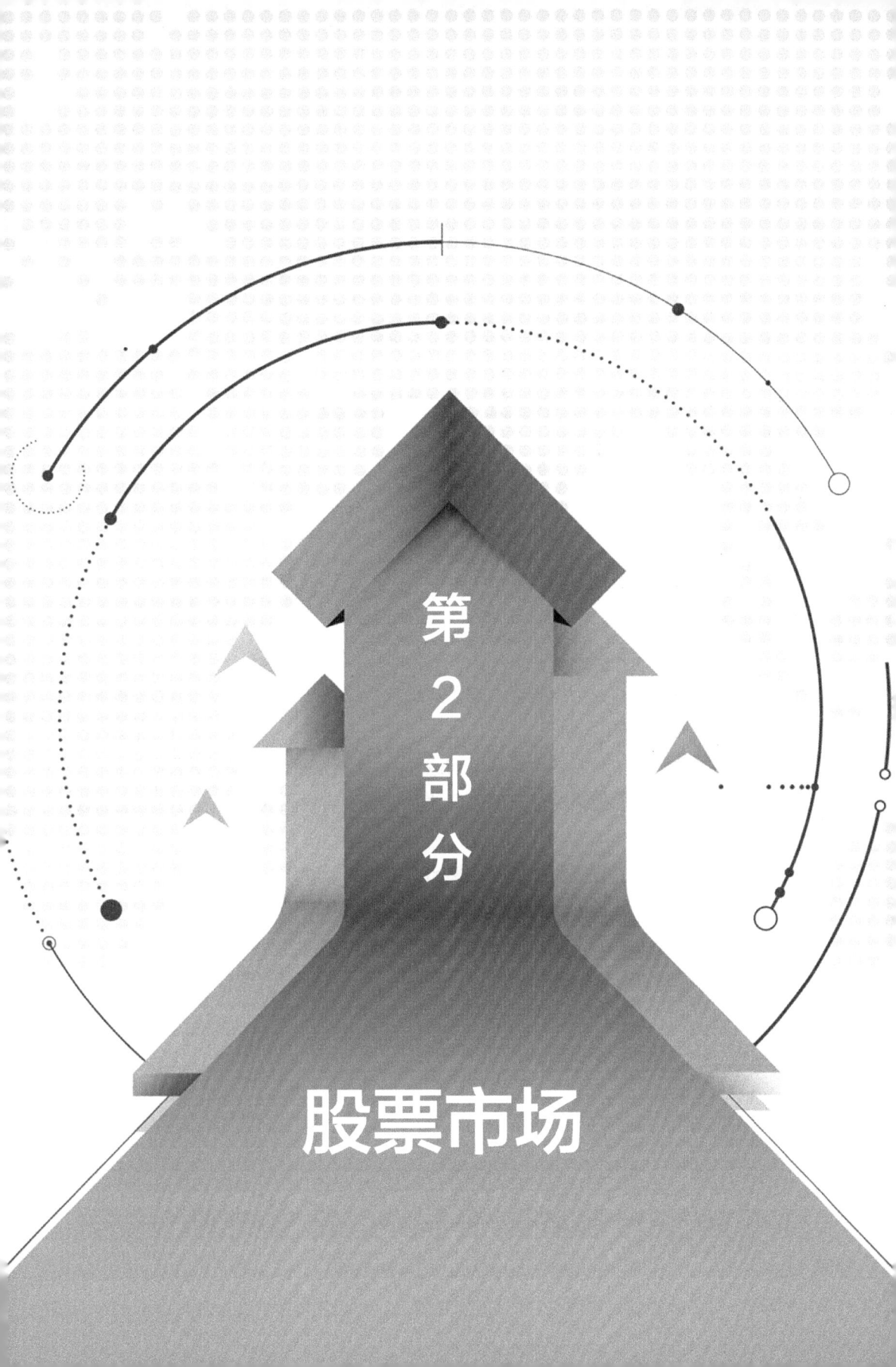

股票市场

第 6 章
谁组成了股票市场

　　管理上市公司的一个先决条件是了解股票市场是如何运作的。通过更好地了解市场,高管可以更有信心——他们的决定将创造价值,并反映在他们的股票价格上。[1]如果高管不了解股票市场是如何运作的,也不了解它是如何对公司估值的,他们就会做出错误的战略决策,例如,放弃创造价值的收购或进行损害价值的收购。

　　在本章中,我们将研究股票市场是如何运作的,特别是那些具有不同战略和对未来有不同信念的投资者的互动。这个市场不是单面的,投资者的互动带来的股票价格的波动也不一定是由新信息驱动的。我们还将说明,股票价格水平在很大程度上受最复杂的投资者的影响。

股票市场的一个模型

　　高管和记者经常谈论股票市场,似乎股票市场只是一个仅有单个观点的单面

---

[1] 我们的大部分分析都是基于发达国家的上市公司的,这些国家的股票市场具有流动性,并对境外投资者开放。

体。但是如果真的如此，它就不能被称为市场了。市场的构成条件是不同的投资者战略和观点相互作用形成价格，并导致波动。因此，了解投资者和他们的战略是了解股票市场的最佳途径。

首先，我们通过一个简单的例子来分析不同投资者的不同策略是如何驱动市场行为的。假设市场上有两类投资者（A 和 B）在交易一家公司的股票。A 类投资者研究公司的业绩并推导得出股票的价值。一部分 A 类投资者认为股票的价值是 40 美元，一部分认为是 50 美元，还有一部分认为是 60 美元。

B 类投资者则没有对公司做任何研究，而是更多关注短期走势。他们的策略是根据走势来决定买卖时点。当股票价格上涨时，他们买入，认为股票价格会继续上涨；当股票价格下跌时，他们卖出。B 类投资者是通过速度来赚钱的，一旦股票价格转向，他们就会迅速扭转头寸，因此他们的损失相对于他们的收益来说是很小的。

假设交易开始时，该公司的股票价格是 30 美元。A 类投资者开始购入股票，因为他们相信股票价值为 40~60 美元，同时他们的购买行为开始抬高股票价格。B 类投资者发现股票价格上涨，也开始买入股票，进一步加速了股票价格的上涨。

越来越多的 B 类投资者加入这一行列，形成了上升的势头。随着股票价格的上涨，A 类投资者逐渐放慢了购买的速度。在股票价格上涨到 40 美元时，一些 A 类投资者停止了购买，但 B 投资者继续购买。一旦股票价格接近 60 美元，一些 A 类投资者认为股票价格被高估，就开始卖出。一旦股票价格超过 60 美元，所有 A 类投资者停止购买，许多人开始卖出。这就减缓了上升的势头，一些 B 类投资者意识到了这一点，所以他们也开始卖出。

最终，卖盘压力超过了买盘压力，股票价格开始下跌。大量投资者加速了下跌的趋势，直到价格跌到足够低的水平，A 投资者又开始买入股票，从而扭转了跌势。

这种模式持续进行，股票价格在 A 类投资者设定的范围内震荡，如图 6.1 左侧所示。即使没有新消息，股票价格也会有一个自然的波动。

现在我们假设该公司宣布了一个投资者都没有预料到的新产品。A 类投资者将他们对公司价值的估计修改为 60~80 美元之间。他们开始买进，使得股票价格开始了一个新的震荡周期，但是震荡范围更大，如图 6.1 右侧所示。

价值

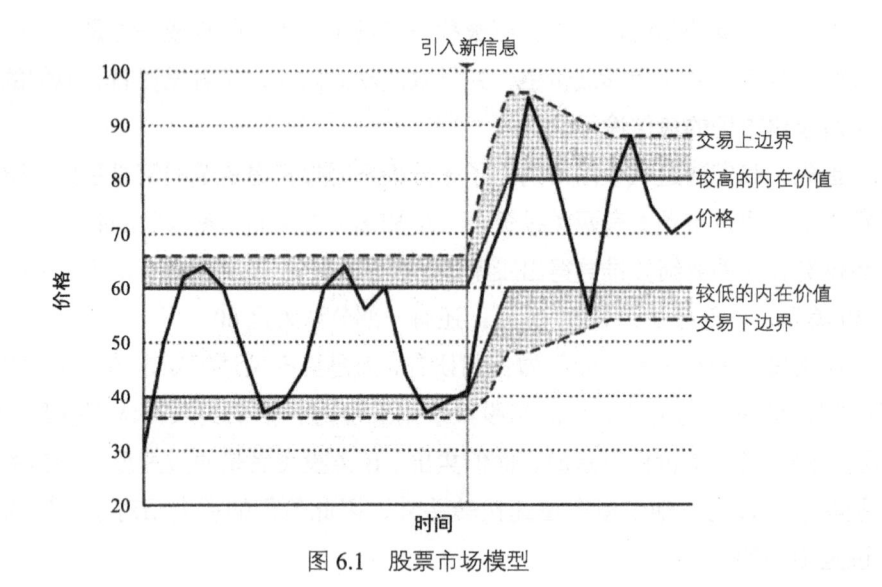

图 6.1 股票市场模型

这个模型展示了股票市场的两个重要方面：第一，即使没有关于公司的任何新信息，股票价格也会波动；第二，A 类投资者是决定股票价格水平的最终力量。

传统的见解

在我们之前讨论的这个模型中只有两种类型的投资者，而真正的市场显然更加复杂，有各种类型的投资者和投资战略。散户投资者持有美国股票市场将近 40% 的股份，但是他们很少会真正影响到股票价格，因为他们的交易不频繁。专业投资者——不管是对冲基金、共同基金还是养老基金的管理者——才是推动股票价格的真正力量，占据了几乎所有的大单交易（超过 10 000 股）。

通常区分机构投资者的方法，例如，将其分为增长型或价值型投资者，对于识别哪些机构投资者真正影响股票市场毫无帮助。尽管增长型或价值型这些术语已深深植根于投资语言中，事实上它们都产生了误导。

顾名思义，你可能从逻辑上得出，增长型股票的收入增长前景应该高于价值型股票。我们研究了标准普尔 500 指数中列为增长型或价值型分类指数的公司。[①]

[①] Bin Jiang and Timothy Koller, "The Truth About Growth and Value Stocks," *McKinsey on Finance* (Winter 2007): 12–15.

我们发现，增长型公司的平均收入增长只是略高于价值型公司，46%的价值型公司增长快于增长型公司的平均水平。这两类公司增长率的分布并没有统计差异。

事实上，真正能够区分增长型公司和价值型公司的首要因素是投入资本收益率。对于价值型公司，投入资本收益率的中位数为15%，而增长型公司的投入资本收益率的中位数为35%。所以，列为增长型的公司不一定增长快，但是它们的投入资本收益率确实较高。

这些误导性的标签怎么出现的呢？如果你回顾一下核心价值原则，就会记得对于任何给定的增长水平，高投入资本收益率会带来高价值（若用市盈率或者市净率来表示也是成立的）。为了简便起见，学术界通常假定不同公司的投入资本收益率是相同的且不随时间而变动，因此估值倍数的不同反映了不同的增长预期。但我们知道事实并非如此。

增长型和价值型股票指数的构建方式，这一谬论在投资界中延续下去。大多数增长型或价值型指数，例如标准普尔500指数，采用市净率来划分增长型和价值型公司。市净率高的公司被认定为增长型公司，市净率低的公司被认定为价值型公司，即使增长只是推动市净率的因素之一。

因此，我们真正面临的是一个命名问题，可能将增长型股票命名为"高净率"公司，价值型公司命名为"低市净率"公司会更合适。否则，这种命名方式当散户投资者选择共同基金时会对其产生误导，同时会对公司决策产生有害影响，诱导高管过于关注增长而非投入资本收益率。

这种成长型/价值型的分类方法也会诱导高管相信，只要他们可以说服增长型投资者购买他们的股票，那么他们的股票价格就会上涨——但我们的研究结论会使他们失望。我们对那些从价值型转变为增长型（由于股票价格上升）的公司进行了分析，结果明确表明，增长型投资者不会加快股票价格的变化，相反，他们只是对变化做出反应，他们只是在股票迈入较高的市净率行列时开始买进。

当一家公司从增长型转变为价值型时，也会发生同样的结果。增长型投资者在股票价格下跌之后卖出股票，而不是之前。

了解投资者的更好方式

根据投资战略对投资者进行分类和识别是更为有用的方式。他们是对公司价值做出判断，还是关注短期价格变动？他们是进行广泛的研究并做出少量大额赌注，还是仅仅做出一些小的赌注（信息量较少）？他们是白手起家建立投资组合，还是仅仅复制指数？

采用这种方式，我们将机构投资者分为四种类型：内在投资者、交易投资者、机械投资者和类指数投资基金。[①]这四类投资者的投资目的和建立投资组合的方式不同。因此，他们的投资组合在很多重要方面存在差异，包括周转率、头寸数量、每个投资专员的头寸等（见图6.2）。[②]

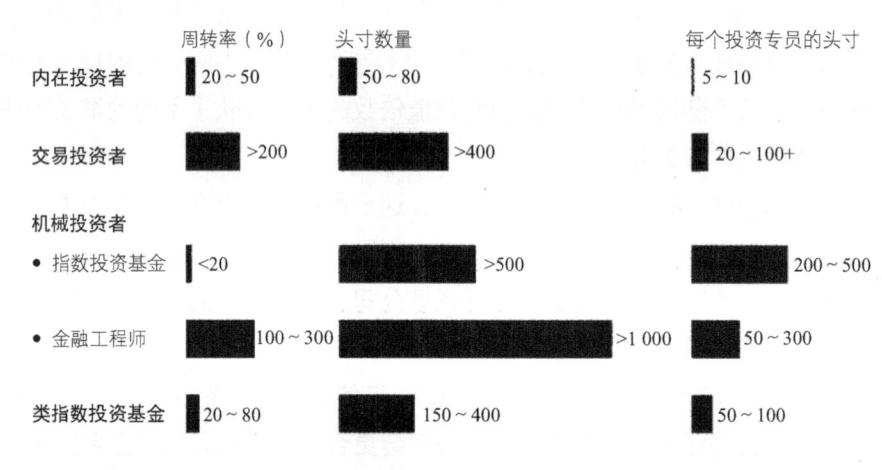

	周转率（%）	头寸数量	每个投资专员的头寸
内在投资者	20~50	50~80	5~10
交易投资者	>200	>400	20~100+
机械投资者			
• 指数投资基金	<20	>500	200~500
• 金融工程师	100~300	>1 000	50~300
类指数投资基金	20~80	150~400	50~100

（资料来源：麦肯锡公司绩效中心分析。）

图6.2 根据投资战略对投资者进行分类

内在投资者

内在投资者只有在对公司创造长期价值的内在能力进行严格的尽职调查（通常需要一个月以上的时间）后才会持有头寸。他们的尽职调查不仅涵盖了公司的财务状况和战略地位，还包括作为领导者和战略家的管理团队的实力。我们估计，

---

① 一些公司有一到两个战略投资者。由于这些战略投资者几乎不交易，因此在分析中将这部分投资者剔除。
② 投资者分类和统计来源于 Robert N. Palter, Werner Rehm, and Jonathan Shih, "Communicating with the Right Investors," *McKinsey on Finance* (Spring 2008): 1-5. 布赖恩提供了类似的分类方式，"Identifying and Attracting the 'Right' Investors: Evidence on the Behavior of Institutional Investors," *Journal of Applied Corporate Finance* 16, no. 4 (Fall 2004): 28-35。

这类投资者持有美国股票市场资产的20%，占交易量的10%。

内在投资者的投资组合周转率很低，他们通常接受任何价格与价值的差异都可能持续三四年，然后才能达到均衡。内在投资者愿意等待，因为他们知道随着时间的推移，回报的概率对他们非常有利，因为有足够多的投资者最终会认识到股票价值被低估并要求购买该股票。

内在投资者的研究深度众所周知，因为他们在任何时候持有的股票数通常少于75只，并且每个投资专员的头寸都不多。他们通常认为短期价格下降并非公司长期前景根本性变化导致的，反而是低价买入的良机。

属于内在投资者的共同基金包括雷格美盛价值基金（Legg Mason Value Fund）。它在任何时候在投资组合中持有的股票数都少于50只，而且周转率低于10%。在对冲基金界，小牛资本（由李·安斯利管理）是内在投资者的一个很好的案例。安斯利先生引以为傲的是小牛资本每个投资专员仅持有5只股票，而且他的许多员工在单个行业研究和投资已超过10年、20年甚至更长时间。[1]

交易投资者

交易投资者通常根据公司的新闻公告，或者技术分析因素如公司股票价格的涨跌势头，对股票价格的短期走势（少于一个月，通常少于一周）做出预测，从而寻求利润。例如，交易投资者可能会做出这样的预测：某家制药公司即将公布的关于药物试验的好消息，将推动该公司股票价格上涨。此时交易投资者就会买入股票，等待这个消息公布和股票价格上涨，然后立即出售持有的头寸。一些交易投资者一年中可能多次买卖同一只股票。

交易投资者控制了美国35%的股票市场，他们无须评估公司的股票价格相对于内在价值是高估了还是低估了；他们只关注股票价格在短期内是会上涨还是会下跌。这并不是说交易投资者对所投资的公司或行业一无所知。相反，这些投资者密切关注公司的消息且经常直接与公司接触，寻找短期内具有重要意义的细微消息或者独到洞见。但是，交易投资者不注重公司战略、竞争地位和其他长期因素。

---

[1] Richard Dobbs and Timothy Koller, "Inside a Hedge Fund: An Interview with the Managing Partner of Maverick Capital," *McKinsey on Finance* (Spring 2006): 6–11.

在这一领域，典型的投资专员往往持有 20 个或者更多头寸，快速进出市场来捕捉短期的小幅价格变动——短至几天甚至几小时。例如，根据《商业周刊》的报道，管理着 160 亿美元的 SAC 资本（SAC Capital），日交易量经常占纽约证券交易所全天总交易量的 3%。[1]这样的交易量是巨大的——高于五个最大的经纪公司代表其客户进行的全部交易量之和。

机械投资者

机械投资者根据严格的标准或规则做出决策。指数投资者，或者说是指数基金经理，就是典型的机械投资者。他们只是建立与指数（如标准普尔 500 指数）构成相匹配的投资组合。其他机械投资者是金融工程师，他们使用计算机模型（不是定性判断）来建立投资组合。

类指数投资基金

类指数投资基金很有意思，因为他们虽然被认为是活跃的管理者，但是他们的投资组合看起来像一个指数。此外，他们持有的股票范围较广，所以他们无法深入了解单个公司。[2]在这种类指数投资基金中，平均每个投资专员负责管理 100~150 个头寸，因此无法进行深入研究，也不太可能通过与目标投资公司的管理层举行会议来进行股票评估。

在某种程度上，每个投资专员均持有多个头寸，反映了类指数投资基金通常是大型投资公司的一部分，这些公司将基金经理和研究员的职能相分离。基金经理主要遵循特定指数以最大限度地减少研究需求，从而也不需做出谨慎的个股选择。相反，内在投资者对投资组合中每家公司都有深入的了解。

内在投资者和类指数投资基金以完全不同的方式构建投资组合。内在投资者从零开始，类指数投资基金从指数开始再做出调整。

---

[1] Marcia Vickers, "The Most Powerful Trader on Wall Street You've Never Heard Of," *Business Week* online cover story (July 21, 2003).

[2] 更多类指数投资基金请参见 Martijn Cremers and Antti Petajist, "How Active Is Your Fund Manager? A New Measure That Predicts Performance" (FA Chicago Meetings Paper, January 15, 2007)。

例如，2008年年初，强生公司在标准普尔500指数中的比重是1.4%。一些最大的持有者，包括普特南增长基金和普信价值基金，在其投资组合中持有的强生公司股份的比例几乎与强生公司指数中的比重相等。因此，他们不关注强生公司的估值是高估还是低估。所以，即使这些基金通常被认为是积极的管理者，他们也可以被认为是类指数投资基金（至少在持有强生公司股份方面）。

内在投资者驱动估值水平

我们的研究证实，内在投资者是驱使长期股票价格变动（超过一个月）的最终力量。图6.3证明了这一点。前两列显示，交易投资者的交易量超过内在投资者。2006年，所有大型交易投资者买卖了11万亿美元的股票，而内在投资者仅为3万亿美元。同时，典型的大型交易投资者2006年平均买卖额达800亿美元，远远超过典型的内在投资者。

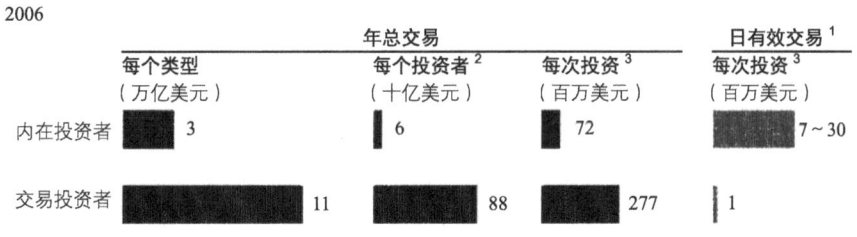

2006	年总交易			日有效交易[1]
	每个类型 （万亿美元）	每个投资者[2] （十亿美元）	每次投资[3] （百万美元）	每次投资[3] （百万美元）
内在投资者	3	6	72	7~30
交易投资者	11	88	277	1

1 某种类型投资者每天成交的交易。
2 某种类型投资者中的每个投资者。
3 某种类型投资者中每个投资者每次的投资额。

［资料来源：R. Palter, W. Rehm, and J. Shih, "Communicating with the Right Investors," *McKinsey on Finance*, no. 27 (Spring 2008): 1-5。］

图6.3 内在投资者对股票价格的影响最大

同样地，在第三列中，典型的交易投资者每次投资的投资额也远高于内在投资者。但是，如果你看最后一列，就会发现当内在投资者交易时，他们买卖的股票数量要大得多。同时，内在投资者往往持有所投资公司比重较高的股份。

从公司的角度来看，指数投资者、金融工程师和类指数投资基金在很大程度上无足轻重，因为他们是市场跟随者而非领导者。对公司而言，只有交易投资者和内在投资者才是需要关注的重要投资者。

价值

　　即使交易投资者的整体交易量较大（虽然很多是在短期内多次交易同一只股票）且控制了 35%的美国股票市场（内在投资者只有 20%），但对于经理人或高管来说，内在投资者才是更重要的。内在投资者是股票价格的最终驱动力量，因为一旦他们购买，购买量就会很大。最好的内在投资者的市场行为也常常被其他投资者所仿效，所以他们的一美元投资可以带来来自其他投资者的几美元投资。

　　交易投资者自然可以促使市场变化，但是他们的影响通常是以几天或几周而不是几年来衡量的。交易投资者喜欢波动性，并且需要信息——不管是真的还是捏造的信息——来赚取收益。他们对新闻和事件的需求导致他们经常给公司的投资关系部和高管打电话，寻找他们可以让市场上所有人知道之前利用的小信息。

　　交易投资者还特别关注近期事件、产品发布、季度盈利等。他们鼓励可以影响短期股票价格的新闻，如股份回购或者额外的每股收益。因此，交易投资者与高管的接触程度与他们对股票价格变动的影响并不成比例。

　　同时，内在投资者通常悄悄地钻研业务——学习、分析并深入研究所投资公司。他们观测长期经济效益，研究基本面，应用价值核心原则来确定股票的真正价值。最重要的是，内在投资者是公司高管的宝贵资源，他们的买卖决定为高管提供了关于他们公司、行业和竞争者的客观而周到的看法。

第 7 章 股票市场和实体经济

到目前为止,我们已经明确了在公司层面,增长和投入资本收益率是市场价值的主要驱动因素(第 2 章),而推动股票价格变动的是最成熟的投资者(第 6 章)。在本章中,我们研究整个市场的走势,说明如何通过实体经济的表现(生产、消费、通货膨胀、利润率和公司盈利)来对股票市场进行解释。

通过了解推动市场变化的因素,高管能够更好地解释他们自己公司的股票价格表现,以及他们的行为可能会或可能不会影响市场。当然,投资者也可以从了解股票市场表现的驱动因素以及它与实体经济一致或不一致的程度中受益。

粗略地看一下过去 50 年的股票市场,你就会得出结论,它的表现太疯狂了,无法用实体经济的表现来解释。表 7.1 是每十年的标准普尔 500 指数经通货膨胀调整后的年股东整体收益率与 GDP 增长率的对比。

表 7.1 每十年的实际股东整体收益率与 GDP 增长率的比较

年 份	实际股东整体收益率	实际 GDP 增长率
1960—1970	5%	4%
1970—1980	0%	3%
1980—1990	9%	3%
1990—2000	14%	3%

续表

年　　份	实际股东整体收益率	实际GDP增长率
2000—2009	−5%	2%

　　几十年来，虽然经济增长非常稳定，股票市场收益率却在−5%~14%之间波动。稍后你会看到，一旦我们引入通货膨胀和利率的影响，这样的表现就说得通了。

　　忽视股票市场和实体经济之间的联系，可能会导致高管制定出有问题的决策。例如，在20世纪80年代和90年代，随着股票价格的全面上涨，许多高管从其公司获得的股票期权中获得了巨大的财富。在1983—1996年期间，标准普尔500指数经通货膨胀调整后给股东带来的收益率平均为每年12%，几乎是长期平均值7%的两倍。

　　由于不了解这些收益率的来源，许多董事和高管认为他们可以而且应该继续创造类似的高收益率。然而，这一时期的股票市场表现与管理者的技能，无论是个人还是集体，都没有什么关系。

　　在1983—1996年期间，股票市场的出色表现主要是由利率和通货膨胀率的下降，以及由美联储主席保罗·沃尔克设计的市盈率的提高所推动的。1981年14%的通货膨胀率导致美国长期政府债券的利率达到16%，这反过来又导致市盈率达到8左右。到1996年，通货膨胀率和利率分别为3%和6.5%，市盈率中位数为16。

　　到1996年，由于利率较低，市盈率无法继续上升，前15年高收益率的主要驱动因素荡然无存（当然，随后市场科技股泡沫的出现，到2000年市盈率已经高得难以为继。科技股泡沫之后，到2004年，市盈率又恢复到了1996年的水平）。如果高管明白是什么在驱动股东收益率，他们也一定会明白收益率迟早必须恢复到正常水平。

　　令人惊讶的是，学术界很少有人从实体经济的角度来解释股票市场的表现。粗略回顾一下主要的金融教科书，就会发现没有关于这个话题的讨论。伯顿·马尔基尔所著的一本非常著名的书——《华尔街漫步》，巧妙地概括了学术界对股票市场的观点。这本书的标题反映了大多数学者的兴趣，他们试图将股票价格模式仅仅解释为一种统计现象，一个纯粹的内部系统，而不考虑任何外部参考点。这种粗略的理解市场的方法的一个原因是：在过去45年的大部分时间里，学者最容易获得的数据库只包含股票价格和股息信息。[①]

100 年以来的股东收益率

你可能听说过一个经常被引用的统计数字，即在过去 100 多年里，股票市场每年的收益约为 10%（股息和资本增值）。然而，随着通货膨胀的波动，这个 10% 的数字可能会产生误导。消除通货膨胀的影响后，美国大型企业的股票每年为股东赚取 6.5%~7%的收益率。

6.5%~7%的长期的股票收益率并非偶然。它源于公司的长期业绩，以及价值核心原则所描述的价值和业绩之间的关系。

现在我们分析这一结果是如何产生的。我们将所有大公司合并成一家公司，从增长、投入资本收益率和投资率等方面进行描述。在过去的 75 年里，这家大公司实际利润每年增长 3%~3.5%。加上约 2%的正常通货膨胀率，可以得到每年 5%~5.5%的名义增长。投入资本收益率的中位数约为 13%。最后，大公司通常每年以分红和股票回购的方式向股东支付约 50%的利润。

假设实际资本成本为 7%，通货膨胀率约为 2%，名义资本成本为 9%，你可以利用基于价值核心原则的公式得出大公司的长期市盈率。通过计算，市盈率为 15。这个值正好是过去 50 年间的平均市盈率（不包括高通货膨胀年和高科技股泡沫年）。当然，这也不是巧合。

从长期来看，市盈率不断回到 15，所以我们可以预期公司的价值将以与利润相同的速度增长（每年 3%~3.5%），因为市盈率将是恒定的。此外，将 50%的利润支付给股东，导致现金流（股息加上股票回购）收益率为 3%~3.5%。将价值增长加上股息收益率，导致股东整体收益率为 6.5%~7%，这是历史平均水平。

这个数字的一致性能够用基本经济原理加以解释，对于投资者和公司均具有重要意义。它告诉我们，从长远来看，除非投资者的风险偏好发生根本性变化，或者经济表现发生根本性变化，否则股东收益率不太可能偏离这个数字。例如，GDP 增长率显著增加或减少，或者公司利润占 GDP 的比重发生变化（这一比重至少 75 年没有变动了），收益率才会大幅偏离这一数字。

[①] Burton G. Malkiel, *A Random Walk Down Wall Street* (New York:W.W. Norton, 2007).

价值

1960—2009 年期间的股票市场

因此，这个市场在 100 多年内是可以解释的，但在更短的时间内呢？图 7.1 显示了从 1959 年年底到 2009 年年底标准普尔 500 指数的水平。一些研究人员将指数的变动形容为随机的，即在下一时间段它可能向任何方向发展。

实际值，1=1996 年 1 月，取对数

（资料来源：麦肯锡公司绩效中心分析。）

图 7.1 通货膨胀调整后的标准普尔 500 指数

很难说一小时、一天、一周或一个月的市场变动不是一个随机过程。短期变动有太多原因，正如我们在第 4 章所看到的，短期市场变动既可能是预期的变化，也可能是实际业绩的变化。短期股票价格也会受到纯技术因素的影响，如大型投资者抛售股票来重新平衡其投资组合。

因此，如果我们无法对一个月的短期市场做出解释，但可以解释超过 100 年的长期市场，那么在什么时间范围内，我们才可以加以解释呢？

一种方法是研究与各种经济或市场事件相对应的时间段。通常的做法是，考察股票市场从高峰到低谷的情况，或者反之亦然，因为这样做可以引起更多的关注，尽管它可能扭曲我们对基本经济事件的理解。例如，美国的市场从 1983 年到 2000 年持续增长，然后到 2004 年急剧下降。然而，潜在的经济驱动因素在 1996 年左右发生了变化。

我们发现，1983—1996 年是从 20 世纪 70 年代末的高通货膨胀/高利率和

1980—1982 年美联储为阻止通货膨胀而引发的衰退中长期复苏的时期。自 1997 年起，一股新的力量成为主导——科技股泡沫，所以我们把这个泡沫及其破灭作为同一个时期（在下一章中我们将对泡沫进行更多分析）。

我们将过去的 50 年划分为五个时期，这五个时期的美国经济和股票市场由完全不同的因素推动：

- 1960—1968 年"高枕无忧的 60 年代"。在此期间，经济以稳定的速度增长，公司利润以稳定的速度增长，利率和通货膨胀率低且稳定。因此，实际股东收益率为每年 9%，略高于长期平均水平。
- 1969—1982 年的"大通胀"时代。高通货膨胀导致市盈率从 1969 年的 16 下降到 1982 年的 8，致使在这痛苦的 14 年间，实际股东收益率为负数。
- 1983—1996 年恢复正常时代。由于通货膨胀得到控制，市盈率和经济增长恢复，投资者的实际收益率达到 12%。
- 1997—2004 年的科技股泡沫时代。从开始到结束，实际收益率和经济增长均接近正常水平，实际收益率平均为 5%。但是，这次泡沫的影响主要在中间时段。
- 2005—2009 年的杠杆提升和信贷危机时代。金融行业的鲁莽行为破坏了公司利润，导致每年的实际收益率为–5%（截至 2009 年年底）。

图 7.2 显示了我们如何消除股票市场的短期波动来突出长期基本趋势。

通货膨胀调整后的标准普尔 500 指数，1=1996 年 1 月，取对数

（资料来源：麦肯锡公司绩效中心分析。）

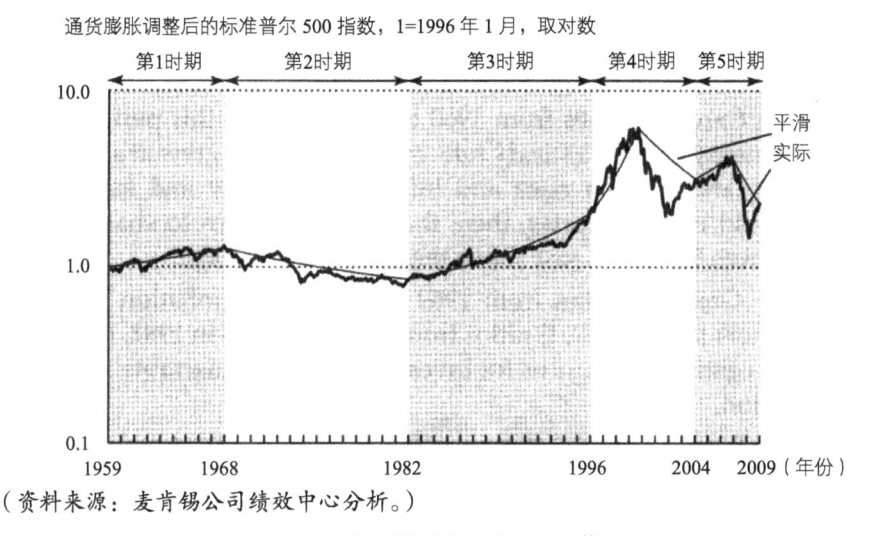

图 7.2 美国股票市场的五个时期

图 7.3 从收入、市盈率、利率和通货膨胀率方面比较了股票市场的程式化运动与类似的程式化趋势。最上面的图比较了通货膨胀调整后的标准普尔 500 指数和通货膨胀调整后的公司每股收益指数。正如你看到的，在 20 世纪 80 年代初，股票价格指数趋势低于收益指数趋势，然后在 90 年代末，股票价格指数趋势加速上升，超过了收益指数趋势。到 2009 年年底，股票价格指数与盈利指数再次一致。

价格指数趋势和收益指数趋势之间的差异用市盈率来说明，如图 7.4 中的第二幅图。可以看到，市盈率水平变动很大。第三幅图显示市盈率的变化很大程度上可以归结于利率和通货膨胀率的变化。在第三幅图中，我们给出了市盈率的倒数，以便更容易将利率与通货膨胀率相比较。

根据这些图，我们现在进一步分析这五个时期，指出在每个时期股票市场的表现如何反映实体经济发生的事件。

高枕无忧的 60 年代：1960—1968 年

在自由稳定的 20 世纪 60 年代，经济健康稳定。实际 GDP 每年增长 2.7%，通货膨胀率一直维持在 1%~1.5%，直到 1966 年通货膨胀率才开始攀升，1968 年上升到 4.2%。公司利润增长 3.9%，略高于经济增长，市盈率停留在 15~18 之间。因此，标准普尔 500 指数每年上升约 5%。加上股息，股东平均每年获得的实际收益率约为 9%，略高于长期平均水平。

"大通胀"时代：1969—1982 年

接下来的 14 年间，通货膨胀是经济和股票市场的主要驱动因素。通货膨胀率在 1968 年（略早于这一时期）为 4.2%，之后逐渐增加，在 1974 年上升到 11%。在接下来的几年中，通货膨胀率略微有所下降，但仍处于历史高点，之后在 1980 年，涨到了 13.5%。这一时期也是经济增长最动荡的阶段，经历了四次官方界定的经济衰退（1969—1970 年，1973—1975 年，1980 年，1981—1982 年），主要是由通货膨胀和政府一次又一次以失败告终的抑制通货膨胀政策引起的，直到保罗·沃尔克在 20 世纪 80 年代初施行抑制经济的措施，通过提高利率和停止增加货币供应，这一时期才告结束。

第 7 章 | 股票市场和实体经济

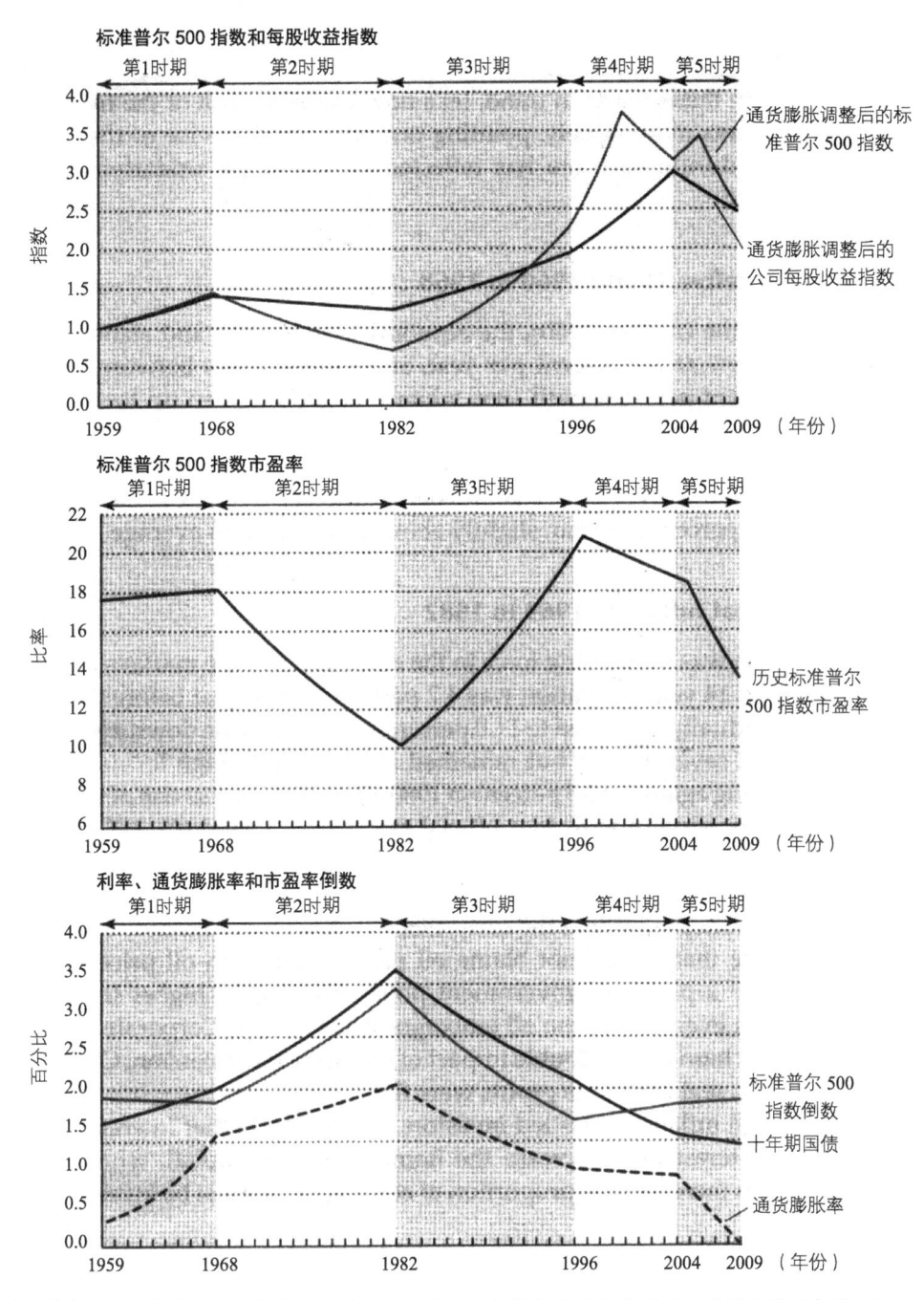

标准普尔 500 指数和每股收益指数

- 通货膨胀调整后的标准普尔 500 指数
- 通货膨胀调整后的公司每股收益指数

标准普尔 500 指数市盈率

- 历史标准普尔 500 指数市盈率

利率、通货膨胀率和市盈率倒数

- 标准普尔 500 指数倒数
- 十年期国债
- 通货膨胀率

（资料来源：彭博资讯，麦肯锡公司绩效中心分析，机构经纪人评估系统，美国经济分析局。）

图 7.3　基本面驱动五个时期的股票市场表现

请注意，我们没有归咎于油价。尽管高油价是一个问题，但即使在1973—1974年的石油禁运之前，政府政策也已经导致了更高的通货膨胀率。公司利润受到了通货膨胀和经济衰退的双重打击。在这14年间，公司实际利润没有增长。

高通货膨胀率导致投资者要求更高的利率。高利率增加了名义资本成本，而高通货膨胀率增加了为追求增长而必须纳入投资的公司收益的比例。这就解释了为什么市盈率会从1969年年初的18左右降低至1982年年底的10左右。无利润增长和市盈率下降共同导致了这一时期股东整体收益率降至每年–1%。

恢复正常时代：1983—1996年

1983—1996年期间的强劲股票市场表现让很多人摸不着头脑。标准普尔500指数在1983年年初为141，到1996年年底飙升到741。加上股息，名义股东收益率达到16%，通货膨胀调整后的实际股东收益率为12%，几乎是过去100年年均实际股票收益率（6.5%~7%）的两倍。

1983—1996年，标准普尔500指数的实际收益每年增长约3%，接近实际利润的长期平均增长水平。同时，美国的利率和通货膨胀率大幅下降。临近这一时期之前，在1981年，十年期美国政府债券收益率达到了近15%的峰值，然后或多或少地稳定下降，在1996年降至6%。通货膨胀率和利率的下降促使市盈率在1996年回升到更典型的中高位水平。

为了让你感受通货膨胀率和利率对于推动这一时期的股票市场收益率有多重要，我们估计，如果利率和通货膨胀率没有下降，那么年实际股东收益率将是7%，与长期平均水平完全一致。

科技股泡沫时代：1997—2004年

对于1997—2004年，如果你只观测了开始和结束时的状况，或者观察了中间阶段发生了什么，那么结果将是完全不同的。从开始到结束，实际股东收益率约为5%（指数增长3.5%、股息增长1.5%），略低于长期平均水平。

但让每个人记忆犹新的是，发生在中间阶段的情况。标准普尔500指数从1997年年初的741上升到2000年年中的1 527，在2004年年底又回落到1 212。在第8章，我们会解释这一变动是由科技股和超大盘股泡沫引起的。例如，从1997

年到 2000 年，科技股和超大盘股的平均涨幅为 62%（总涨幅而非年涨幅），而标准普尔 500 指数中的其他公司的平均涨幅则为 21%。

随后的股票市场下跌也集中在科技股和大盘股上，它们的跌幅超过 60%，而其余公司的平均跌幅仅为 8%。有趣的是，在 2000—2004 年的熊市期间，标准普尔 500 指数中足有 40%的公司实际上是增值的。2000 年的泡沫不是整个市场的泡沫，而是一个非常大的行业泡沫，我们在下一章中会证明这一点。

杠杆提升和信贷危机时代：2005—2009 年

标准普尔 500 指数在 2007 年年中短暂地达到了另一个高峰 1 565，然后在 2009 年年底跌至 1 115，并在 2009 年 3 月一路下滑至 677。与 2000 年由超常市盈率驱动的高峰不同，2007 年的高峰是由企业异常高的利润驱动的。随后的下跌是由金融危机推动的，因为这一危机从金融领域蔓延到整个实体经济。

2007 年的市盈率比 1999 年的低了约 40%——这符合我们在利率和通货膨胀水平下的预期。2007 年的市盈率也类似于 20 世纪 60 年代的市盈率，当时的通货膨胀率和利率与 2007 年类似，都很低。

正是异常强劲的企业盈利使标准普尔 500 指数达到了 1 500。事实上，2006 年标准普尔 500 指数公司的总利润与 GDP 的比率飙升至前所未有的 5.7%，远远高于历史平均水平的 2.3%。[1]

这一创纪录的盈利水平是不可持续的，因为它没有广泛的基础，更确切地说，它集中在两个行业：金融和能源。能源公司的利润是由高油价带来的，油价在 2008 年达到最高点，每桶 145 美元，但是随后急剧下跌，在 2009 年 6 月恢复到了每桶 71 美元。在金融领域，较高的交易量和费用刺激了股权收益率，使其比历史平均水平高出 60%~80%。高收益率大部分来源于 2008 年和 2009 年被清理的次级贷款及相关产品。

2009 年 12 月，标准普尔 500 指数为 1 115。根据市场预期，这意味着 2010 年的市盈率为 15。虽然当时盈利存在很大的不确定性，但市场似乎正在回到典型

---

[1] 此外，我们研究了类似的欧洲顶尖公司（FTSE 300）的利润占所有西欧经济体的国内生产总值的比重。结果类似，同样具有较为明显的上升趋势。对于美国经济，我们还采用了美国经济分析局公布的公司的利润衡量方式，发现了一种与标准普尔 500 指数类似的模式。

的估值水平。稍后，我们将讨论市场是否对危机反应过度，以及相对于其他经济衰退而言，其反应是否独特。

一年期的市场模型

如果某个期间比我们之前讨论的时期要短，那么股票市场价值是否仍然可以解释呢？基于核心价值原则，我们建立了一个简单的一年期模型（趋势模型），以测试股票市场和实体经济之间的联系。我们发现，这一理论模型对解释股票市场十分有效，这意味着股票市场与实体经济是紧密相关的。

图 7.4 揭示了这个模型是如何运作的。股票市场的价值（在此情况下是指标准普尔 500 指数）等于公司盈利的基本水平乘以预期市盈率，而预期市盈率由预期的长期投入资本收益率、公司盈利增长和资本成本计算得到。①

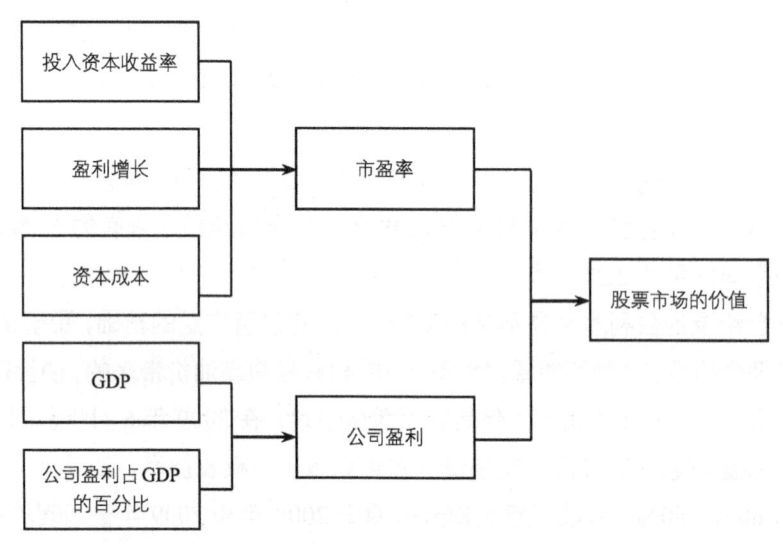

图 7.4　股票市场模型

公司盈利可以用两种方式估算。趋势模型假设盈利将遵循长期趋势，不管当前盈利水平是高于还是低于长期趋势。这与实证观察结果是一致的，即虽然波动很大，但企业盈利的长期增长率与 GDP 的长期增长率是一样的。换句话说，企业

---

① 我们是在相当稳定的历史数据的基础上对这些变量进行分析的。资本成本基于我们研究的一个实际成本恒定的股票，然后我们加上通货膨胀率，得到名义资本成本。

盈利倾向于恢复到 GDP 的恒定百分比，而 GDP 增长本身也倾向于长期稳定。

锚定模型假设投资者将当前收益作为预测未来收益的基础。在锚定模型中，当收益达到峰值时，投资者的预期会超过长期未来收益，反之亦然。这种假设与我们所知道的证券分析师的盈利预测一样，当市场达到峰值时，预测值会过高，当市场处于低谷时，预测值会过低。图 7.5 显示了这两种收益模型的差异。

（资料来源：机构经纪人评估系统，彭博资讯，经济分析，麦肯锡公司绩效中心分析。）

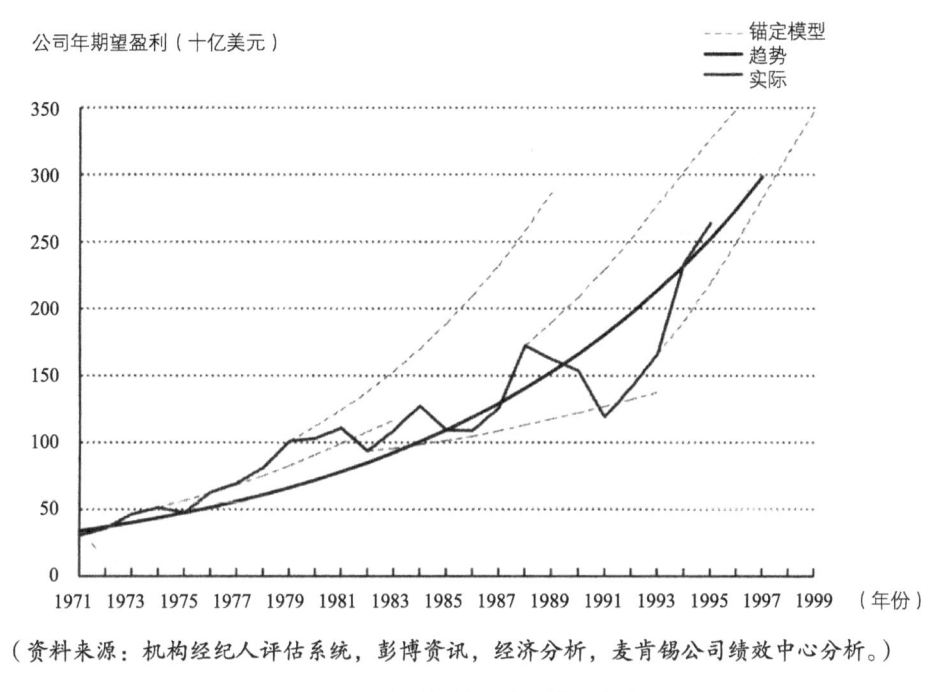

图 7.5　对历史数据的趋势和锚定估计

在给出整体结果之前，我们先比较预测市盈率与实际市盈率。图 7.6 将 1962—2009 年年底标准普尔 500 指数中公司的市盈率中位数与这个模型的预测值进行了比较。两者每年吻合得都很好。在大多数年份，这个模型与实际市盈率的差异在 15% 以内，且高于/低于实际值的差值相当平衡。[1]

15% 的预测误差是否已经很好了？考虑到系统的复杂性和测量一些变量（当前收益、通货膨胀、利率、增长预期）的难度，这样的结果足以证明，这些基本因素确实在一定的合理范围内推动着股票价格。

---

[1] 正如我们在下一章所解释的，我们使用的是标准普尔 500 指数公司的中位数，而不是加权平均市盈率（通常在媒体上这样报道）。加权平均值会被市值非常高的股票价值周期性扭曲。

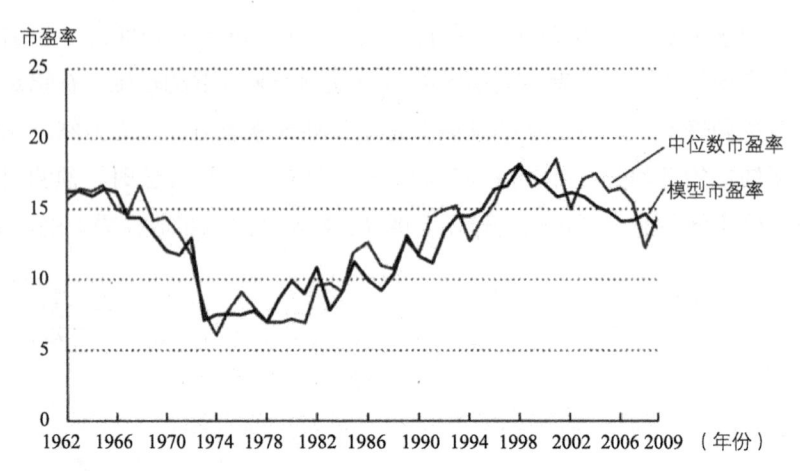

1 在1962—1977年间，采用12个月的历史市盈率（由于缺少数据），而之后所有年份采用12个月的预测市盈率。
（资料来源：麦肯锡公司绩效中心分析。）

图7.6　根据模型得出的市盈率与实际市盈率拟合得很好

一些人可能对这一分析缺乏精确性感到不舒服，但是在这样一个市场中真的无法更加精确了，因为不同的投资者有不同的战略和信息量，且这些投资者互相影响。亚里士多德说过："……在分析每个事物时，在目标事物的自然特性允许范围内不拘泥于精确度，是一个受过良好教育的人的标志。"[①]我们必须接受我们分析的事物的自然特性和局限性。

我们下一步要做的是，将预测市盈率与盈利模型相结合来预测股票市场水平。图7.7显示了模型与标准普尔500指数的比较结果。尽管两个模型都跟踪了股票价格的长期轨迹，但锚定模型更好地描绘了在任何时间点的实际股票价格水平，而趋势模型更好地描绘了在给定基本面的前提下，股票价格应该处于的水平。

如果市场有完美的预见性，那么股票价格的波动性就会比现在小得多，因为市场价格会平滑掉所有未来利润和现金流的波动性。有趣的是，价格的平滑化会使市盈率的波动性比现在大得多。这是因为当收益较低时，价格会保持稳定，从而导致高市盈率，反之，当收益较高时，价格也会保持稳定。

比较周期性公司（如化工公司和造纸公司）的情况就可以清晰地看出这一点。当利润较低时，市盈率往往很高，这是因为市场预期利润将回升；相反，当利润

---

① 《尼各马可伦理学》。

较高时，市盈率往往非常低，这是因为市场预期利润将下降。

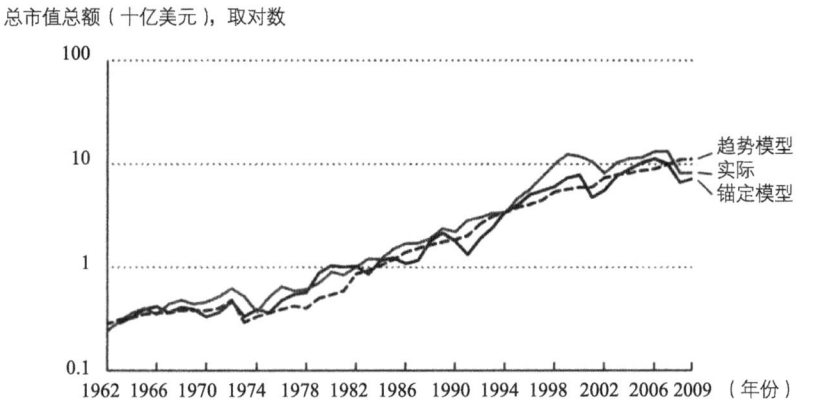

总市值总额（十亿美元），取对数

[图表：1962—2009年间趋势模型、实际、锚定模型三条曲线，纵轴从0.1到100对数刻度]

（资料来源：机构经纪人评估系统，彭博资讯，经济分析，麦肯锡公司绩效中心分析。）

图 7.7 锚定模型优于趋势模型

所以，趋势模型可以更好地反映市场应该处于的状态，而锚定模型更切合实际数据。但这并不意味着锚定模型就一定是更好的；它只是在预测短期股票价格水平上优于趋势模型，反映了当前收益和通货膨胀对投资者心理的影响。相反，趋势模型在预测长期股票价格水平时更加得心应手。

整体市场与个别行业所面临的情况一样。投资者往往过于依赖他们对近期增长和盈利能力的预期，而需要时间来修正这些预期才能反映长期基本面。因此，在短期，股票市场可能对那些刚经历显著盈利上升（或下落）的行业或公司做出高估值（或低估值），因为投资者对这些行业或公司的预期往往会超过（或不及）实际趋势。

理解市场

在科技股泡沫期间，许多投资者和评论家只是从最近的过去做出推断，预测持续的高收益率，因为他们无法察觉到有什么可以阻止他们。其他人则提出合理的论据来支持同样的观点。

1999年，两位经济学家——詹姆斯·格拉斯曼和凯文·哈赛特，合作出版了

价值

一本名为《道指 36 000 点：从即将崛起的股票市场中获利的新战略》的书。[①]格拉斯曼和哈赛特预测，继 1980 年从 200 点上升到 1999 年的 11 000 点，道指将在 2002—2004 年的某个时点达到 36 000 点。他们指出，投资者认识到当前股票市场的风险低，因此纷纷买入，抬高股票价格。其他人则认为股票市场投资的受众范围正在扩大，更高的需求将推动股票价格迈向更高的水平。

之后股票市场突然下跌，在接下来的三年跌幅达到 30%。如此迅猛的增长之后，随之而来的是如此急剧的下跌，导致许多人不禁怀疑股票市场是不是一个与现实世界断开的巨大的轮盘赌桌。

1999 年，投资者应该意识到股票价格不可能继续以每年 17% 的速度增长。然而，他们可能指望公司利润会继续增长，因为实体经济正处于增长状态，但是利率和通货膨胀率已经处于非常低的水平，不可能进一步下降来抬高市盈率。无论你是否相信超大盘股的估值是合理的，指望它们以之前的方式继续抬高整个市场的市盈率都是完全不合理的。

市场是可以被解释的，即使它在短时间内有可能被高估或低估。高管和投资者应该有信心，因为股票市场与实体经济之间存在着紧密联系，所以市场不可能随机飙升到 10 000 或跌到 200（截至 2009 年 12 月，标准普尔 500 指数为 1 115）。

这意味着，整个市场的长期表现波动范围比许多人认为的要窄，且异常的牛市通常会被接踵而至的熊市所取代，反之亦然——除非公司利润（和投入资本收益率）占 GDP 的比例突然变大或变小，或者由于风险偏好的剧烈变化导致实际资本成本发生变动，否则这样的规律将持续下去。

股票市场的波动性使管理者的工作变得复杂。但是，如果当短期股票价格突然变得离谱时，管理者能够及时明白发生了什么，那么他们将有可能坚持长期的公司战略。

[①] James K. Glassman and Kevin A. Hassett, *Dow 36,000: The New Strategy for Profiting from the Coming Rise in the Stock Market* (New York: Three Rivers Press, 2000).

第8章 股票市场泡沫

如果股票价格由最成熟的投资者推动，那么是否会出现股票市场泡沫？如果是的话，泡沫为什么会出现？答案是：泡沫确实会出现，但是它们通常只局限于某些行业，而不是整个市场。它们产生的原因在于，成熟的投资者有时无法抵消非理性投资者的行为。

首先，最重要的是区分股票市场泡沫、其他资产泡沫和金融危机。股票市场是独一无二的，因为它的基础资产能够产生利润和现金流，即这些资产具有内在价值。另外，交易最频繁的非金融资产（如艺术、老爷车和邮票）没有内在价值，它们的价值纯粹是由买家和卖家互相推动的。

1636—1637年荷兰郁金香泡沫是最受关注和饱受争议的市场泡沫之一。尽管郁金香球茎的内在价值很小，但在1636—1637年，一些稀有品种的球茎价格达到了相当于一个球茎25 000欧元的水平。交易者购买和出售球茎和球茎的期货合约，完全是基于他们对价格将继续上涨的预期，期望他们可以迅速将球茎或合约转卖给其他人，以获得丰厚的利润。一旦交易者意识到没有足够的新买家来继续提高价格，价格在短短几个月内就会暴跌。

要分析这样的泡沫是比较困难的，因为没有内在价值来与市场价值做比较。例如，一个合理的价值可能是由某个资产产生的现金流或再生产成本带来的。这些与非股票市场泡沫是没有关联的。例如，你可以合理地断言一家制鞋公司不值

2 000 亿美元，因为鞋的市场容量不够大，但是你不能说凡·高的画不值 1 亿美元。

同样，金融危机期间股票价格的下跌并不意味着股票价格有泡沫。如果股票价格水平以危机之前的经济状况为合理依据，就不能将随后的下跌定性为泡沫的破灭。外部冲击致使股票价格下跌，并不意味着存在泡沫。例如，20 世纪 70 年代股票价格的下跌并不是由于泡沫，而是由于突如其来的通货膨胀率和利率的上升，削弱了公司的价值。

在面对不确定性和新信息时，股票价格的急剧下跌不是泡沫。例如，如果一家制药公司宣布，一种前景广的新药物在临床试验中失败，那么该公司的股票价格通常会大幅下跌。这并不表示最初股票价格处于泡沫水平。之前公布的价格可能反映了对这种新药物的成功率的合理预期，以及对公司价值的合理估计。

假设该药物成功时，该公司的价值每股 100 美元，而不成功时，每股 20 美元。此外，假设成功的概率是 40%。消息公布前，对每股票价格值的理性估计将在 20 美元和 100 美元之间，并以概率加权。在这种情况下，理性估计将是 52 美元（100 美元×40%+20 美元×60%）。消息公布后，股票价格应从 52 美元下跌至 20 美元。虽然股票价格下跌 61%，但这并不意味着之前的股票价格存在泡沫。

我们将泡沫定义为：一家公司的股票价格远高于理性的、拥有所有信息的投资者对公司股票价格的估值。

3Com 公司在 2000 年 3 月分拆了 Palm 子公司，是股票市场泡沫的一个很好的案例。3Com 公司将 Palm 子公司的 5%股份向公众出售。股份出售后，Palm 子公司的市值立即增至 450 亿美元。与此同时，3Com 公司的市值只有 280 亿美元，即使它仍然持有 Palm 子公司 95%的股份（大概值 410 亿美元）。3Com 公司的价值仅为 Palm 子公司的 60%，其唯一的可能性就是 3Com 公司的其他业务价值为–130 亿美元。

那么，为什么理性投资者没有通过持有 Palm 子公司股份的空头和 3Com 公司股份的多头来利用这一错误定价套利呢？因为他们做不到。分拆上市后，Palm 子公司的自由流动股份太少了，因为 95%的股份仍旧被 3Com 公司持有。建立 Palm 子公司股票的空头头寸需要从 Palm 子公司的其他股东处借入股票，但是这样的股东并不存在很多。在分拆上市后几个月内，可以借入的股份供应量逐渐增加，错误定价逐渐消失。

泡沫为什么产生

多年来主流金融学界一直饱受批评，因为它的一些基本假设显然是不正确的。例如，大多数金融理论假设所有投资者都是理性的。这显然是错误的。越来越多的文献（被归集为"行为金融学"或"行为经济学"的相关文献）已开始描述投资者做出的非理性决定。

一项研究表明，74%的投资者相信他们的表现优于平均水平，这种事后偏差会导致过度自信。[1]投资者认为，他们能够对历史事件做出解释，因此，对自己预测未来的能力过于自信。

其他偏差是关于投资者如何证实或反驳投资主题的。有效性偏差是指投资者倾向于高估近期或容易获取的数据。确认性偏差是指投资者倾向于寻找证据支持某个投资理念，同时对可能否定他们观点的证据轻描淡写。这些只是众多投资者不理性行为中的几个例子。

但是事实上，投资者的非理性行为并不一定会导致市场上出现许多错误的定价和泡沫。个别投资者的非理性行为必须与羊群效应和结构性限制相结合才会导致泡沫的产生。

只要非理性投资者的行为是随机的，他们彼此之间应该是互相抵消的。但是有时候会出现这种现象：大批投资者的非理性行为表现一致，从而推动公司股票价格高于或低于合理水平，这时候就需要创造机会使更成熟的投资者持有相反的立场，推动股票价格回到合理水平。

然而，正如 3Com/Palm 案例所表明的，可能存在结构性限制阻止成熟的投资者采取与非理性投资者相反的行为。因此，当大批投资者的行为是非理性的，且股票市场的结构特点阻止成熟的投资者引导股票价格回到合理水平的时候，泡沫就产生了。

假设一家公司因为业绩优于市场预期，股票价格在过去几个月内大幅上涨。仅仅基于这一强劲的短期表现，一些投资者可能就相信该公司将持续超越市场预

---

[1] James Montier, "Behaving Badly," *Dresdner Kleinwort Wasserstein—Global Equity Strategy*, February 2, 2006.

期，因此开始买入股票。行为金融学表明，当许多投资者都表现出这种行为时，就会造成股票价格上涨的压力。

只要有足够数量的投资者能够识别并建立空头头寸来抑制这些目光短浅的投资者过高的定价，股票价格就可以回到基本水平。然而，在实践中，这种情况很难出现，因为建立空头头寸的成本、复杂性和风险都太高了。

卖空的困难性值得更深入探讨。正如前面的例子所示，要纠正过高的定价，理性投资者需要卖空股票（出售不属于他们的股票）。然而，交易所对卖空设置了一系列障碍。例如，在 1938—2007 年，只有当最后一笔交易价格高于倒数第二笔交易价格（卖空价规则）时，才允许进行卖空交易。换句话说，当公司股票价格开始下跌时，卖空者就不能再交易了。

自从美国证券交易委员会在 2007 年撤销了这一规则，便不断有政治家、监管部门和一些股票市场参与者要求恢复这一规则，尽管没有任何证据表明没有卖空价规则会对股票市场造成伤害。事实上，许多学者认为卖空价规则本身就不利于股票市场的运作。

然而，卖空的最大障碍是，它带给卖空投资者的风险要比多头投资者的风险更难管理。假设我是一名多头投资者，相信 A 公司的价值被低估了。目前股票价格为每股 100 美元，但我相信它们值 150 美元。我用 100 万美元以每股 100 美元的价格购买 10 000 股。两年后，股票价格达到每股 150 美元，我卖出股票获得 150 万美元，漂亮地得到了 50 万美元的利润。

我们将多头投资者与空头投资者进行比较。假设我相信 A 公司的股票只值 50 美元。我卖出 10 000 股，得到 100 万美元。两年后，股票价格降到每股 50 美元，所以我以每股 50 美元的价格再次购入股票，花费了 50 万美元。我最初得到了 100 万美元，两年后支付 50 万美元，理论上获得了 50 万美元的利润。

复杂的地方在于，我首先要有 10 000 股股票才能卖出。因此，我找到我的经纪人，借得这 10 000 股股票。但是经纪人不可能仅仅因为我承诺将来会偿还就直接把股票借给我。我需要提供一些抵押品。所以我将价值 100 万美元的政府债券押给经纪人。两年结束时，我购买股票，并还给经纪人，然后经纪人将政府债券返还给我。

只要股票价格稳步下跌，这就会运作得很好。但是，如果股票价格在下跌之前先上涨呢？假设股票价格在下跌到每股 50 美元前先涨到 200 美元。这种模式会有问题吗？对我来说可能不是问题，但是对经纪人来说是至关重要的。当股票价格达到每股 200 美元时，我借用的股份值 200 万美元，但是我抵押给经纪人的政府债券仅值 100 万美元。经纪人就会要求另外 100 万美元的抵押品。但是，如果我无法提供另外的 100 万美元，那么整个卖空交易就只好结束，我就破产了，经纪人将拿走我的抵押品。因此，即使我对股票的最终价值的估计是正确的，我也输了 100 万美元而不是赚了 50 万美元。

如果没有足够的流动性来承受公司股票价格的不利波动，做空是有风险的。另外，多头投资者可以坐等，直到他被证明是正确的。多头投资者的损失不可能超过他的投资，但空头投资者可以。

做空风险的一个很好的例子是 1998 年长期资本管理公司的倒闭。长期资本管理公司的大多数战略是基于识别那些定价不平衡的投资项目的。例如，荷兰皇家壳牌石油公司有一个复杂的双股权结构，各自都是独立法人实体且经济实力相当，但是荷兰皇家公司的股票以超过壳牌公司 8% 的溢价交易。

长期资本管理公司笃定溢价最终会消失，因此他们购买壳牌公司的股票，并卖空荷兰皇家公司的股票。长期资本管理公司同时使用了很高的杠杆，其投资的每一美元的股权包含了 25 美元的债务。1998 年，俄罗斯拖欠债务，金融市场表现极不稳定，长期资本管理公司的许多头寸（正如对荷兰皇家壳牌石油公司的投资）出现了账面损失。由于杠杆过高，在这种情况下，长期资本管理公司的债权人和交易对手就不愿意借钱给它，因此，长期资本管理公司被迫清算一些自己的头寸。

在荷兰皇家公司相对壳牌公司实际溢价上升到 22% 的时候，长期资本管理公司清算了自己的头寸，造成了 1.5 亿美元的损失。最后，长期资本管理公司的头寸（包括对荷兰皇家荷兰壳牌石油公司和其他公司的投资）的损失带来的不确定性几乎造成了金融体系的崩溃，因此美联储与各大银行负责人一起协商，向市场提供足够多的资金来防止金融体系的崩溃。在双股权结构取消后，荷兰皇家公司和壳牌公司的股票价格最终趋于一致，但是长期资本管理公司早在多年前就蒙受了重大亏损。

整个市场的泡沫

影响整个发达经济体市场的泡沫是罕见的。在过去的50年中的美国，我们看到两个可以被认为是泡沫的时期（1967—1972年和1997—2001年）。但如果深入研究，就会发现连这些泡沫也不是广泛性的，而只是集中在某些细分市场中。

我们将整个市场的泡沫定义为：在既有经济表现的前提下，整个股票市场的总市盈率与预测市盈率出现了相当大的差异。图8.1将实际标准普尔500指数的市盈率与根据价值核心原则得到的模型（价值由增长、投入资本收益率和资本成本推动）计算出的预测市盈率进行比较。

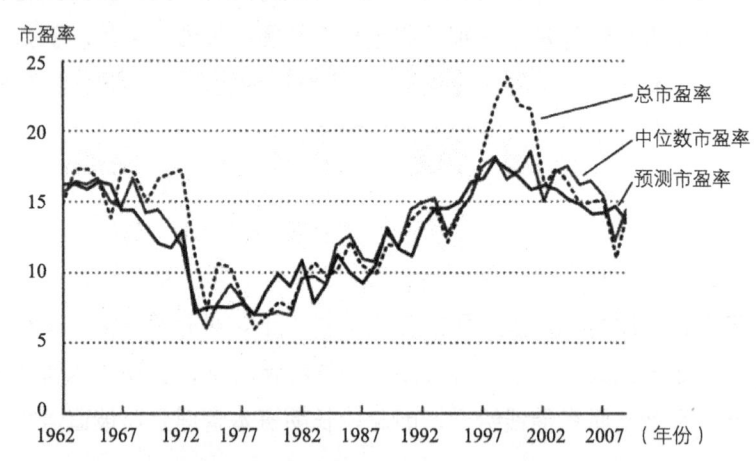

1 在1962—1977年间，采用12个月的历史市盈率（由于缺少数据），而之后所有年份采用12个月的预测市盈率。
（资料来源：麦肯锡公司绩效中心分析。）

图8.1 估计基本市场的估值水平

我们采用了标准普尔500指数的两个不同的实际市盈率。总市盈率是基于指数中的公司市值的加权平均数，这是媒体报道中经常出现的数字。另一个市盈率是指数中所有公司的中位数，不考虑公司的规模。可以看到，预测市盈率与中位数市盈率图形比较一致。总市盈率在1969—1972年和1997—2001年期间大幅偏离预测市盈率，这就是我们认为出现泡沫的时期。[①]

---

① 与第7章描述的模型一样。

在 20 世纪 90 年代末的科技股泡沫时期，标准普尔 500 指数的总市盈率有几年要大于 30，而预测市盈率水平为 16 左右。然而，进一步探究发现，泡沫主要集中在科技股以及一些非常大的公司（我们称其为超高市值公司）。

我们来看一下超高市值股的影响。这里就不得不介绍其中一些技术细节，即标准普尔 500 指数是如何构成的。标准普尔 500 指数是一个价值加权指数，这意味着最大的公司对指数的影响大于规模较小的公司。大多数情况下，这并不重要，因为最大公司的市盈率与其他公司的大致相同。但是在 20 世纪 90 年代末，30 家最大公司的市盈率大幅上升，远高于市场中其他公司的市盈率。

图 8.2 显示了到底发生了什么情况。在泡沫出现之前和之后，30 家最大公司的平均市盈率与其余 470 家公司的平均水平相同。然而，在 1999 年，30 家最大公司的平均市盈率达到 46，而其余 470 家公司仅为 23。因此，总体加权平均市盈率达到了 30。

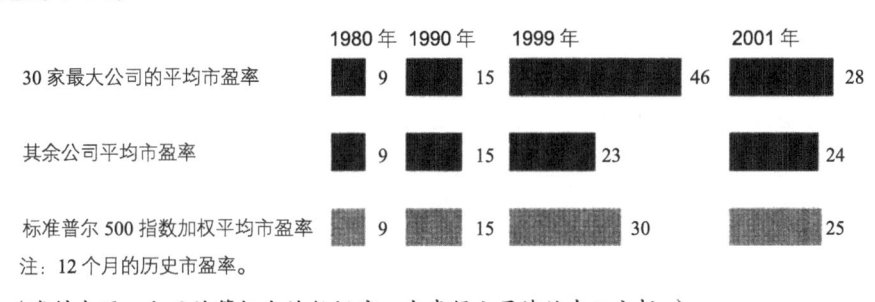

	1980 年	1990 年	1999 年	2001 年
30 家最大公司的平均市盈率	9	15	46	28
其余公司平均市盈率	9	15	23	24
标准普尔 500 指数加权平均市盈率	9	15	30	25

注：12 个月的历史市盈率。

（资料来源：电子计算机会计数据库，麦肯锡公司绩效中心分析。）

图 8.2　最大几家公司对整个市场价值衡量的影响

这些市盈率很高的大公司大部分集中在三个行业：科技、传媒和电信。美国其他行业的市盈率要显著低于这些行业。为了说明激进投资者是如何对这些科技、传媒和电信公司的股票进行估值的，我们对美国 10 家最大的科技公司的价值做了分析。在 1999 年年底，这 10 家公司的总市值为 2.4 万亿美元，年收入达 2 400 亿美元，净收入为 370 亿美元，导致总市盈率高达 64。

我们建立了一个简单的贴现现金流模型来估计为了达到这样的市值，需要什么样的业绩。要使投资者赚取 11% 的收益率，这些公司需要在 2014 年将收入增长至约 2.7 万亿美元，净收入达到 4 500 亿美元。具体来看，假设从 1999 年到 2014 年，GDP 以一个健康的速度增长，且公司利润保持在 GDP 的一个稳定份额（至少过去 80 年维持不变），美国所有公司的利润到 2014 年为 1.3 万～1.5 万亿美元。

因此，这 10 家公司需要赚取美国所有公司利润总额的 1/3。

一些人可能期望理性投资者试图利用这些可能存在错误定价的情况。许多成熟的投资者质疑这种估值。朱利安·罗伯逊——20 世纪 80 年代和 90 年代的领先的投资者之一，说道：

> 我们已经远离价值投资，而采取了动量投资。在这种投资方式中，价格已经不在考虑因素之列了。我无法告诉你有多少优秀投资者真的相信价格不再重要，这也不是我的风格……现在，每个人都在追逐短期表现。即使是杠杆收购者，也在购买电话公司而不是工业公司，一部分原因是他们可以剥离互联网类型的子公司。所以每个人（日常投资者、对冲基金运营商、杠杆收购者等）都选择了同样的股票，这实际上是一个庞氏骗局。它最终将彻底崩溃。[①]

另外，媒体发现了可以用"新的"经济学和金融学理论对高股票价格做出解释的评论员。其中一种观念是"新经济"，虽然它的定义是非常模糊的。新经济的一个关键点是赢家得到一切——这是指行业中最大的公司将主宰这个行业并得到所有利润（甚至当它成为垄断者时，可以增加行业利润）。尽管身处可能是历史上市场竞争最激烈的时期，该理论在本质上认为当最大的公司成为经济的主导者时，竞争将宣告结束。

那些质疑新经济理论的人被认为不开窍。但正如前文我们所解释的，对定价过高的股票设立一个空头头寸是昂贵和高风险的。我们了解到，一个有经验的投资者对一个高科技股票设立空头头寸，当股票价格持续上涨时，他只能放弃这一头寸，最后损失惨重。该投资者退出后，仅仅三个月，股票价格暴跌。

顺便说一下，确实存在一些新的商业模式，如易趣和谷歌，但是这些公司是极少数的。易趣的模式可以产生较高的投入资本收益率，是因为它只需要极少的资金、几台电脑，没有存货或生产设施。随着越来越多的买家使用易趣，更多的卖家被吸引过来，反过来又吸引了更多的买家，从而形成了一个良性循环。另外，那些只是制造高科技硬件（如个人电脑或电信设备），或者只是利用互联网销售产品拥有固定经营场所的零售商，仍旧受到旧经济规律的制约。

20 世纪 70 年代发生的泡沫在很大程度上也是由少数高市值公司推动的。数

[①] Andy Serwer and Julian Robertson, "Eye of the Tiger," *Fortune* 141, no. 9 (2000): 309–312.

家公司交易市盈率很高。例如，在 1972 年，柯达公司的市盈率为 37，施乐公司的市盈率为 39，麦当劳的市盈率为 58。这些公司就是所谓的"漂亮 50"（被认为可以购买并永久持有的大盘股）中的几家公司。"漂亮 50"的简单性显然影响了许多投资者去跟随大流，最后导致股票价格过高。

泡沫在发达市场极少出现，它们在新兴市场出现得更加频繁。图 8.3 显示了沙特阿拉伯 Tadawul 指数的表现。

自 2005 年 2 月至 2006 年 2 月，沙特阿拉伯 Tadawul 指数增加了一倍以上，但在随后的短短一年内就失去了所有收益。新兴市场容易出现泡沫，原因在于我们之间讨论过的相同的结构性限制，只是这种限制更为极端。

1 预计价格指数。

（资料来源：彭博咨询，麦肯锡公司绩效中心分析。）

图 8.3 沙特阿拉伯的股票市场泡沫

行业和公司泡沫

行业和公司泡沫比整个市场范围内的泡沫要来得频繁，但总的来说还是比较少见的。我们已经提到过 20 世纪 90 年代末的科技股泡沫。另一个例子是 2005—2006 年生物科技公司的价值泡沫，当时所有上市的生物科技公司市值总额约为 4 500 亿美元（不包括投资于生物技术的传统大型制药公司）。如果根据这个市值对未来利润进行预期的话，可以估算出这些公司将在 2025 年赚取 6 000 亿美元的收入（按 2006 年美元的购买力）。这个数字还排除了没有归类为生物科技公司的现有大型制药公司（其中大部分积极从事投资生物技术）和任何尚未成立的公司（除了科学家头脑中规划的）。相比之下，所有上市制药公司在2006年赚取的总收入也不过约6 000亿美元。

具体公司的泡沫比较难找。我们研究了3 560家美国公司，这些公司在1982—2007年之间的每年最低市值达10亿美元。其中，只有123家公司可以被认为在这25年中某个时候经历过股票价格泡沫。在这123家公司中，92家技术/媒体/电信公司经历的泡沫是1999—2001年间的科技股泡沫。[1]剩下的31家公司经历了自身股票价格泡沫。在这31家公司中，只有7家市值曾经超过50亿美元。

布林克国际公司是这些泡沫公司中的一个，它在鼎盛时期资产达30亿美元，在27个国家拥有1 700家餐馆（包括红辣椒连锁）。在20世纪90年代初，该公司年收入增长超过20%，利润率逐年提高。在1993年，该公司市值总额高达21亿美元，市盈率超过40。在1994年和1995年，该公司继续保持强劲的收入增长，但同店销售开始下降。市场意识到，没有强劲的同店销售增长，公司的盈利模式是脆弱的。在1994年，该公司市值下降了61%，市盈率回到了一个比较合理的水平。

金融危机

金融危机和泡沫是不一样的。泡沫是指公司股票市值的升降。与债务不同，股票没有到期日或承诺书，可以让持有者立即要求从公司获得现金。因此，当泡沫破灭时，不会对经济产生重大影响（除非它们伴随着大量的债务）。

另外，金融危机确实对实体经济具有重大和深远的影响，因为它们是由过度的金融杠杆造成的，当资产的价值下降且借款方无法继续偿付时，就会对经济产生负面的骨牌效应。首先，债务危机导致经济衰退，进而导致股票市场下跌。

---

[1] 当满足以下条件时，我们认为一家公司的股票价格出现了泡沫：（1）公司的市盈率达到标准普尔500指数市盈率的两倍，或者当标准普尔500指数市盈率超过20时，这家公司的市盈率至少为40；（2）在股票价格高峰之后，公司股票价格的下跌与盈利大幅下降无关；（3）在市盈率高峰过后，股票价格下跌达到或超过30%。

第8章 | 股票市场泡沫

正如我们在第3章中所讨论的，2007—2009年的金融危机是由于消费者用可调整利率的贷款来购买流动性差的房产，以及银行和投资者用短期债务为购买流动性差的抵押贷款担保债务提供资金造成的。随后在雷曼兄弟倒闭和对各大银行资产安全性的负面新闻曝光之后，2008年股票市场大幅下跌。顺便说一下，这次股票市场的表现与以往经济衰退中股票市场的反应没什么不同，有些人甚至可以说，股票市场的反应为时已晚。[1]

事实上，过去50年来造成最重大金融危机的关键因素之一往往就是，杠杆的过度使用。特别是公司、银行或投资者利用短期债务购买长期流动性不足的资产，容易导致危机的产生。通常，某个事件触发贷款人不愿继续为短期债务提供再融资；由于借款人手头没有足够的现金来偿还短期债务，因此他必须出售部分资产。这些资产缺乏流动性，同时其他借款人试图采取同样的做法，因此借款人可以得到的价格不足以偿还债务。换句话说，借款人的资产和负债不匹配。

在过去的30年中，至少已发生过6起主要是由于公司或银行用短期债务购买非流动资产而导致的金融危机。在20世纪80年代，美国的储蓄和贷款机构积极拓展业务，用短期债务和存款为放大的杠杆来提供资金。当投资（主要是房地产）价值不足以偿还负债的情况变得明朗时，贷款人和储户拒绝向他们提供更多的资金。在1989年，美国政府不得不对这一行业施以援手。

在20世纪90年代中期，在经济快速增长的东南亚，如泰国、韩国和印度尼西亚，用短期债务（通常以美元计价）为缺乏流动性的厂房和设备筹集资金。当全球利率上升时，这些公司产能过剩的现象逐渐凸显出来，它们无力偿还债务或为债务再融资。随之而来的危机使当地经济遭受损失。

其他由短期债务过多导致的金融危机还包括：1998年俄罗斯政府拖欠债务和长期资本管理公司的破产；在20世纪90年代初美国的商业房地产危机；1990年日本爆发的金融危机，有些人认为，这一危机一直持续到今天。

在所有这些情况中，金融危机都会导致经济衰退，且往往是极为严重的。股票市场泡沫由于没有伴随大量债务，因此从未对经济造成如此重大的损害。

---

[1] Richard Dobbs and Timothy Koller, "The Crisis: Timing Strategic Moves," *McKinsey on Finance* (Spring 2009), 1–5.

价值

泡沫再次告诉我们需要关注长期价值创造

虽然出现的频率不高并且持续时间较短，但是股票市场泡沫确实存在。价格有时会偏离基本面，此时市场效率低下，但是这并不意味着价值核心原则和贴现现金流估值变得多余或不相关——至少长期来看是这样的。

鉴于存在这样的市场偏差，了解真实的公司内在价值对于管理者和投资者来说反而变得更加重要。这样他们就可以利用任何可能的或者已经发生的市场偏差来获利。例如，当市场对股票高估时，使用股票来支付收购价款，或者在股票价格被低估时，回购股票。

在这些案例中要注意两个重要警示。第一，我们不会仅仅因为感知市场价值和内在价值的差异，就决定发行或回购股票、剥离或收购公司、用现金或股票对交易进行结算。相反，这些决定必须以健全的战略和公司理念为基础，且预期可以为股东创造价值。在市场偏差与战术上需要考虑的一些事项，如执行决策的时间和执行方式之间的关系更加紧密，也就是说，什么时候筹集额外的资本或如何支付特定交易都很重要。

第二，管理者必须对声称发现公司股票价格存在市场偏差的情况进行谨慎的分析。经过仔细分析，我们观察到的大多数所谓偏差通常是微不足道的，甚至根本就不存在。市场偏差往往是不常见的，持续时间也比较短。因此，在管理者针对偏差采取行动前，应确保偏差是令人信服的。在执行战略决策的成本和时间已定的情况下，市场偏差必须在规模和持续时间上是显著的才值得去捕捉。

只要公司的股票价格最终能够回到其长期趋势水平，即内在的贴现现金流价值，那么应该依赖贴现现金流模型来制定战略决策。最关键的是，公司股票价格的长期变动，而不是这个星期的股票价格是否被低估了5%或10%。

第9章
盈利管理

公司竭尽全力来达到一定水平的每股收益（EPS）或者使收入稳定化，但这样做是在浪费资源。有证据表明，这些努力都是不值得的，实际上还会对公司造成损害。相反，高管最好将时间用在制定能够从根本上促进公司收入增长或增加投入资本收益率的决策上。

几十年来，公司一直在努力研究如何管理盈利，以及是否要试着将其稳定化。在1974年，《华尔街日报》发表社论，感叹许多高管过于关注每股收益：

显然，很多高管相信，如果他们可以想到提高盈利的方法，公司股票价格将会上升，即使公告的盈利增长并不意味着存在任何效益上的变革。换句话说，高管相信他们是聪明的，而市场是愚蠢的……其实市场是聪明的。愚蠢的反而是那些陷入每股收益神秘性陷阱的高管。

在一项调查中，格雷厄姆、哈维和拉吉哥帕采访了400名首席财务官，并询问了他们为了达到季度盈利目标将会采取的行动。[①]图9.1对调查结果进行了总结，可以看出，80%的首席财务官愿意减少一些可变支出，如营销和产品开发费用，来满足短期盈利目标——尽管他们知道这样做可能会损害长期业绩。近40%的首

[①] John R. Graham, Cam Harvey, and Shiva Rajgopal, "Value Destruction and Financial Reporting Decisions," Financial Analysts Journal 62 (2006): 27–39.

席财务官则倾向于采取一些激励措施来诱导客户将采购提前。研究人员还发现，许多首席财务官可能会放弃或者延后执行一些可以创造价值的项目——如果这些项目会降低短期盈利。

400名首席财务官对下述问题的回答：接近季度末的时候，贵公司的盈利水平很可能低于预期目标。在美国通用会计准则允许的条件下，贵公司将采取以下哪个选项的做法？

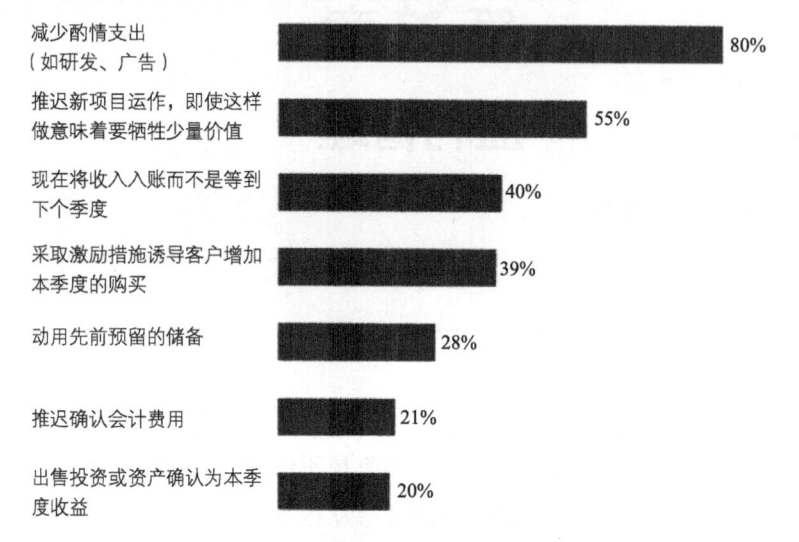

- 减少酌情支出（如研发、广告）：80%
- 推迟新项目运作，即使这样做意味着要牺牲少量价值：55%
- 现在将收入入账而不是等到下个季度：40%
- 采取激励措施诱导客户增加本季度的购买：39%
- 动用先前预留的储备：28%
- 推迟确认会计费用：21%
- 出售投资或资产确认为本季度收益：20%

（资料来源：John R. Graham, Cam Harvey, and Shiva Rajgopal.）

图 9.1　首席财务官为达到短期盈利目标采取的措施

需要明确的一点是，我们并不认为盈利是无关紧要的。盈利是公司经济效益表现的重要衡量方式，是现金流量的重要参考指标。事实上，在公司整个生命周期中，报告的总盈利就等于总现金流。问题是公司究竟应该如何管理短期盈利。

前面我们指出过，公司的市场价值最终是由成熟的投资者推动的。这些投资者明白市场是不平坦的；许多推动盈利的因素是无法为管理者所预测或掌控的，如汇率或油价。对于这些投资者（他们会阅读会计报表的脚注），盈利过于平滑会引起他们的警觉。当公司出售一家子公司而获利时，即使经营业绩平平，他们也知道股票价格将会上升。他们知道公司是否改用了可以增加利润的会计政策。

有经验的投资者不会以报告的每股收益为基础来采取行动；他们剖析可能影响收益的信息。是否有特殊项目可以赚取收益，如出售资产或税务减免？汇率有什么影响？每个业务单元是否都到达了目标，还是有些业务单元超过了目标来弥补没有达到目标的业务单元？当然，有经验的投资者也会关注可以推动未来收益的事项，如还在试验中的新产品和地域扩张。

这中间有很多事项可能不会出现在新闻或交给投资者的分析报告中，而且有些成熟投资者可能更喜欢这种方式，因为这种方式让他们比不太成熟的投资者有优势。成熟的投资者注重公司的长期前景，他们通常关注短期盈利不足和不成熟投资者的潜在过度反应，作为低价买进股票的契机。

成熟的投资者也知道，外部人士不可能知道所有公司可能会采取的收益管理方式。外部人士也不可能弄清楚公司什么时候给予客户折扣，使下季度的购买提前到本季度。他们也不能立即指出某家公司正在侵蚀长期发展和放弃长期增加来满足当前收益。但是，有经验的投资者知道缺乏研发的刺激最终会减缓增长。

外部人士无法知道管理层制定的所有决策，意味着在一段时间内公司可以愚弄投资者和市场。但是，这值得吗？尽管传统见解可能会同意这样的观点，但是有证据表明，是否实现预先制定的盈利预期，或者通过会计变更减少盈利波动或改进盈利，对于市场的影响很小或基本为零。对我们来说，这样做似乎不值得尝试。

预期盈利并不重要

假设你是一家大公司的首席执行官。根据分析师的研究，因为行业增长略微放缓，本季度业绩比预期要稍微差一点，所以你可能无法实现预期盈利水平。你会怎么做呢？（1）什么都不做；（2）向客户提供特别激励，将下一季度的采购提前到本季度；（3）减少广告预算来弥补收入短缺。

如果你采取方案（1），什么也不做，你知道公司股票价格很可能会下降，至少在短期会这样。如果你采取方案（2）或方案（3），股票价格可能不会变动甚至在业绩公布时还会上升，但是这样做会对中长期造成什么样的后果呢？

假设该行业正在经历结构性的减速并可能会持续下去。如果你认为你可以弥补未来几个季度的不足，采取方案（2）或方案（3）是十分吸引人的。但是，你在对自己开玩笑吗——真的只是一个季度的问题还是一些根本性的东西已经改变了呢？

我们说过，你可以在短期内欺骗市场，因为投资者无法获取足够的细节来了解你到底做了什么。你可以避开一段时间，但是最终，市场会了解你到底做了什么。既然如此，为什么要破坏你的诚信度呢？

许多稳定盈利的做法都是以满足盈利一致预期为基础的，这样做可能是错误的，因为分析师的预期并不一定有特别的先见之明。图 9.2 显示了对标准普尔 500 指数趋势的一致预期。

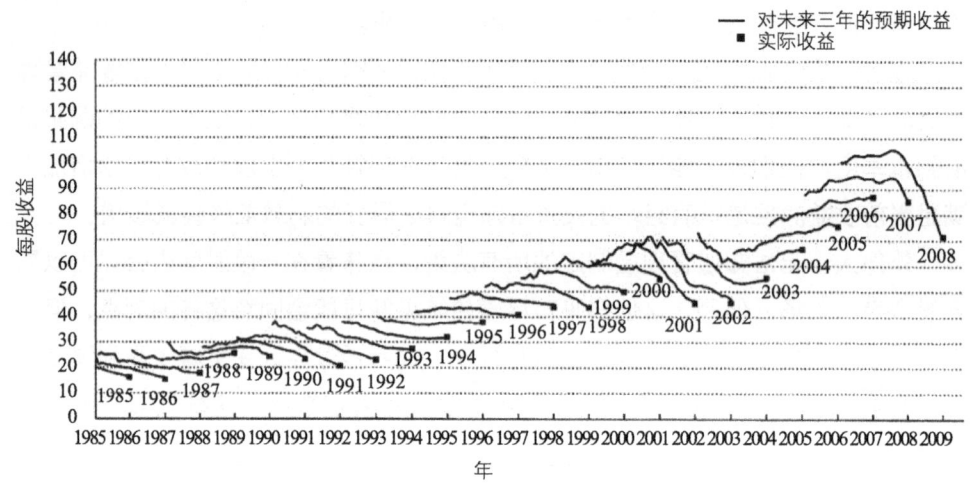

图 9.2 标准普尔 500 指数总收益预期

（资料来源：机构经纪人评估系统，麦肯锡公司绩效中心分析。）

一致预期的结果并不是很好。其中一些观测值：我们所观察的 25 年中，在 1 月对未来一年进行一致预期（如 2008 年 1 月预测的 2008 年），其中只有 7 年期望值与实际值的差异在 5%以内。对于那些一致预期与实际值差异超过 5%的年份，有 16 年的一致预期与实际值相比过高，只有两年一致预期的值相对于实际值低。

在一般情况下，分析师对盈利的预期是不准确的。他们往往过于乐观，他们几乎从来没有预测过拐点（盈利的方向从上升变为下降，反之亦然）。事实上，在这 25 年中，如果简单地预期未来一年的收益就等于上一年的收益，那么有 12 年的期望值要比分析师的预期更为接近实际值。

分析师对 5 年期盈利的估计更加没什么用处。当有人向他们询问时，他们通常给出一些数字，5 年期滚动盈利增长预期往往在 10%左右。对于标准普尔 500 指数的公司，图 9.3 对 5 年期滚动盈利增长预期与实际 5 年盈利增长进行比较。5 年盈利增长几乎全部高估，而且每一阶段的预期都超过了 10%。

我们以行业和个别公司为范畴做了类似的统计，得到了类似结论。

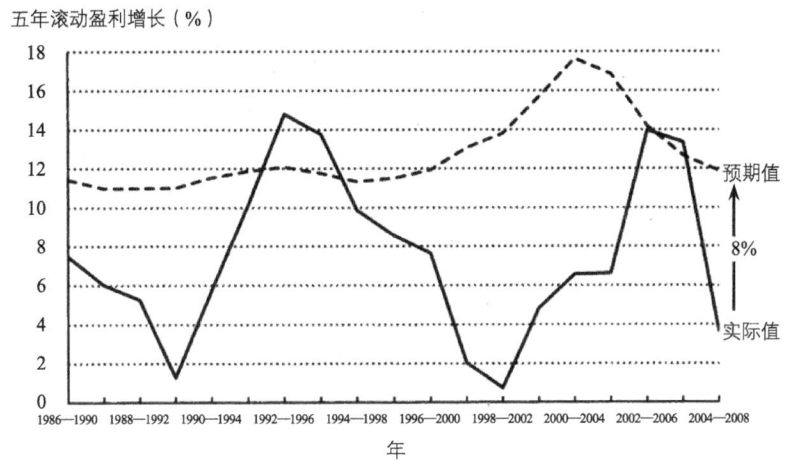

(资料来源：机构经纪人评估系统，麦肯锡公司绩效中心分析。)

图 9.3 长期盈利增长：期望值与实际值

由于盈利一致预期一直处于不断的修正中，从而出现了如何定义盈利意外的问题，这也是新闻界喜欢讨论的问题。由于公司一年盈利的一致预期很少与实际盈利相符，因此无法找到产生意外的因素。在通常情况下，盈利意外是指实际盈利与在实际盈利公布前的一致预期之间的差异。换句话说，意外就是实际值与盈利公布前几天或几周的期望值之间的差异。

这种情况下，分析师的结果更加精确，这是不足为奇的。此外，公司通常会为投资者和分析师提供有关即将揭示的结果的信息或明确的指导。因此，意外不仅是指管理层的内部控制和会计制度，也包括经营业绩的意外。

试想，在 12 月 31 日，公司宣布本季度的销售额比预期要好，然后分析师提高当年的盈利预期。两周后，公司公布了盈利额，结果发现公司在 12 月 31 日宣布的销售额超过预期水平并没有导致盈利水平超过预期。意外指的是管理层在 12 月 31 日并没有向分析师提供关于盈利水平不会随着销售额超过预期水平而增加的资料，投资者就会存有疑虑——为什么管理者没有告诉他们更多的信息。他们可能推测这家公司的信息系统不够健全，以至于公司自身都不知道预期会怎么样。

由于意外是短期的，它只能说明盈利差异对股票市场的实际影响比传统方式认为的要少。研究人员发现，在四个星期的公告中，盈利意外只能解释少于 2%

的股票价格波动。[1]事实上,超过 40%的存在正(或负)的盈利意外的公司的收益率通常为负(或正)。

有力的证据表明,市场的表现超越盈利公布是产生了短期盈利意外。我们分析了 2007 年欧洲最大的 595 家公司股票价格对利润公告的反应。我们根据两个维度来将这些公司分类:(1)公司的盈利公布带来的是正的还是负的意外?(2)分析师对公司两年盈利预期增加还是降低了?

当这两个维度同时是正的或负的时,股票价格的反应也类似是正的或负的,这一点也不奇怪,如图 9.4 所示。举例来说,如果公司当期盈利超过了一致预期,且分析师增加了两年的盈利预期水平,那么,股票价格平均上升 2.4%。然而,当公司当期盈利超过了一致预期,但分析师降低了两年的盈利预期水平时,那么股票价格平均将下跌 0.6%。相反,当公司当期盈利低于一致预期,但分析师增加了两年的盈利预期水平时,那么股票价格平均上升 1.5%。

2007 年 595 家欧洲公司盈利公告后异常收益率的中位数[1](%)

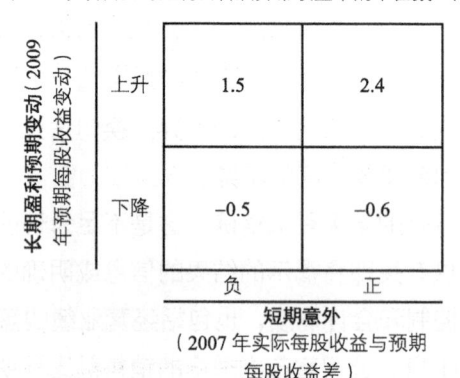

长期盈利预期变动(2009 年预期每股收益变动)	负	正
上升	1.5	2.4
下降	−0.5	−0.6

短期意外
(2007 年实际每股收益与预期每股收益差)

1 对盈利公告后 3 天内超过市场收益率的超额收益率进行计量。

(资料来源:彭博资讯,麦肯锡公司绩效中心分析。)

图 9.4 长期业绩预期推动股票价格

与当期公司是否达到分析师的预期相比,分析师上调或下调两年盈利预期是推动股票价格更为关键的因素。

有证据表明,当公司始终带给市场正的意外时,市场将会带给公司溢价,但

---

[1] W. Kinney, D. Burgstahler, and R. Martin, "Earnings Surprise 'Materiality' as Measured by Stock Returns," Journal of Accounting Research, 40(5) (December 2002): 1297–1329.

是只有当这些公司正的意外连续发生时才会如此。[①]要获得股票市场溢价,需要一年以上持续的盈利意外。那些持续超出盈利预期的公司随后几年还会在盈利能力和增长上有卓越表现。[②]

然而,公司带给市场盈利意外的时间越长,一旦这样的趋势被打破,市场的反应也将更为激烈。尽管公司的估值溢价是随着长期正的盈利意外逐步建立的,但是当市场对持续优异的业绩失去信心时,那么溢价很快就会消失。

在分析盈利公告时,市场表现得非常精明。例如,市场不会对伴随着高成本得到的盈利增长做出积极反应:继这样的盈利报告之后,股东收益率与同业相比会非常低。高成本带来盈利增长通常表明这家公司正处于转折点,正面临着未来收益下降的风险。[③]

当你将所有情况结合起来时,这些证据表明公司高管为达到盈利预期花费了太多时间,而这些时间原本应该用在分析短期盈利对公司长期业绩影响上。这就是说,公司不应该给投资者造成内部控制和信息流动疲软的印象。与期望相比,我们更赞成业绩差距的驱动因素的透明度。如果投资者可以看到你为了达到期望值而采取的极端做法,他们会同意吗?

盈利波动不可避免

传统观念认为投资者偏好稳定的盈利,并会规避公司盈利出现波动。高管将稳定的盈利增长作为战略成功的一个标志。例如,康诺克公司的首席执行官宣布与菲利普斯石油合并,首席执行官给出的理由是,合并可以在整个商品价格周期使盈利更加稳定。如果投资者真的偏好稳定的盈利,你可以预期,在同等条件下,实现了稳定盈利公司将会产生更高的股东整体收益率和更高的估值倍数。

[①] R. Kasznik and M. McNichols, "Does Meeting Earnings Expectations Matter? Evidence from Analyst Forecast Revisions and Share Prices," Journal of Accounting Research 40, no. 3 (June 2002): 727–759.

[②] E. Bartov, D. Givoly, and C. Hayn, "The Rewards to Meeting or Beating Earnings Expectations," Journal of Accounting and Economics 33(2) (June 2002): 173–204.

[③] K. Chan, L. Chan, N. Jegadeesh, and J. Lakonishok, "Earnings Quality and Stock Returns," Journal of Business 79(3) (2006): 1041–1082.

采用不同的方法、样本和时间期限，我们做的所有研究得出一致的结论：[1]盈利波动性与股东整体收益率和估值倍数之间没有多大关系。

为了说明这些研究结果，我们将盈利波动性高于平均水平的 135 家公司的股东整体收益率与盈利波动性低于平均水平的 135 家公司的股东整体收益率相比较（见图 9.5）。尽管低波动性公司的平均收益率要高于高波动性公司，但当我们将增长和投入资本收益率等因素考虑进来后，这一统计差异消失了。更有趣的是，观察发现，正如存在大量高股东整体收益率、高波动性的公司，也有大量低股东整体收益率、低波动性的公司。还有一些盈利波动性非常高的公司拥有极高的股东整体收益率。

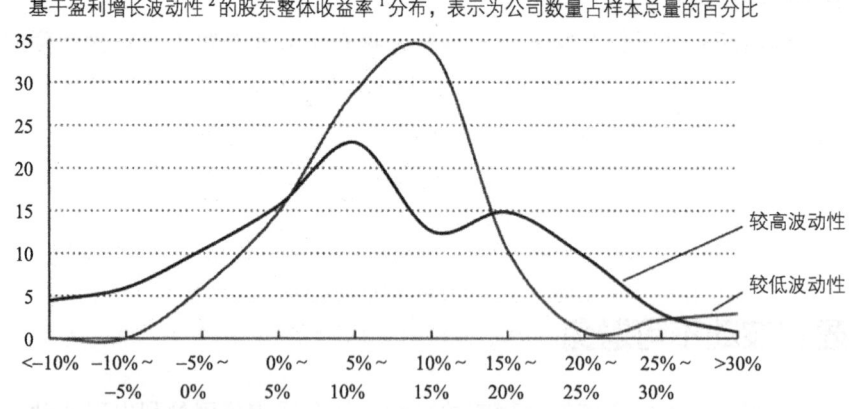

基于盈利增长波动性[2]的股东整体收益率[1]分布，表示为公司数量占样本总量的百分比

1　1997—2007 年复合年增长率。
2　波动性用这 10 年间第二高的增长和第二低的增长间的差异来衡量。

（资料来源：麦肯锡公司绩效中心分析。）

图 9.5　盈利波动性和股东整体收益率无关

我们认为，投资者认识到公司业绩不会是平稳的。在 10 个国家开展 5 种不同业务的公司怎么可能实现每年盈利增长保持在 10%？一个地区发生的意想不到的正面效应，正好完全抵消意想不到的负面效应的概率实在太渺茫了。每项业务严

---

[1] 参见 B. Rountree, J. Weston, and G. Allayannis, "Do Investors Value Smooth Performance?" *Journal of Financial Economics* 90(3) (December 2008): 237–251; J. McInnis, "Earnings Smoothness, Average Returns, and Implied Cost of Equity Capital," *Accounting Review* (January 2010); R. Barnes, "Earnings Volatility and Market Valuation: An Empirical Investigation," LBS Accounting Subject Area Working Paper ACCT 019 (2003)。

格按照计划执行的概率更加微乎其微。

稳定的盈利增长是一个神话,因为几乎没有一家公司可以做到。图 9.6 列出的 5 家公司,是 1998—2007 年间美国所有大公司中盈利增长波动最低的 10% 的公司的其中几家。第一家公司是沃尔格林,盈利相当稳定。从 2001 年到 2007 年,沃尔格林年盈利增长率始终在 14%~17% 之间变动——其中,有 7 年增长几乎不变。但沃尔格林是唯一的例子。我们分析了其余 500 家大公司,没有找到一家可以维持 7 年这样稳定的盈利增加。事实上,我们只能找到少数几家公司有 4 年或以上的稳定的盈利增长。

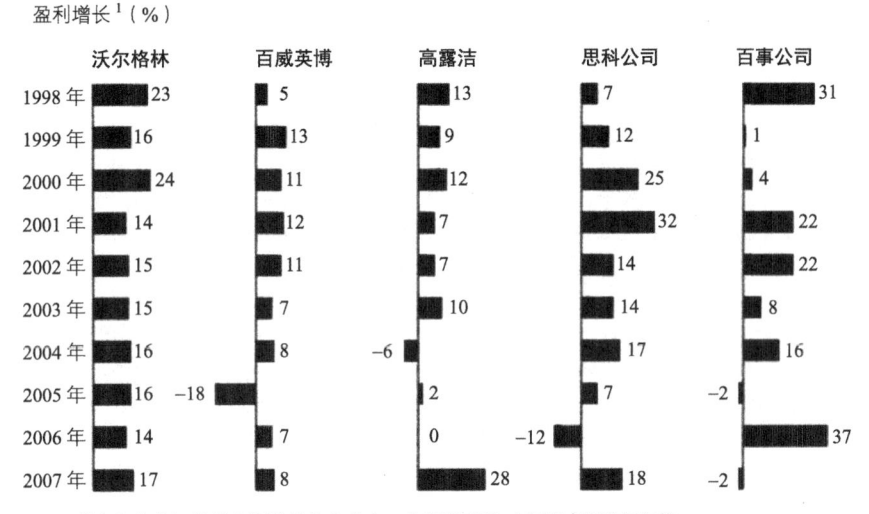

盈利增长[1](%)

	沃尔格林	百威英博	高露洁	思科公司	百事公司
1998 年	23	5	13	7	31
1999 年	16	13	9	12	1
2000 年	24	11	12	25	4
2001 年	14	12	7	32	22
2002 年	15	11	7	14	22
2003 年	15	7	10	14	8
2004 年	16	8	−6	17	16
2005 年	16	−18	2	7	−2
2006 年	14	7	0	−12	37
2007 年	17	8	28	18	−2

1 盈利定义为非经常项目调整前的净收入,非经常项目对商誉减值进行调整。
2 这五家波动性最低的公司来自美国 500 家最大的非金融公司。

(资料来源:麦肯锡公司绩效中心分析。)

图 9.6 波动性最低公司[2]的盈利增长——不是那么稳定

大多数低波动性公司与图 9.6 中其余 4 家公司的模式相类似。例如,百威英博在 1999—2002 年间连续 4 年实现 12% 左右的稳定增长。在 2003 年 7% 和 2004 年 8% 的增长之后,该公司的盈利在 2005 年下降 18%。这种模式是常见的。在我们研究的 500 家公司中,有 460 家公司在这一时期至少有一年的盈利是下滑的。

投资者预期到了公司所在行业的自然波动。在某些情况下,如金矿公司,他们其实希望价格发生变化。因此,公司不应该试图降低自然波动,特别是当减少自然波动意味着要减少市场营销和产品开发费用,就更加不应该了。

会计处理不会改变基本价值

公司有时会竭尽全力争取到有利的会计处理方式,如关于商誉和员工股票期权的计算。但是正如我们前文所述,成熟的投资者不会采用报表收益来确定公司价值;相反他们会试图明确公司的基本盈利表现。虽然我们不能直接证明会计处理是无关的(会计处理方式不要紧),但是我们可以提供关于投资者是如何看待会计核算结果以及侧重于基本盈利表现的具体例子。

其中一个证据是一些公司针对不同的投资者,提供不同的会计核算结果。举例来说,在美国上市的非美国公司,被要求根据美国通用会计准则来报告股本和净利润,这可能会与依据本国会计准则报告的股本和利润存在较大差异。如果股票价格确实以公告的盈利为基础,那么投资者应该怎么选呢——是选择根据美国通用会计准则,还是国内会计准则得到的盈利?对于市场来说,这不应该是一个问题。市场对会计选择不感兴趣,投资者关心的是基本面表现。

为了证明这一点,我们分析了50家在美国上市的公司,这些公司在1997—2004年间开始公布根据美国通用会计准则调整的股本和利润。根据美国和本国的会计准则得到的股本和净利润的数额往往差异很大:在一半以上的情况下,差异大于30%。

许多高管可能担心依据美国通用会计准则得到的较低的盈利将直接转化为一个更低的股票价格,但是这种担心没有变为现实。尽管在我们的样本中有2/3的公司根据美国的会计准则得出的盈利较低,股票市场对披露结果的反映却是积极的。由此可见,加强披露比任何人为的会计规则要重要得多。

自2001年采用美国通用会计准则和自2005年采用国际财务报告准则以来,商誉不再作为固定成本在损益表中进行摊销。相反,只有当独立的审计师估计商誉减值时,才需要在账目上记录。商誉会计政策的变动对于股票价格会有什么影响呢?要回答这个问题,我们用两种方法来看一下这一会计政策变动对股票价格的影响。

第一,我们研究大额商誉停止摊销对于公司股票价格的影响。在做出这样的变更后,这些公司的每股收益将会增加,因为商誉摊销不再计入损益表。

我们对54家拥有大额商誉的样本公司进行研究,观测在宣告美国商誉摊销取消之日（2001 年 7 月），股票价格对这一信息的反应。尽管这些公司最初股票价格有轻微的上升，但这个效应仅持续了不到两周的时间。此外，股票价格最初的反应也与这些公司涉及的商誉摊销额无关，且 1/3 的样本公司的股票价格在这一信息公布时有所下降。

第二，我们还观测了 54 家美国和欧洲的公司，2002 年 1 月商誉摊销取消反而损害了这些公司的利润。我们没有在这一取消公告当天发现股票价格明显下降。为什么？原因在于市场已经预期到过去的并购会导致较低的效益，且这些公司在取消公告发布前 6 个月股票价格平均下跌了 35%。

至于员工股票期权是否应该在损益表中作为费用列支的争论，许多人关注的重点是，这种处理方法带来的收入负面效应，是否会导致股票价格下滑。从资本市场的角度看，答案是明确的：只要投资者有充足的关于股票期权的数量、期限和条件的信息，新的费用规则不会压低股票价格。事实上，根据最近的一项研究，在强制要求执行之前，一些公司已经自愿将员工股票期权列支，当他们宣布这一意图时，股票价格的反应是积极的，尽管会对公布的盈利造成负面影响。[1]

当公司表示它们将股票期权费用化是为了提高透明度时，股票价格的反应更加强烈。研究人员还发现，当关于股票期权的信息充分披露后，在对公司进行估值时就已经包含了这些股票期权的价值，即使期权价值没有在损益表中明确列支。[2]

如果公司认为投资者跟他们一样聪明，且不试着使盈利平稳化，那么管理者可以节省大量的时间和精力用于根本改善公司的盈利状况。

---

[1] D. Aboody, M. Barth, and R. Kasznik, "Firms' Voluntary Recognition of Stock-Based Compensation Expense," *Journal of Accounting Research*, 42(2) (December 2004): 251–275.

[2] D. Aboody, M. Barth, and R. Kasznik, "SFAS No. 123 Stock-Based Compensation Expense and Equity Market Values," *Accounting Review*, 79(2) (2004): 251–275.

第 3 部分

管理价值创造

第10章
投入资本收益率

我们已经讨论过，投入资本收益率是价值创造的两个核心动力之一。令人惊讶的是，公司高管经常无法确定哪些是对其公司投入资本收益率影响最大的因素——公司的竞争优势是什么？它如何受行业结构和竞争行为的影响？对这个问题不求甚解的公司有可能失去创造价值的机会。

本章将解释竞争优势、行业结构和竞争行为怎样驱动投入资本收益率：为什么一些公司仅能达到10%的投入资本收益率，而另一些公司却能赚取50%的投入资本收益率？我们也将分析投入资本收益率的历史趋势，比如，在不同行业中有何区别，在不同时间段如何变动或保持稳定。

现在我们来看高科技行业鼎盛时期的两家网购公司：eBay 和 Webvan。Webvan 是一家总部在美国加利福尼亚州的食品运输公司。1999年11月，eBay 的市值有230亿美元，而 Webvan 只有80亿美元。而后，继续繁荣发展，但 Webvan 却破产了。通过分析其公司战略的潜在竞争优势可以发现，eBay 注定成功而 Webvan 注定失败。

我们先来看 eBay 的战略。其核心业务是网上拍卖，每次从交易双方收取一定费用。此项业务仅需少量资本投入来管理网站和促成交易，仅需几台电脑，没有存货和应收账款。

一旦开始运营，只要网站正常运行并且费用合理，潜在的买方和卖方就有需求去使用该业务。只要有更多的买方选择 eBay，它就会吸引更多的卖方，这反过来会吸引更多的买方。此外，服务于每个新的买方或卖方的边际成本接近于零。

一旦 eBay 的业务起步，它在一个合理的价格上提供优质的服务，客户就没有理由更换一家新的公司。因此，eBay 保持着绝对的竞争优势。毫无疑问，它赚取的投入资本收益率超过 50%。

eBay 是收益随规模递增的一个例子，这我们在第 1 章中已经描述过。在这种商业模式中，第一个扩大规模的竞争者通常获取大量的收益（赢者通吃）。Webvan 和其他公司也都认为，他们能在其他竞争者之前扩大规模来从"收益随规模递增"中得到好处。但是，"收益随规模递增"不适合 Webvan 的业务，以至于它不能像 eBay 那样获取高的投入资本收益率。

原因如下：

Webvan 的商业模式是资本密集型的，它有大量的仓库、卡车和存货。此外，Webvan 正在当地的杂货商店销售一些利润较低的商品，所以它不得不和这些商店的价格保持一致。开始时，Webvan 给那些超过 50 美元的订单提供免费递送，并且对金额较小的订单仅收 4.95 美元的快递费。但是，考虑到在特殊时段内特殊地区的高运输成本，Webvan 最后把免费递送的订单额提到 100 美元，同时增加了其他订单的快递费。最后，包括采购和包装在内的运输成本超过了开实体店的成本。

最后，Webvan 的业务不能产生规模化效应，特别是与 eBay 比较。eBay 增加一个新客户的成本几乎是零。Webvan 在增加客户时可能不需要增加更多的仓库，但公司不得不需要更多的采购者、卡车和司机来满足需求的增加。

所以，竞争优势在哪里？Webvan 希望先把自身业务做扎实，以建立竞争者进入市场的壁垒，其预期的竞争优势基于这种市场壁垒。但是，其主要竞争者不是运输公司，而是杂货商店。Webvan 未能做到合理定价，结果既未盈利，又未能从杂货店中赢得客流量。

eBay 创造的高收益商业模式的行业结构具有吸引力，同时资本又能有效利用。而 Webvan 涉足的是一个竞争性强的行业（零售业），这个行业束缚了投入资本收益率。Webvan 比起其他杂货商店没有竞争优势。这个例子说明摆脱不良行业竞争结构很困难，资本过于密集具有破坏性。

什么驱动投入资本收益率

我们将用一个简单的公式来表示在一定的行业结构和市场竞争下公司战略和投入资本收益率之间的关系。如果以单位商品来考虑公司的投入资本收益率,就能按如下公式定义:

$$投入资本收益率 = \frac{营业利率}{资本} = \frac{价格-成本}{资本}$$

一家拥有竞争优势的公司能够获得较高的投入资本收益率,因为它要么收取价格溢价,要么更有效地生产其产品(每单位成本或资本更低),或者两者兼而有之。在这两者之间,价格溢价提供了实现有吸引力的投入资本收益率的最大机会,但价格溢价比成本效率更难实现。

因为提供一个一般的战略框架超出了本书的范围,所以我们将专注于描述竞争优势(和高投入资本收益率)的最常见例子。推动这种思考的战略模型是结构-行为-绩效(SCP)模型,该模型最初由爱德华·梅森在20世纪30年代提出,但在迈克尔·波特于1980年发表《竞争战略》以及他的五种力量[1]之前,该模型并没有在商业领域产生广泛影响。虽然从那时起,该模型有了一些扩展,但核心框架仍然是最广泛使用的战略思考方式。

结构-行为-绩效模型认为,一个行业的结构影响着竞争者的行为,而竞争者的行为又推动着该行业公司的业绩。行业结构由五种力量来确定:进入壁垒、替代威胁、买方力量、供应商力量和竞争决定因素(如行业集中度、转换成本、退出障碍、固定/可变成本结构,以及其他)。竞争者的行为是绩效的最终驱动因素。

图10.1显示了行业结构的重要性和黏性,它显示了29个行业的投入资本收益率的中位数,以及第25个和第75个百分位数。

高投入资本收益率行业往往是那些具有吸引力的行业结构。[2]例如,家庭和个

---

[1] John Stuckey, "Perspectives on Strategy" (McKinsey staff paper, no. 62, April 2005); Michael Porter, *Competitive Strategy: Techniques for Analyzing Industries and Competitors* (New York: Fr 高ROIC产业往往是那些具有吸引力的产业结构。ee Press, 1980).

[2] 由于很多公司存在多种业务,个别统计数据可能存在误差。有些公司收益率较高,但其所在行业的收益率较低(如沃尔玛和英特尔),反之亦然。

人用品公司已经开发了持久的品牌，使新的竞争者难以立足于此。这些公司也倾向于在价格以外的因素上竞争货架空间。

低投入资本收益率行业，如纸制品，是那些产品无差异、资本密集度高、创新机会少的行业（在纸业中，每个人都使用相同的造纸机），这使得任何竞争者很难收取溢价或建立可持续的成本优势。

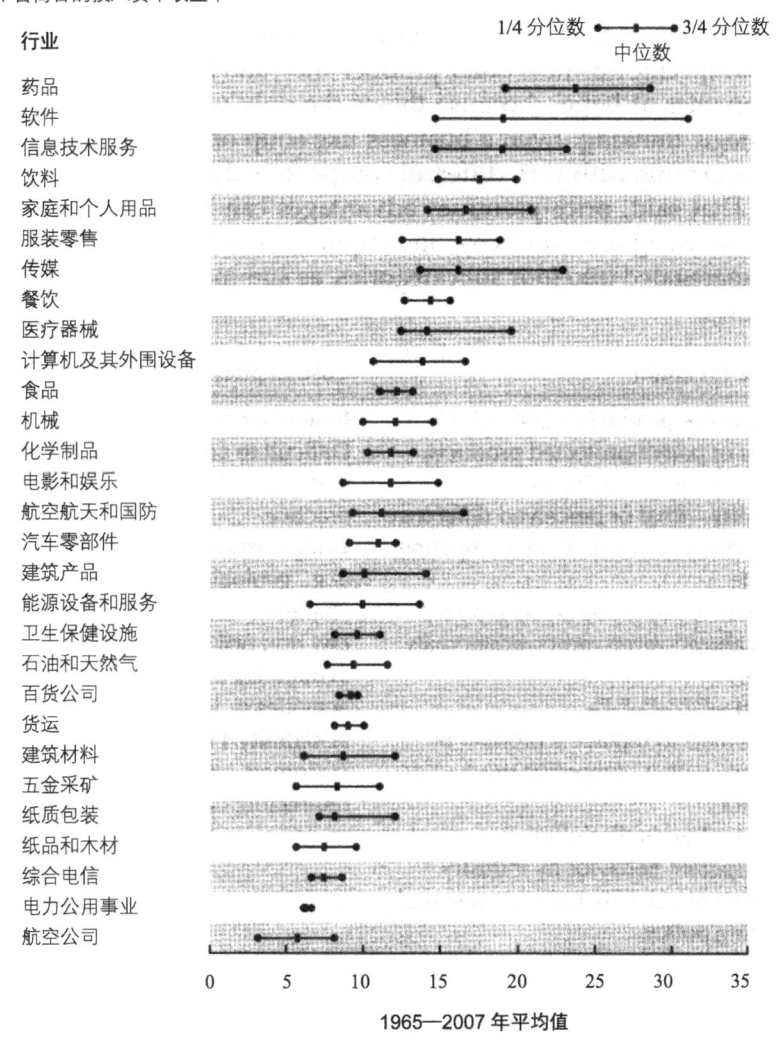

不含商誉的投入资本收益率

行业	1/4分位数 ●——● 3/4分位数 中位数
药品	
软件	
信息技术服务	
饮料	
家庭和个人用品	
服装零售	
传媒	
餐饮	
医疗器械	
计算机及其外围设备	
食品	
机械	
化学制品	
电影和娱乐	
航空航天和国防	
汽车零部件	
建筑产品	
能源设备和服务	
卫生保健设施	
石油和天然气	
百货公司	
货运	
建筑材料	
五金采矿	
纸质包装	
纸品和木材	
综合电信	
电力公用事业	
航空公司	

1965—2007年平均值

（资料来源：Compustat，麦肯锡公司绩效中心分析。）

图10.1　行业投入资本收益率统计

虽然行业结构可能是竞争优势和投入资本收益率的最重要驱动因素,但同一行业内公司收益率的差异表明,公司有时可以在低收益率行业创造竞争优势,也表明,公司可以在高收益率行业以竞争劣势运作。

例如,汽车制造商多年来一直受到产能过剩的困扰,因为新进入者并没有被该行业的低收益率所吓倒(想想韩国进入美国市场的情况),也因为工会工厂不会轻易关闭。

尽管如此,丰田还是设法脱颖而出,因为它的效率高,而且它的质量声誉使它能够在美国市场收取相对于国内制造商的价格溢价。

汽车行业表明,竞争优势往往是针对市场的。丰田和其他日本生产商可以在美国收取溢价,因为他们在那里与美国生产商竞争,但相互竞争不能在日本获取溢价。

最后,行业结构和竞争行为并不固定,它们会受到技术创新、政府监管变化和竞争者进入的冲击——其中任何一个因素都会影响整个行业或个别公司。这就是为什么软件行业可能持续获得高收益率,但领先的公司在 20 年后可能就不一样了,就像今天的领先者在 20 年前就不是主要的参与者一样。

需要牢记的是,我们真正谈论的是具体的业务部门、产品线和细分市场,而不是整个公司,因为这是获得战略思维牵引力的唯一途径。即使是像汤或狗粮这样的业务,也可能有竞争态势截然不同的细分市场。

也就是说,价格溢价优势可以被分成五个子类别,成本/资本效率优势可以被分成四个子类别,如表 10.1 所示。

表 10.1 价格溢价优势与成本/资本效益优势的分类

价格溢价	成本/资本效益
创新产品/服务——难以复制或受专利保护的产品、服务或技术	创新的商业模式——难以复制的商业模式,与既定的行业惯例形成对比
质量——在质量上与竞争产品或服务的实际或感知差异	独特资源——独特的位置(如地质、运输)特征或独特的原料来源
品牌——品牌溢价超过任何创新或质量差异	规模经济——目标活动或当地市场的规模
客户锁定——客户难以用竞争性产品或服务取代产品或服务	可扩展性和灵活性——以可忽略不计的边际成本增加客户和增加或调整能力
理性的定价规范——行业领导者在产能管理和定价政策方面的透明行为	

创新产品/服务

能够产生高投入资本收益率的创新产品和服务，要么受到专利保护，要么难以复制且成本高昂，或者两者兼而有之。如果没有这些保护措施中的至少一项（专利保护或难以复制），即使是创新产品也无法实现持续的高收益率。

制药公司赚取高收益率，因为他们生产的创新产品，即使容易复制，也受到长达 20 年的专利保护。这些公司可以收取高价，以反映他们的创新，直到专利到期时，非专利供应商以更低的价格进入。

苹果公司的 iPod 是一个很难复制的产品，它没有受到专利保护（至少是核心技术）。在苹果公司推出其 iPod 产品系列之前，MP3 播放器已经在市场上销售了很多年，该产品已经占据了 MP3 市场 70%以上的份额。尽管所有竞争者的核心 MP3 技术都是一样的，但 iPod 的成功在于其吸引人的设计、易用性、用户界面以及与苹果公司的音乐商店 iTunes 的整合。

质量

像质量这样广泛使用的术语首先需要被定义。在竞争优势和投入资本收益率的背景下，质量是一种产品或服务与另一种产品和服务之间的真实或感知差异，以及客户为其支付更高价格的意愿。在汽车行业，宝马享有价格溢价，因为客户认为其汽车的操控性和驾驶性优于成本较低的同类产品。然而，提供额外质量的成本远低于价格溢价。这也是宝马获得比大多数其他汽车制造商更高收益率的原因之一。

有时，人们对质量的看法比现实持续的时间要长，就像丰田和本田相对于通用、福特和克莱斯勒的情况那样。尽管今天美国和日本的汽车在可量化的质量衡量标准方面具有可比性，如 JD Power（一家全球性的市场资讯公司）调查，但像丰田这样的公司仍然为他们的产品提取了价格溢价。[①]即使美国和日本类似车辆的定价可能相同，美国制造商往往被迫以低于定价 2000～3000 美元的价格出售。

---

① 在撰写本书时，我们不知道 2010 年年初关于丰田汽车油门踏板的负面宣传是否会产生长期影响。

价值

品牌

基于品牌的价格溢价往往与基于质量的价格溢价高度相关。尽管产品的质量可能比其既定的品牌更重要，但有时品牌本身才是更重要的，特别是当品牌已经持续了很长时间（如可口可乐、珀莱雅、奔驰）。

包装食品是一个很好的例子，可以说明品牌产品的重要性。在一些类别中，如早餐麦片（如 Cheerios），顾客对其品牌非常忠诚，但在其他类别中，如肉类，品牌化并不成功。因此，麦片公司的投入资本收益率超过 30%，而大多数肉类加工企业的收益率低于 15%。你可能会认为品牌对肉类更重要，因为肉类的质量比谷类的质量更不稳定，但事实并非如此。

同样，青少年愿意为带有品牌商标的衣服支付更高的价格，尽管他们可以用更低的价格买到质量和风格相似的衣服。

品牌一旦形成，其忠诚度可以持续很长时间。本书作者之一的父亲对通用汽车忠诚了 50 多年，尽管他承认相对于日本品牌，通用汽车的质量在下降。直到 2005 年，他才转而购买了一个日本品牌（日产的英菲尼迪）。

客户锁定

当客户用另一种产品或服务取代你的产品或服务是昂贵或不方便的时候，你的公司可以收取溢价——针对最初销售，或者针对原始产品的后续迭代。

例如，像支架这样的医疗设备，可以实现客户锁定，因为医生需要时间来培训和熟练使用该设备。一旦医生掌握了某一特定支架的使用方法，他们就不会转而使用竞争产品，除非有非常令人信服的理由进行新的投资，如改善病人的治疗效果。

尽管彭博金融终端使用的是一种较老的技术，但由于高昂的转换成本，它在市场上仍处于领先地位。银行家和交易员已经投入了大量时间学习如何使用彭博金融终端，并且不愿意学习另一种系统。像彭博金融终端这样的客户群对竞争对手来说是一个艰巨的挑战。

理性的定价规范

在有许多竞争者的产品行业中，供需法则的作用是降低价格和投入资本收益率。这不仅适用于化学制品和纸制品等传统产品，也适用于航空业。只需要将机票价格提高 5%~10%，就可以将行业的总亏损转为总盈利，但每个竞争者都想通过拒绝提价来获得填补座位的优势，即使像燃料这样的成本对所有竞争者来说都在上升。

每隔一段时间，我们就会发现一个行业能够克服竞争的力量，把价格定在一个水平上，以获得合理的回报（但很少超过 15%），而不诉诸非法手段。例如，多年来，美国几乎所有的房地产经纪人都对他们出售的房屋价格收取 6% 的佣金。在其他情况下，定价规范是由政府通过其监管结构认可的。例如，直到 20 世纪 70 年代，美国的机票价格一直很高，因为竞争对手被限制进入对方的市场。1978 年，随着管制的取消，机票价格才开始下降。

理性的、合法的定价规范通常在一个竞争者充当领导者，其他竞争者迅速跟进其价格时发挥作用。一般来说，定价规范只有在竞争者不多，通常是四个或更少的情况下才有效。此外，对新进入者必须有障碍，而且每个竞争者必须有足够能力抵御价格战减少的现有利润高于未来利润。如果较小的竞争者在数量上的收益大于从较低价格中的损失，那么这个行业就很难维持定价规范。最后，如果价格对所有竞争者都是透明的，那么每个人都知道何时有人试图压低价格。

大多数定价规范的尝试都失败了。以造纸业为例。从 1965 年到 2007 年，投入资本收益率平均不到 10%。这个行业造成了自己的问题，因为这些公司都倾向于在同一时间扩张（在需求和价格上升之后）。结果，一大批新产能同时投产，打破了供需平衡，迫使价格和收益下降。

某位战略研究者对竞争者数量问题归纳以下："仅有 2 个竞争者的行业可以避免破坏性竞争；有 6 个或 6 个以上竞争者的行业其破坏性会是前者的两倍，因为他们很难协调合作；有 3~5 个竞争者的行业可能是以上两种结果之一，而且这种方式随着时间变化。"[1]

即使是卡特尔（在世界大多数地区都是非法的），也很难维持定价规范。石油输出国组织成员不断地违反配额规定，导致价格周期性地下跌。如果没有最大产油国沙特阿拉伯的定价规范，卡特尔将更难维持油价。

---

[1] John Stuckey, "Perspectives on Strategy"（麦肯锡员工论文，2005 年 7 月）。

创新的商业模式

一家公司的商业模式是其生产、物流以及产品或服务如何交付给客户的组合。大多数商业模式可以被复制，但有些很难快速被复制。例如，戴尔在早期创造了一种制造和销售个人电脑的新模式，当时惠普和康柏等竞争对手通过零售商来领导市场销售。相反，戴尔按订单生产，几乎没有库存，产品一发货就收到客户的付款，从而使其能够以很少的投资资本进行经营。戴尔之所以成功，很大程度上是因为所有大的竞争对手都已经受制于他们的零售分销商业模式，也就是说，他们提前制造，然后卖给他们的经销商。有鉴于此，他们不能轻易转为直销模式而不激怒他们的经销商。

但是，今天的个人电脑市场的成功模式已经摆脱了戴尔曾经拥有的明显优势，因为笔记本电脑（而不是台式机）现在占主导地位。当用标准化的零件组装电脑时，戴尔的按单商业模式更有优势，这些零件可以在不同的时间以非常低的成本从不同的供应商那里购买。相比之下，笔记本电脑是按照更严格的零件规格制造的，通常是通过专门为戴尔制造零件的供应商获得。由于所有的东西都必须配合得恰到好处，戴尔反过来需要从其供应商那里得到更多的支持，不能仅凭成本就对他们施加压力，也不能轻易将他们换掉。

最好的商业模式创新使现有的竞争对手难以适应。例如，紫外线泳池清洁有可能大幅降低清洁泳池的成本，并几乎消除了对氯气的需求。现有的竞争者（泳池清洁工、氯气制造商）将很难适应紫外线清洗简化水处理过程的新方式。

独特资源

有时，一家公司能够获得无法复制的独特资源，这使其具有显著的成本优势。一个典型的例子是，一个矿山的矿石比其他大多数矿体都要丰富。以两家镍矿公司为例，即在西伯利亚北部生产镍的诺里尔斯克镍业公司和在南美生产镍的淡水河谷公司。与淡水河谷公司相比，诺里尔斯克镍业公司的镍矿中的贵金属含量（如钯）明显更高。因此，诺里尔斯克镍业公司在 2007 年获得了 67%的税前投入资本收益率，而淡水河谷公司的镍业务的收益率为 25%。（请注意，2007 年是镍价高涨的一年。）

在涉及独特资源时，地理位置往往起着重要作用。一般来说，只要产品的运输成本与产品（如水泥或盐）的价值高度相关，靠近客户的生产商就有独特的优势。

规模经济

这一概念常常被误解，因为规模并不自动带来经济效益。规模可能是重要的，但通常只是在地方，而不是在全国或全球。例如，如果你是一个零售商，在一个城市做大比在全国做大要重要得多，因为仓储和当地的广告成本（以及其他成本）在当地是固定的。在芝加哥，无论你有1家店还是10家店，需要购买的广告播放时间都是一样的。

在美国，健康保险公司的盈利动力是他们与供应商（医院和医生）谈判价格的能力，这些供应商往往在当地而不是在全国范围内经营。在当地市场拥有最高市场份额的保险公司将有能力谈判出更好的价格，无论其全国市场份额如何。换句话说，在10个州成为第一，比在全国范围内成为第一，但在每个市场都是第四要好。

规模也会对你不利。在20世纪80年代，UPS受到了RPS的攻击，RPS是另一家在业务和定价上与UPS有所区别的快递公司，它为人口密集地区的商业客户提供大幅折扣。同时，UPS只提供适度的数量折扣，例如，送10个包裹到一栋办公楼，与送一个包裹到一个住宅，收费一般是一样的。从本质上讲，RPS正在从UPS手中夺走高利润的业务，而UPS的庞大规模几乎无法阻止这种情况。RPS告诉我们，重要的是在正确的市场中拥有正确的规模。

可扩展性和灵活性

当为更多客户提供服务的成本非常低时，企业就具有了可扩展性或灵活性，通常这需要通过使用信息技术来提供产品和服务。

考虑一下ADP公司，它为中小型企业提供工资处理和相关服务。所有客户都使用相同的电脑和软件，因此新增客户的成本可以忽略不计——这是一种高度可扩展的商业模式，利润会随着ADP的扩大而增加。同样，像eBay这样的公司和像微软Office这样的产品在增加客户时的成本也是微不足道的。

可扩展业务的其他例子包括制作和发行电影或电视节目的媒体公司。制作电影或电视节目需要剧组、布景、演员等方面的支出。但无论最终有多少人观看（并付费）这部电影或电视节目，这些费用都是固定的。可能会有一些增量广告成本，以及将电影放在 DVD 上（或流媒体播放）的非常小的成本，但总的来说，成本不会随着客户的增加而上升。

这并不是说所有基于 IT 或支持 IT 的企业都是可扩展的。许多企业的运作更像咨询公司（不可扩展），为每个客户单独定制服务，其成本会随着客户数量的增加而增加。例如，许多维护数据中心的公司都是在成本加成的基础上，在增加新客户时增加人员、设备和设施。

投入资本收益率的可持续性

价值创造的核心是理解投入资本收益率的可持续性。一个公司能够维持高投入资本收益率的时间越长，它创造的价值就越大。在一个完全竞争的市场环境中，投入资本收益率最终将与资本成本趋同。但在现实的市场环境中，高、中、低投入资本收益率的公司（和行业）往往保持这种状态，甚至在较长的时间范围内。

我们对过去 45 年各行业的投入资本收益率进行了排名，发现大多数行业在这一时期保持在同一等级（高、中、低），如图 10.2 所示。

持续的高投入资本收益率行业包括家庭和个人用品、饮料、药品和软件。正如你所期望的，这些行业有持续的高投入资本收益率，因为它们受到品牌或专利的保护，或者它们是可扩展的（软件）。我们也看到纸品和木材、铁路、公用事业和百货公司的投入资本收益率持续走低。这些都是大宗商品行业，价格溢价很难实现（因为进入壁垒低、大宗商品特点或收益受到管制）。百货公司就像大宗商品行业，几乎没有价格差异，因此一般情况下会出现持续的低投入资本收益率。有些行业是周期性的，在某些时候投入资本收益率上升，在另一些时候投入资本收益率下降，但总的来说，这些行业在一段时间内没有表现出明显的上升或下降趋势。

正如理论所表明的，我们确实发现一些行业的投入资本收益率有明显的下降趋势。这些行业包括货运、广告、卫生保健和汽车。在过去的 50 年里，货运、广告和汽车行业的竞争已经大大增加。营利性医疗机构的价格被政府、保险公司以及与非营利性机构的竞争所挤压。

第10章 | 投入资本收益率

高投入资本收益率
- 家庭和个人用品
- 饮料
- 药品
- 软件

投入资本收益率呈上升趋势
- 医疗器械
- 航空航天和国防

中投入资本收益率
- 机械
- 汽车零部件
- 电力公用事业
- 餐饮

投入资本收益率呈周期性
- 化学制品
- 半导体
- 油和天然气
- 五金和采矿

投入资本收益率呈下降趋势
- 货运
- 广告
- 卫生保健
- 汽车

低投入资本收益率
- 纸品和木材
- 铁路
- 公用事业
- 百货公司

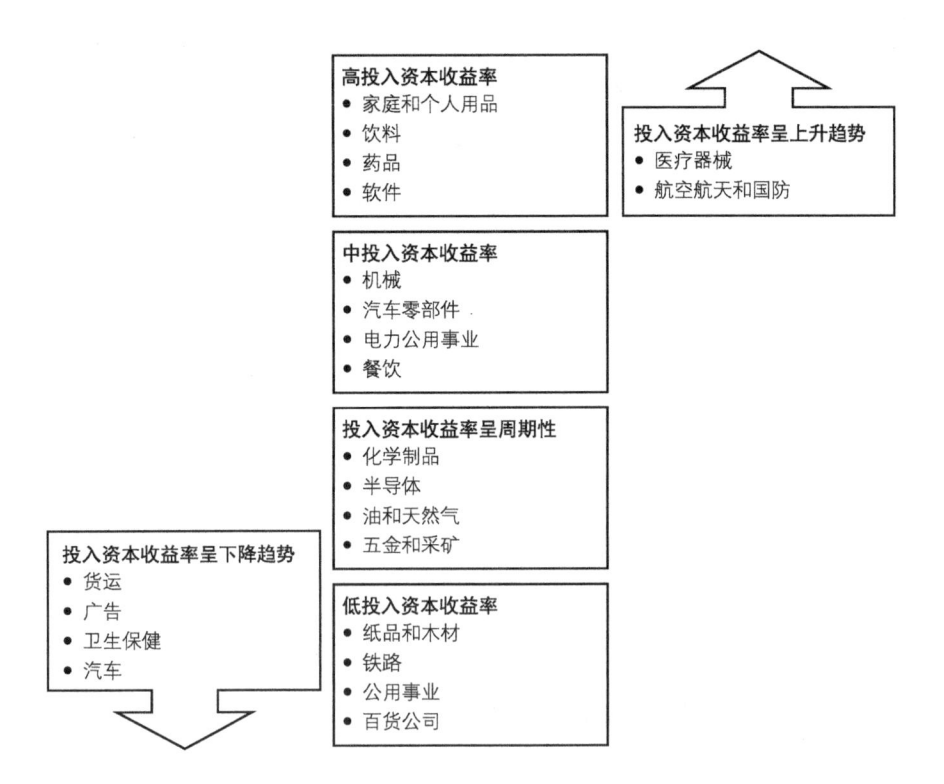

图 10.2 行业投入资本收益率的可持续性

投入资本收益率明显呈上升趋势的行业罕见。两个明显的例子是医疗器械以及航空航天和国防。医疗器械的创新使该行业走向高附加值的差异化产品，如支架和人工关节，而不是像注射器和镊子这样的商品化产品。我们不会想到航空航天和国防行业的投入资本收益率会提高，但经过深入研究，我们发现该行业的公司已经降低了资本强度，因为他们获得了更多由政府提供预付资金的合同。因此，较高的投入资本收益率是由较低的资本基础驱动的。

一般来说，品牌和质量带来的价格优势以及可扩展性带来的成本优势，相对于暂时的资源优势（如创新，往往会被更新的创新所超越）更具有持久力。另外，在我们的研究中，我们不得不加入产品生命周期的因素。尽管 Cheerios 早餐谷物并不像一些创新的新技术那样令人兴奋，但对于受文化影响的品牌谷物来说，被淘汰的可能性很低。在新技术被淘汰或取代后，Cheerios 仍将是一个坚挺的品牌。

按照这样的思路，如果一个独特资源与一个长的产品生命周期有关，它可以成为一个持久的优势来源，但如果不是这样，就没有那么大的优势。同样，一个将客户锁定在一个生命周期很短的产品上的商业模式,其价值远远低于一个将客户锁定在很长一段时间内的商业模式。

在公司层面也有收益差异持续性的现象。图10.3显示了一家公司在10年内保持在同一投入资本收益率组或转移到另一收益组的概率。从图中可以看出,在1995年投入资本收益率低于10%的公司中,有57%的公司10年后投入资本收益率低于10%,28%的公司投入资本收益率是10%~20%,15%的公司投入资本收益率超过20%。

这些结果表明,高投入资本收益率的公司倾向于保持其高收益,而低投入资本收益率的公司倾向于保持其低收益。我们在早期也看到了这个问题,发现了类似的结果,只是较低收益的公司中转移到较高收益组别的公司较少。1995—2005年期间可能是不寻常的,因为中位数公司增加了投入资本收益率,这一现象我们将在下一节详细讨论。

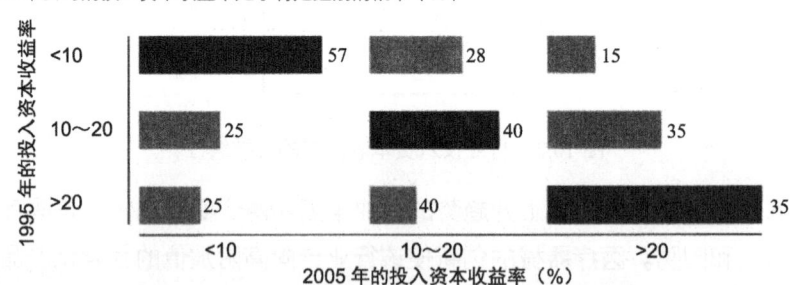

2005年公司的投入资本收益率处于特定组别的概率(%)

1995年的投入资本收益率	<10	10~20	>20
<10	57	28	15
10~20	25	40	35
>20	25	40	35

2005年的投入资本收益率(%)

(资料来源:Compustat,麦肯锡公司绩效中心分析。)

图10.3 1995—2005年投入资本收益率的转移概率

如果一家公司找到了一种取得高投入资本收益率的战略,那么该公司通过改变业务、行业和公司自身条件来获取高收益的概率很高,尤其是长周期产品而不是短周期产品,反之亦然(如果一家公司有低投入资本收益率,也将持续下去)。

尽管竞争行为显然在推动投入资本收益率方面起着重要作用,但管理者可以通过比竞争对手更好地预测和应对环境的变化来延长收益的持久性。宝洁公司在不断推出成功的新产品方面有着良好的纪录,如速易洁、纺必适和佳洁士净白牙贴。它还预计到了美容产品的强劲增长,进行了一系列收购,使其在该领域的收入从 73 亿美元增加到 195 亿美元,并使其从 1999 年仅拥有一个 10 亿美元的品牌(销售额)发展到 2008 年的 8 个。

投入资本收益率的趋势

正如期望的那样,在一个竞争激烈的环境中,投入资本收益率的中位数接近于资本成本。从 1963 年到 2008 年,美国大型公司的投入资本收益率的中位数约为 10%。剔除高通货膨胀的年份,这比这些公司的资本成本中位数高出约两个百分点。竞争行为把这些公司的盈余分配给了消费者。

如图 10.4 所示,在 2004 年之前,投入资本收益率的中位数一直很稳定。直到 2004 年,一家公司必须获得超过 10%的投入资本收益率才能进入中等行列,超过 18%~20%才能进入前 25%。然而,在 2004 年之后,一家公司必须获得超过 17%的投入资本收益率才能进入中等行列,而超过 25%才能进入前 25%。[①]

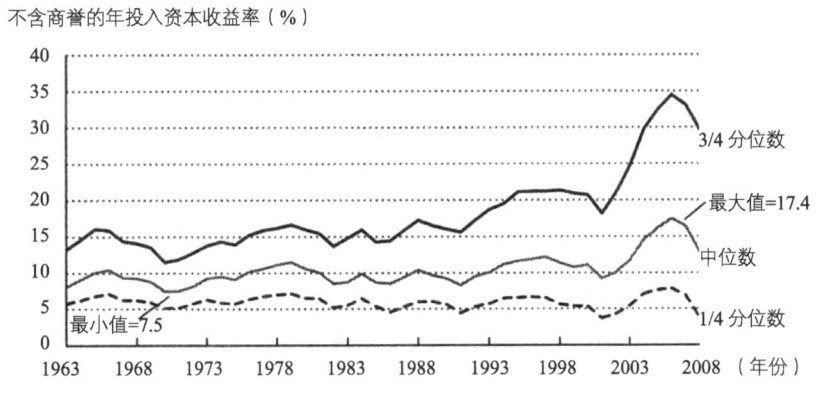

(资料来源:Compustat,麦肯锡公司绩效中心分析。)

图 10.4 1963—2008 年美国非金融公司的投入资本收益率

图 10.5 从不同的角度解释了投入资本收益率的这一趋势。在这里,我们可以看到 20 世纪 60 年代、90 年代和 21 世纪初期三个时间点的不同投入资本收益率范围内的公司分布情况。从图 10.5 中可以看出,在过去的几十年里,大多数公司

---

① 这部分的数据是基于美国公司的,因为非美国公司的长期数据并不容易获得。在最近几年,全球的投入资本收益率分布和美国的分布非常相似。

获得了 5%~20%的投入资本收益率。然而，在 21 世纪初期获得高投入资本收益率的公司的数量发生了变化。在 20 世纪 60 年代，只有 1%的公司获得了超过 50%的投入资本收益率，而在 21 世纪初期，有 14%的公司获得了如此高的收益率。

高投入资本收益率公司的增加引发了这样一个问题：新的较高的中位数是否反映了公司经济的永久性转变，还是仅仅反映了 2005 年前后经济的暂时强势？我们可以通过考察各行业的投入资本收益率变化来获得一些线索，如图 10.6 所示。

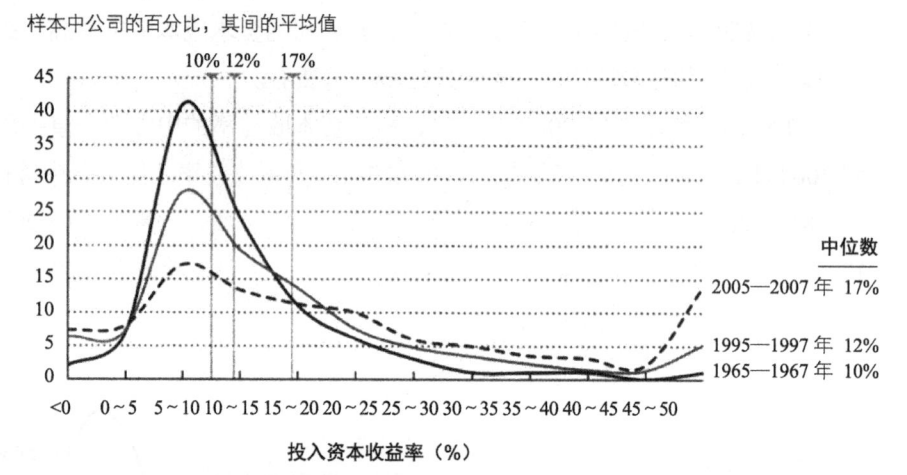

样本中公司的百分比，其间的平均值

中位数
2005—2007 年 17%
1995—1997 年 12%
1965—1967 年 10%

投入资本收益率（%）

（资料来源：Compustat，麦肯锡公司绩效中心分析。）

图 10.5 投入资本收益率的分布：向右偏移

虽然近年来许多行业的投入资本收益率有所提高，但其中一些增长可能是周期性的，不具有可持续性。能源、金属、采矿和化工等大宗商品价格驱动的行业都从 2005 年前后商品价格上涨中受益，随后在经济衰退中破败。

然而，其他行业，特别是那些名列前茅的行业，可能经历了投入资本收益率的根本性增长。我们已经提到了医疗器械、航空航天和国防等行业投入资本收益率增加的原因。但是，随着成熟的客户行使更多的讨价还价能力，以及医疗改革对价格的下行压力，制药公司投入资本收益率的增加可能会受到威胁。此外，软件和信息技术服务可能能够保持其高收益率，因为它们往往具有低资本要求，而且通常是可扩展的业务。

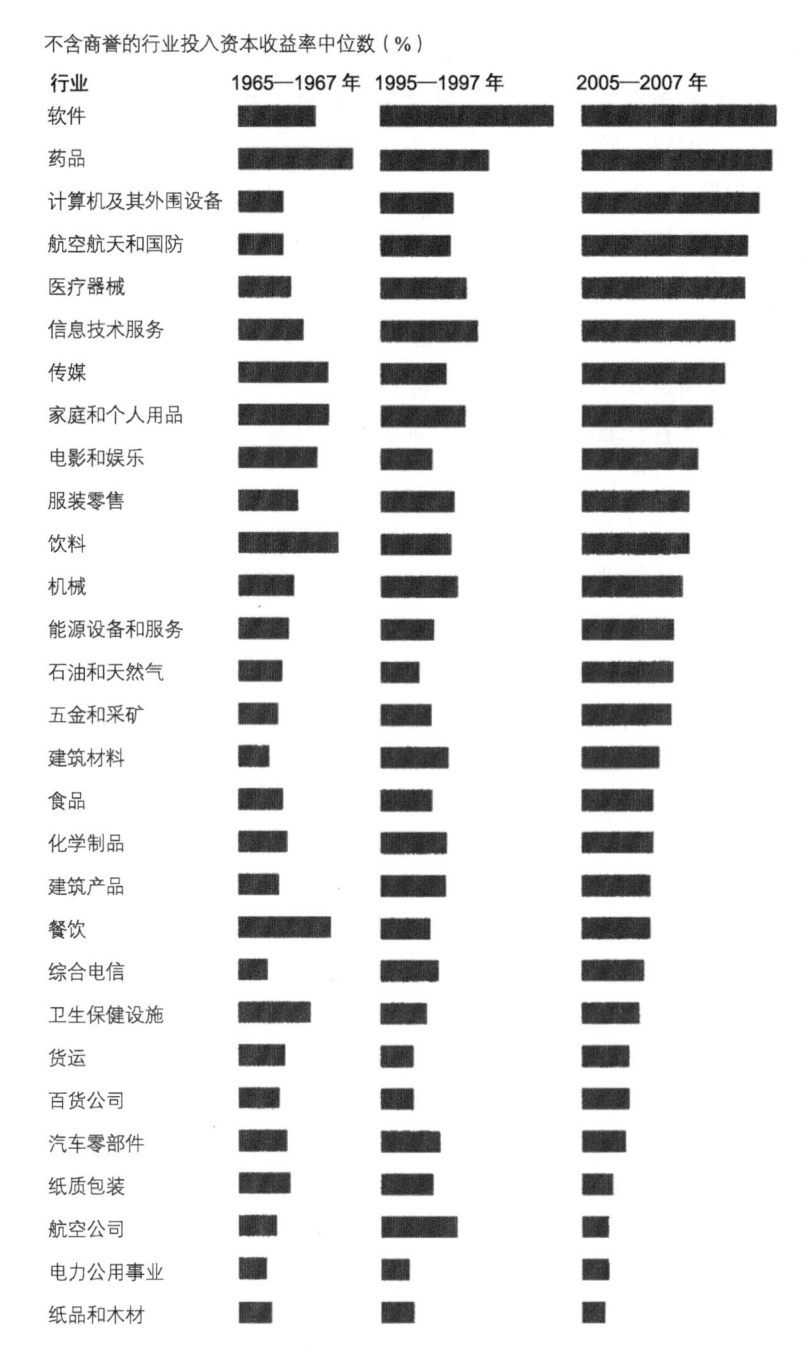

第 10 章 | 投入资本收益率

不含商誉的行业投入资本收益率中位数（%）

行业	1965—1967 年	1995—1997 年	2005—2007 年
软件			
药品			
计算机及其外围设备			
航空航天和国防			
医疗器械			
信息技术服务			
传媒			
家庭和个人用品			
电影和娱乐			
服装零售			
饮料			
机械			
能源设备和服务			
石油和天然气			
五金和采矿			
建筑材料			
食品			
化学制品			
建筑产品			
餐饮			
综合电信			
卫生保健设施			
货运			
百货公司			
汽车零部件			
纸质包装			
航空公司			
电力公用事业			
纸品和木材			

（资料来源：Compustat，麦肯锡公司绩效中心分析。）

图 10.6　各行业投入资本收益率趋势

低资本密集度行业（如软件）能够将总体投入资本收益率提高，但是大宗商品行业和药品行业的投入资本收益率下降抵消了这种上升趋势。任何时候，公司都应该去思考行业的投入资本收益率是多少，这样它们才能制定合理的目标，做出正确的投资决策。

投入资本收益率的另一个趋势是收购的影响。当一家公司收购另一家公司时，它所支付的价格与相关资产（厂房、设备、营运资本）的价值之间的差异被叫作商誉。当然，商誉不是一种你可以触摸或出售的资产。商誉只是反映了所付价格的一部分，收购公司需要在此基础上获得回报。

我们经常被问及在计算公司的投入资本收益率时是否要包括商誉。我们的回答是，你需要使用两种衡量标准，因为它们能让你了解公司业绩的不同方面。不包括商誉的投入资本收益率反映了一个行业或公司的基本经济状况。包括商誉的投入资本收益率反映了管理层是否能够从收购中提取价值。

图10.7显示了4 000多家非金融公司的有商誉和无商誉的投资资本收益率。尽管无商誉的投入资本收益率一直在大幅增长，但有商誉的投入资本收益率却一直持平，这表明这些公司并没有能够从其收购中提取多少价值。这并不是说他们没有改善被收购企业的业绩。事实上，当我们深入研究时，我们看到了显著的协同效应。然而，这些公司为他们的收购支付了高价，所以大部分的价值创造被转移到了目标公司的股东身上（我们将在第13章中更多地讨论收购和价值创造）。

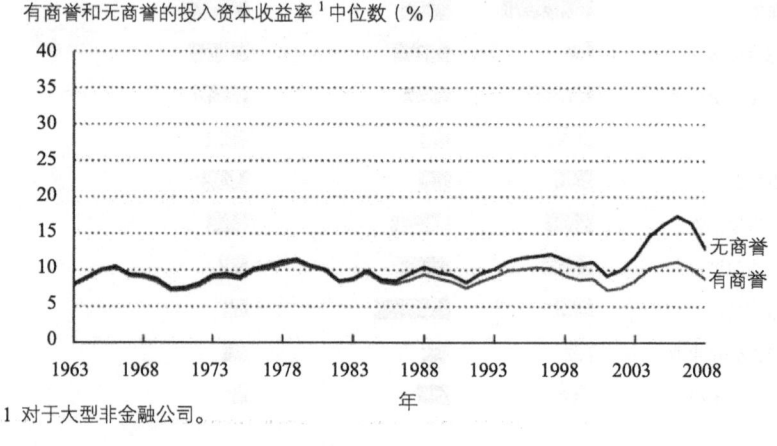

有商誉和无商誉的投入资本收益率[1]中位数（%）

1 对于大型非金融公司。

（资料来源：Compustat，麦肯锡公司绩效中心分析。）

图10.7　考虑商誉的投入资本收益率是趋平的

投入资本收益率仍是重要的

有些人认为，投入资本收益率已经变得无关紧要，因为经济已经转向没有多少实物资本的企业。在现在的经济中，获得人才和知识产权比获得资本更重要。的确，即使在紧缩的信贷环境中，资本往往也不是一种稀缺资源。如果你有一个好的想法，相对来说，筹集创业所需的资金是很容易的。

但重要的不是获得资本（也许在 1960 年之前很重要），重要的是竞争。就像在 20 世纪 60 年代一样，竞争仍然给投入资本收益率带来了下行压力。在 1963 年至 2008 年期间，美国的工人生产力提高了 3.5 倍，在国外甚至更高。投入资本收益率没有增加的原因是，竞争将创新和生产力的好处以较低的价格转移给消费者，并以较高的工资形式转移给工人。因此，在 2005—2007 年繁荣时期，有 60% 的公司的投入资本收益率仍然低于 20%。

鉴于投入资本收益率仍然很重要，那么，形成这样一个观点就很重要：根据公司的竞争地位和公司战略，公司能够和应该获取多少投入资本收益率？公司所处行业的投入资本收益率是稳定的、增加的还是减少的？基于公司战略和公司对竞争者的了解，公司或行业的前景如何？

第11章 增长

商业领域中最吸引人的就是增长。有一种不断深入人心的观点，那就是一家公司不得不成长——也有些事实可以证明。例如，增长速度较慢的公司可能给人更少的机会，并且可能因此而很难吸引和留住人才。增长缓慢的公司会比增长较快的公司更有可能被收购。在过去25年中，340家公司已经从标准普尔500指数上消失了，大多数是因为他们被大公司给吞并了。

但增长并不会导致更高的价值创造——正如我们在第2章讨论过的——除非投入资本收益率足够高。例如，在64家低投入资本收益率的公司中，那些增长率高于平均水平但没有改善投入资本收益率的公司比起那些增长率低于平均水平但改善了投入资本收益率的公司，在10年内每年少赚了4%的股东收益。[1]

增长无疑是一个创造价值的关键驱动力，但不同类型的增长具有不同的投入资本收益率，因此就会创造不同的价值。例如，来自创造全新产品的增长，往往会比那些来自为了获得市场份额的定价和促销策略的增长创造更多的价值。正如管理者们需要了解他们的策略是否会导致高投入资本收益率——正如我们在第10章中讨论的——他们还需要知道哪些增长机会将创造最高价值。

---

[1] Bin Jiang and Timothy Koller, "How to Choose between Growth and ROIC," *McKinsey on Finance*, no. 25 (Autumn 2007): 19–22.

不同的增长创造不同的价值

收益增长有四种类型：市场份额增长、价格增长、潜在市场增长及兼并收购。[①]每种类型可以进一步细分为子类型。例如，可以通过降低价格或加强销售来提高市场份额。此外，竞争结构和行业行为也将影响每种增长类型所创造的价值。因此，增长类型的变化及其对价值的影响是巨大的。

要评估来自一种特定增长类型的价值创造潜力，一种有效的方法就是去观察公司的收入增长时，谁会有损失，以及损失者如何反应或反击。

例如，试图通过价格竞争来提高市场份额是以牺牲竞争者为代价的。如果这些竞争者强大到足以反击，甚至只是在价格战中一直坚持下去，那么，与增加的市场份额相联系的增长可能不会创造多少价值；如果价格打折成为常态，那么可能会减少价值。另外，通过更有效营销和销售方式来提高市场份额，如果竞争者不能以相同方法应对，则将创造更多的价值。

同样，通过和所有竞争者一起来提价，则是以客户为代价的，迫使他们减少消费或寻找替代产品。因此，价格增长与市场份额增加一样，除非客户没有一个很好的选择来减少消费或寻找替代品，也不会创造多少价值。

在所有类型的增长中，潜在产品市场中的高增长往往会创造最大的价值，因为它是以牺牲在其他行业的公司为代价的，可能那些公司甚至都不知道它们的份额流失到什么地方去了。这些公司几乎没有能力进行反击。

来自收购的价值增长往往是比较低的，因为增长的潜在价值被收购的价格所抵消，我们会在第 13 章讨论。

在表 11.1 中，我们进一步列出了不同类型的增长，但仍然把它们分到了四个基本大类中。这个分类对于所有行业可能不完全一样，但它是一个很好的出发点。

[①] Patrick Viguerie, Sven Smit, and Mehrdad Baghai, *The Granularity of Growth: How to Identify the Sources of Growth and Drive Enduring Company Performance* (Hoboken, NJ: John Wiley & Sons, 2008).

价值

表 11.1 不同类型增长的价值

创造的价值[1]	增长类型	基本原理
平均值以上	以新的产品创造新的市场	无既定竞争者，转移客户的开销
	说服客户更多地购买某种产品	所有竞争者均获利，被反击的风险低
	吸引新的客户进入市场	所有竞争者均获利，被反击的风险低
平均值	从快速增长的市场中获得市场份额	竞争者失去份额但仍能增长，被反击的风险中等
	通过附加的兼并加速产品增长	适度的兼并费用与上升空间有关
平均值以下	通过渐进式创新从竞争者那里获得份额	竞争者可能反击，并夺回消费者
	通过推销和定价从竞争者那里获得份额	竞争者可以快速反击
	通过大的收购	支付很高费用；大多价值转移给了卖方股东

[1] 每一美元的回报。

表 11.1 的第一行，创造价值最高的是快速增长的市场错位竞争，那些市场从与其关系不大的行业中获得利益，没有直接的竞争者或客户，通常需要一些创新的形式来创造全新的产品类别。例如，冠状动脉支架降低了手术的必要性，同时降低了风险以及治疗心脏病的成本。传统的治疗和手术无法进行反击。又如，消费者从看电视转向互联网的应用和视频游戏的方式。传统电视在互动性上无法与互联网和视频游戏相比。

接下来，创造价值最高的是使目前客户重复购买。如果宝洁公司说服客户更频繁地洗手，洗手液的市场将加速扩大，并且直接竞争者不会反击，因为它们也从中受益。与额外收入相关的投入资本收益率可能会很高，因为生产和销售系统边际成本很低，而同时吸收额外销售。但如果公司要大幅增加成本以得到这些销量，利润可能不会那么大。例如，要使银行客户购买保险产品，就需要一个全新的销售队伍，因为产品要比银行家们已经在销售的产品清单复杂得多。

将新客户引进市场也能创造巨大的价值。例如，联合利华（及其 Axe 品牌）和强生公司（及其露得清男士品牌）等消费品公司，通过说服男性来使用男性护肤产品，增加了男性护肤产品的增长。再者，竞争者没有采取反击行动，因为它们也得到了较大幅度的增长。但男性的护肤品与女性的并没有太大的不同，所以在研发、制造和分销上可以共享。主要的增量成本是营销和广告。

从市场份额的增加所创造的价值既取决于相关产品市场的增长速度，又取决于市场份额的获得方式。例如，当一家公司通过在快速增长的市场中积极投放广告而获得份额时，竞争者可能仍然以具有吸引力的绝对收益率在增长，因此它们可能不会采取报复行动。

然而，在一个成熟的市场争取份额，更可能造成竞争者的报复，除非你从根本上改变产品或创造一个全新的市场类型。竞争者将非常快地复制你的渐进式创新，所以创造不了太大的价值。对客户来说，电动汽车没有从根本上区别于汽油或柴油车，电动汽车就不能要求比其较高成本还高太多的价格了，再加上竞争者能够快速复制这些创新。车辆的销售总数将不会增加，因为如果一家公司得到一段时间的市场份额，竞争者将试图把它夺走。总而言之，我们不能指望汽车公司靠电动汽车创造多少价值。

即便能通过在一个成熟的市场中定价、推广、营销而从竞争者处获得份额而创造价值，也是很少的。例如，哈吉斯和帮宝适纸尿裤主宰一次性纸尿布市场，这两个品牌的经济实力雄厚，所以如果对方试图通过积极的营销和广告的增长来获得份额，他们可以很容易地进行反击。由于亚马逊在2009年不断扩大到美国消费电子产品零售市场，作为反击，沃尔玛将最畅销的视频游戏和游戏机等重点产品降价。尽管亚马逊在2008年销售200亿美元，但也只是同年沃尔玛4 060亿美元销量的一小部分。

在集中市场中，份额战往往导致市场份额的分配增多和减少，不断循环，很少能为某个竞争者分配到一个永久份额，除非竞争者改变其产品或其贸易交易。例外的情况是，当份额全部是从那些被迫退出市场的小型又脆弱的竞争者处获得的。

虽然价格上涨超出了成本的增加，并且如果销量下降很小是会创造价值的，但这个过程往往不具有重复性。如果竞争者中的一家公司或集团侥幸在这一年获得一个额外的价格上涨，则它们不可能在下一年也是如此。此外，这一年额外的价格上涨可能在未来几年被侵蚀。证据表明，如果公司将定期提高价格且快于提高成本，就会看到持续增长的利润空间，这是一种罕见的现象。我们发现的一个例外是20世纪90年代包装商品的公司。它们将商品成本的增加传给了客户，而在后来商品成本下降时却没有降价，但自此之后它们也没能再做到这一点。

由于产品市场的增长往往会产生最大的价值，所以公司目标应是加入增长最快的产品市场，这样它们就可以实现持续增长，创造价值。如果一家公司处在错误的市场中，且不能轻易地进入正确的市场，那么它最好可以将其增长率与竞争者维持在同一水平上，同时设法改善和维持其投入资本收益率。但是，说起来容易做起来难。

增长是难以维持的

维持较高的增长远远比维持高投入资本收益率更困难。这个计算很简单。假设你的核心产品市场正在以 GDP 的增长速度增长（如 5% 的名义增长），而你目前有 100 亿美元的收入。10 年后，假设你每年增长 5%，你的收入将达到 163 亿美元。但是让我们假设，你渴望每年有 8% 的速度增长，所以在 10 年内，收入将为 216 亿美元，比假设每年是 5% 的速度增长多 53 亿美元。如果你的产品市场只以 5% 的速度增长，你去哪里寻找更大的增幅？

鉴于这一重大障碍，不少公司有不切实际的增长目标。据我们了解，一个销售额超过 50 亿美元并且已经很大的公司公布说，在未来 20 年要达到 20% 以上的增长目标。因为每年的世界经济在扣除物价因素后的实际增长通常小于 4%，并且许多公司都为它们的份额增长而竞争，所以收入目标需要更加切合实际。

图 11.1 展示了从 1997 年到 2007 年全球世界 500 强中非金融公司的实际收入增长分布。收入增长率的中位数为 5.9% 左右，收入增长率高于 10% 的公司有 1/3（包含收购的影响，因此较少公司的增长速度超过 10%）。

图 11.2 展示了 500 家最大的美国非金融公司在 1965—2008 年的实际收入增长率。每年实际收入增长率的中位数为 5.4%。虽然这个收入增长率的中位数随着经济状况在 1%~9% 之间波动，但并没有上升或下降的趋势。

应该注意到，自 20 世纪 70 年代中期开始，这些大公司中的 25%，在剔除通货膨胀等因素后实际上任意一年都在萎缩。因此，尽管大多数公司公布项目在未来 5 年会健康成长，但历史表明，许多成熟公司在剔除通货膨胀因素后会收缩。

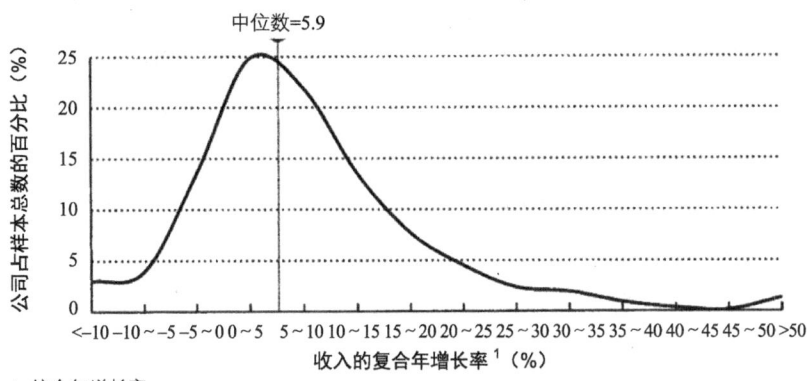

去除通货膨胀后的 1997—2007 年收益增长率的分布

中位数=5.9

1 综合年增长率。

（资料来源：Compustat，麦肯锡公司绩效中心分析。）

图 11.1　增长率的分布

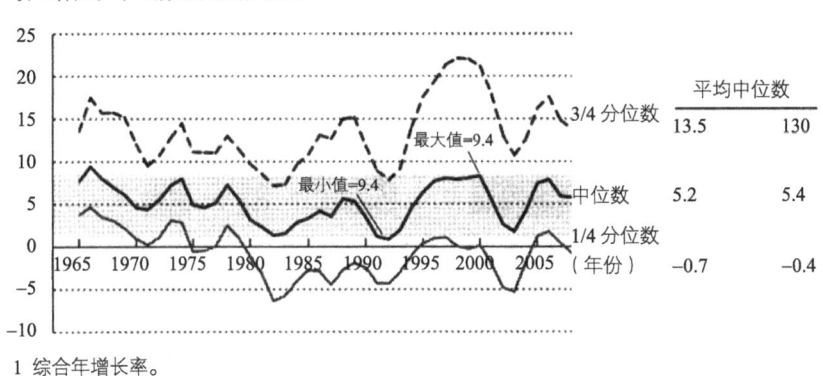

收入增长率¹，去除通货膨胀（%）

	平均	中位数
3/4 分位数	13.5	130
中位数	5.2	5.4
1/4 分位数	-0.7	-0.4

最大值=9.4　最小值=9.4

1 综合年增长率。

（资料来源：Compustat，麦肯锡公司绩效中心分析。）

图 11.2　非金融公司长期收益增长率

在同一时期（1965—2008 年）较有意义的是，美国 GDP 增长的中位数为 3.2%，低于公司的收入增长率。这些公司的总增长是如何超过经济增长的呢？最大的原因是美国公司已经全球化，这意味着来自美国以外的收入增长率一直远超过来自美国内部的收入；到 2008 年，这些大公司 48% 的收入是从国外获得的。

此外，一些价值链已经断裂并导致收入的重复计算。例如，当一家公司外包其信息技术业务时，该公司的收入不会改变，但接受外包服务的公司的收入会增

价值

长。因此，事实上，来自最大的 500 家公司的收入占了 GDP 更大的份额，这并不意味着这些公司实际上生产了更多的 GDP。

图 11.3 报告了从一个收益组转移到另一个收益组的概率，表明了保持高增长是罕见的。只有 25% 的高成长型公司在 10 年后保持了 15% 的实质性增长，其中大部分可能是由收购驱动的。同样可以看到，在 1994—1997 年增长率超过 15% 的公司中，有 44% 的公司 10 年后实质性增长率低于 5%。

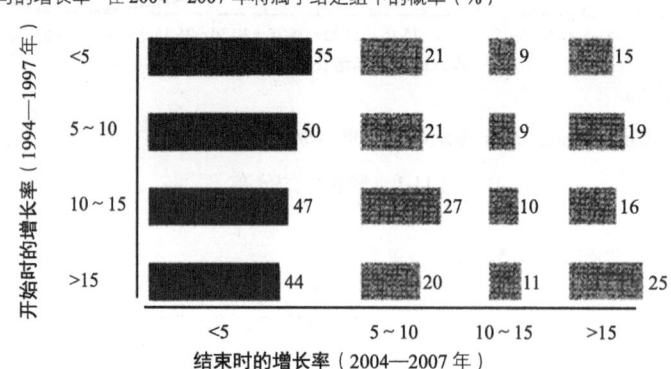

公司的增长率[1]在 2004—2007 年将属于给定组中的概率（%）

开始时的增长率（1994—1997 年）	结束时的增长率（2004—2007 年）			
	<5	5~10	10~15	>15
<5	55	21	9	15
5~10	50	21	9	19
10~15	47	27	10	16
>15	44	20	11	25

[1] 综合年增长率。

（资料来源：Compustat，麦肯锡公司绩效中心分析。）

图 11.3 收益增长转移概率

增长需要不断探索新市场

持续增长是困难的，因为大多数产品有自然的生命周期。产品的行情（即单一种类的产品在特定的地区卖给特定的消费群体）通常遵循 S 形曲线，直到成熟，如图 11.4 所示。左侧显示了一个程式化的 S 形曲线，而右侧显示了各种真实产品的增长曲线，并以它们以对美国家庭的相对渗透率作为标准。

首先，产品必须向早期使用者证明自己。然后，由于更多的人想购买该产品，增长开始加速，直到达到它的最大渗透率。在此成熟点之后，根据产品的性质，或者销售回落到与人口或经济同样的速度增长，或者销售可能就开始萎缩。为了说明这一点，汽车和包装零食与经济增长相一致，持续增长了半个世纪或更长时间，而录像机持续了不到 20 年就下降并消失了。

第 11 章 | 增长

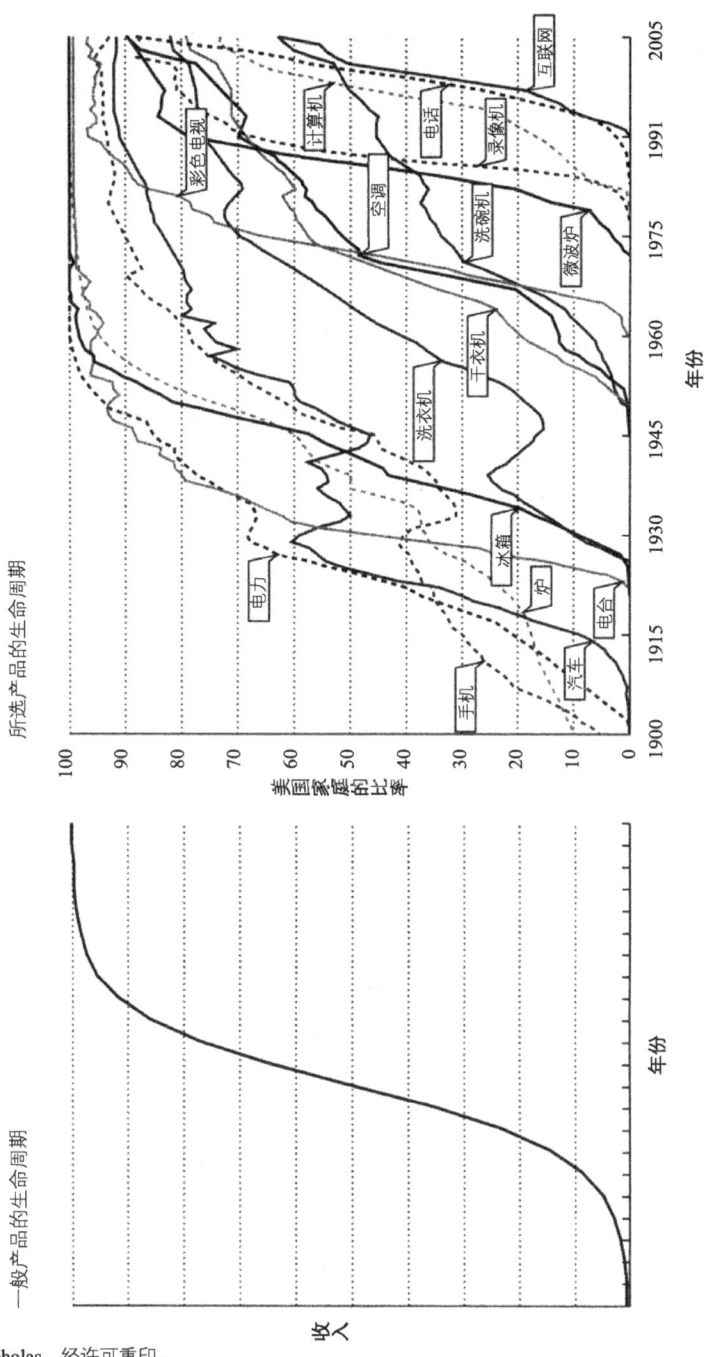

图 11.4 产品生命周期的增长变化

©2008 年，Nicholas。经许可重印。

价值

虽然模式通常是一样的，但规模和速度会随每个产品而变动。图 11.5 比较了沃尔玛和 eBay 公司。虽然它们都有自己核心产品以外的一些业务，但它们在很大程度上是一种产品公司。

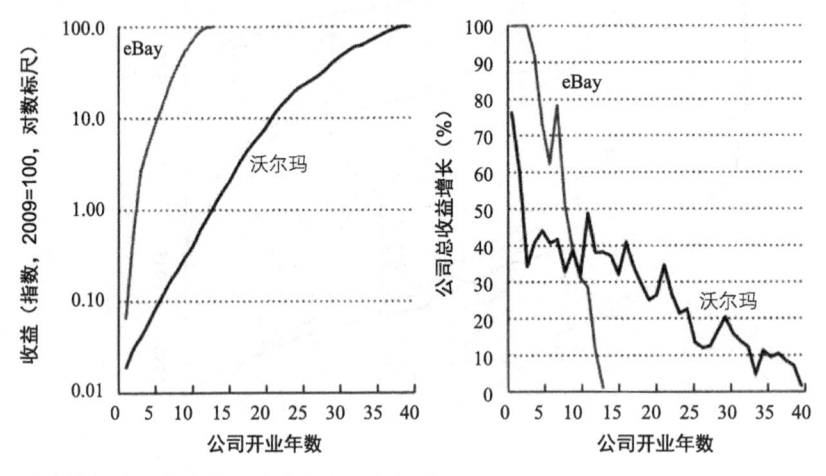

（资料来源：麦肯锡公司绩效中心分析。）

图 11.5　沃尔玛和易趣：增长轨迹

直到 20 世纪 90 年代末，也就是公司成立大约 35 年后，沃尔玛的增长才降到 10%以下。相比之下，eBay 只过了 12 年，增长就下降到 10%以下，很快就达到成熟。因为 eBay 是一个基于互联网的拍卖业务，它的增长不需要添加更多的工作人员。相比之下，作为零售商的沃尔玛，必须随其存储和销售的增长尽快增加人员。因此，相对于 eBay，沃尔玛雇用人和培养人的速度限制了它的增长速度。

此外，沃尔玛的核心市场比 eBay 大得多，2008 年生产的收入达到 4 060 亿美元，其中大部分来自其折扣商店和大卖场。另外，eBay 的核心市场要小得多，2008 年生产的收入约为 85 亿美元。

维持高增长几乎是任何规模公司的主要挑战。由于产品的自然生命周期，因此只有这样才能实现高增长：要不断探索新的产品、地域市场，或者需要竞争的客户群，尽早进入这些市场来享受利润更高的高增长阶段。图 11.6 显示了一个每年引入新产品或打开一个新的地域市场或客户群的公司的累计销售额。在销售数量和增长方面，所有的新产品、地区市场或消费群是相同的；它们的增长率在刚开始都非常高，但市场一旦全面渗透，则最终下降至 3%。

（资料来源：麦肯锡公司绩效中心分析。）

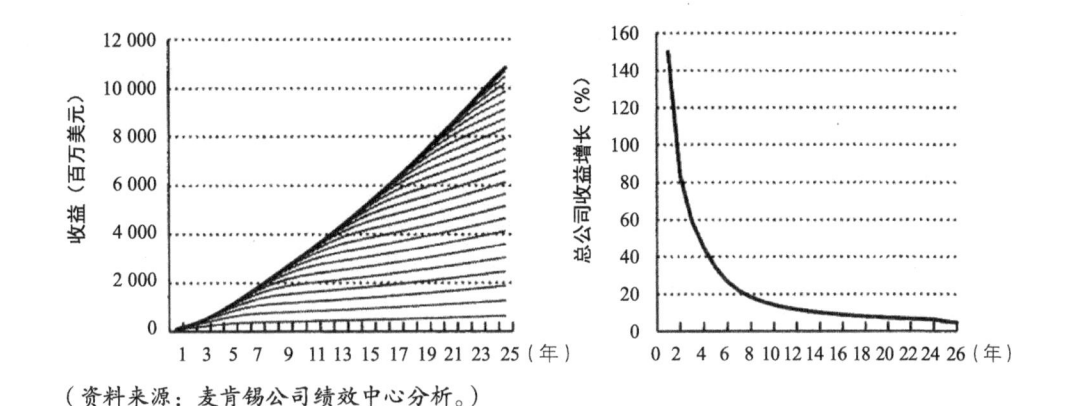

图 11.6 持续高增长的挑战

虽然该公司继续推出和它们的前辈一样成功的新产品，但随着公司的扩大，销售总额的增长还是迅速放缓。从长远来看，经济增长接近 3%，等于达到了公司产品所在市场的长期增长率。

最终，公司的规模和增长受制于其产品的市场规模和竞争中的产品市场的数量。例如，埃克森美孚公司在 2009 年获得的收入为 3 100 亿美元，主要来自市场的两种产品：原油和天然气。宝洁在 2009 年获得的收入为 790 亿美元，来自其在数百个较小的产品市场中的竞争。

即使不考虑限制，增长在同行业的公司中仍然差异很大，如图 11.7 所示。

为了维持高增长，公司需要克服跑步机组合效应：对于每个产品收入的成熟和下降，公司需要找到一个类似的替代产品以维持收入水平，甚至继续增长。但是，为了增长而探索足够大的新来源需要更多的实验并且要经历较长的时间，许多公司都不愿意为此投资。在 1981 年，通用电气资本公司提供一种附属业务，约占通用电气公司收益的 8%。经过 26 年的持续投资，在 2005 年达到通用电气收益的 50%。

虽然增长的重要性是不可否认的，但大公司需要有耐心和原则：用耐心来培育新的增长平台以做长久之计，用原则来区分能创造最大价值的增长类型。

价值

产业增长，通货调整（%）

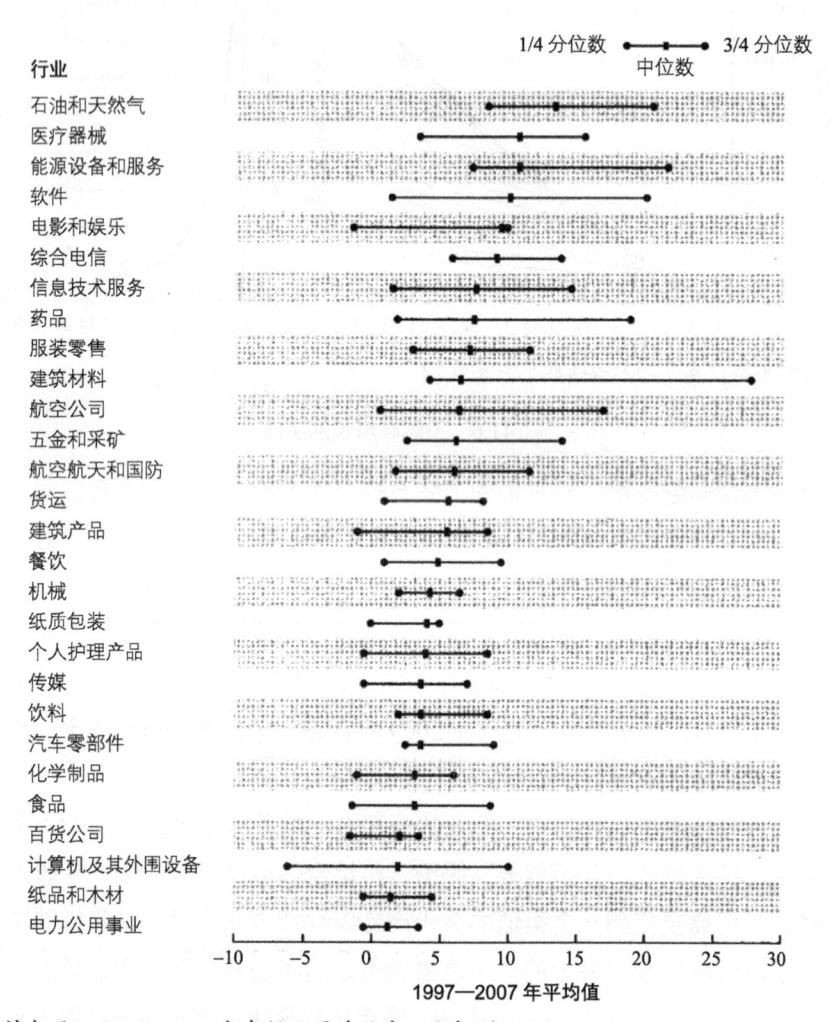

	1/4 分位数 ●━━■━━● 3/4 分位数
	中位数

行业
石油和天然气
医疗器械
能源设备和服务
软件
电影和娱乐
综合电信
信息技术服务
药品
服装零售
建筑材料
航空公司
五金和采矿
航空航天和国防
货运
建筑产品
餐饮
机械
纸质包装
个人护理产品
传媒
饮料
汽车零部件
化学制品
食品
百货公司
计算机及其外围设备
纸品和木材
电力公用事业

−10　−5　0　5　10　15　20　25　30
1997—2007 年平均值

（资料来源：Compustat，麦肯锡公司绩效中心分析。）

图 11.7　收益增长的重要变化

第12章 业务投资组合

决定做什么业务显然是高管做出的最重要的决定之一。事实上，在很大程度上，一个公司所从事的业务代表了它的命运。例如，一个生产化学品的公司不可能像一个品牌早餐谷物公司那样获得那么多的资本回报。

卡普兰、森索伊和斯特龙伯格用"赌马还是赌骑手"做比喻。[1]他们分析了由风险投资公司资助的小型创业公司，跟踪它们是否最终发展到足以上市的规模和成功。他们发现，拥有竞争优势（马）比拥有一个好的管理团队（骑手）更好。有了竞争优势，风险资本家可以随时更换一个薄弱的管理团队，但即使最好的管理团队也可能无法挽救一个薄弱的企业。换句话说，把赌注押在马身上，而不是骑手身上。

沃伦·巴菲特以一种令人信服的方式说道：当一群精英遭遇一个没落的夕阳产业时，往往是后者占据上风。

虽然最好的管理团队也可能无法挽救一个糟糕或衰退的企业，但不同的所有者或管理团队可以从一个特定的企业中获得不同的绩效水平。这就是我们在第5章讨论的最佳所有者原则。

---

[1] Steven N. Kaplan, Berk A. Sensoy, and Per Strömberg, "Should Investors Bet on the Jockey or the Horse? Evidence from the Evolution of Firms from Early Business Plans to Public Companies," *Journal of Finance*, 64(1) (February 2009): 75–115.

但是，即使今天的最佳所有者，也不意味着在未来会是最佳所有者。在一个行业或公司生命周期的不同阶段，曾经具有经济意义的资源决策可能变得不再适用。例如，有家公司发明了一个创新产品，但这家公司也可能不是最适合去开发它的。

同样，随着一个成熟行业的需求下降，历史悠久的公司很可能会出现产能过剩。如果他们没有意愿或能力将资产和人员与产能一起缩减，那么他们就不再是企业的最佳所有者。在企业历史上的任何时候，一个管理团队可能比另一个管理团队更有能力管理企业。在这样的时刻，收购和资产剥离往往是合理分配资源的最佳或唯一方式。

这意味着，公司需要定期评估他们是否应该继续拥有其投资组合中的每一项业务。可能有一些业务应该被剥离，因为它们不再适合投资组合的其他部分，即使它们曾经是公司成功的基础。公司还需要不断寻找新的业务，通过收购或创业来发展公司。

麦肯锡对 200 家美国大公司进行的一项为期 10 年的研究表明，采取被动投资组合方式的公司（那些不出售业务或只在压力下出售不良业务的公司）的表现低于采取主动投资组合方式的公司。[1]业绩最好的公司在收购公司的同时也进行了系统的剥离。这个过程是自然的，也是永无止境的。一个被剥离的单位很可能在其生命周期的晚期追求进一步的分离，特别是在经历了快速增长和技术变革的动态行业。

美国通用动力公司提供了一个有趣的例子，即积极的投资组合方法创造了相当大的价值。在 20 世纪 90 年代初，通用动力公司面临着一个没有吸引力的行业环境。根据当时的预测，美国的国防开支将被大幅削减，由于通用动力公司是一家多元化的武器系统供应商，预计这将对其造成伤害。

当首席执行官威廉·安德斯在 1991 年取得控制权时，他开始了一系列资产剥离。收入在两年内减少了一半，但股东回报却非同寻常：1991—1995 年期间的年化收益率为 58%，是通用动力公司主要同行的股东回报的两倍多。然后，从 1995 年开始，安德斯开始收购有吸引力的子行业的公司。在接下来的七年里，通用动

---

[1] J. Brandimarte, W. Fallon, and R. McNish, "Trading the Corporate Portfolio," *McKinsey on Finance* (Fall 2001): 1–5.

力公司的年化收益率超过了20%，又是该行业典型收益率的两倍多。

理想的多业务公司是每个业务都能赚取有吸引力的投入资本收益率，并有良好的增长前景，公司帮助每个业务发挥其潜力，高管不断开发或收购类似的高投入资本收益率的业务，并处理掉衰退的业务。[①]虽然这个理想化的世界并不存在，但把它作为一个基准可以帮助公司更好地管理他们的业务组合。

这种严谨的方法引导公司将战略重点放在三项活动上：

（1）确定为什么以及如何成为其投资组合中业务的最佳（或至少是更好）所有者；

（2）不断修正那些正在失去其固有吸引力或最佳所有者地位的业务；

（3）寻找具有吸引力的新业务或时机增加公司的价值。

最佳所有者：公司价值增加

在第5章中，我们讨论了公司成为最佳所有者的方法，定义了五个最佳所有者的来源：

1．与其他业务的特有联系；

2．独特的技能；

3．更好的洞察力或先见之明；

4．更出色的治理；

5．获取人才、资本以及与政府、供应商和客户建立关系的独特方式。

随着经济、资本市场和公司的成熟和完善，一些价值的来源正变得越来越少。因此，我们已经看到了一个明显的趋势，即公司变得更加专注和不那么多元化，而且我们预计这一趋势将继续下去。

获取人才、资本以及与政府、供应商和客户建立关系的独特方式在很大程度上与发达经济体无关。这种获取的好处现在主要限于新兴市场。例如，在新兴市场，你可能仍然会发现，知名的、大型的、多业务的公司是对管理人才有吸引力的雇主。发达经济体的情况往往相反，管理人员和职能专家，如研究人员和营销专家，感到被企业集团扼杀了。

---

① 少数公司可能用不同的方法创造价值，如提高公司绩效，忽略他们的投入资本收益率水平。

价值

关于资本的问题,在新兴市场可能仍然只有那些建立适当关系的人才能获取,但在发达经济体,资本是很充足的。

在发达经济体中,政府的购买和监管往往更多的是基于规则,而不是基于关系,这使得政府的准入不那么重要。美国政府实际上已经走得更远,在政府合同方面偏向于小公司而不是大公司。我们预计,随着印度等经济体的发展,这些市场的最佳所有者来源也将减少。

最后是关于供应商和客户的,发达市场的供应商和客户更加成熟,通常更愿意与更专业的公司打交道。客户会四处寻找最好的产品和服务,而不考虑更广泛的企业范围内的关系。

最佳所有者的下一个来源是更好的治理,这往往只限于股票市场所有者或大公司所有者未能最大限度地创造价值的情况。因此,更好的治理将永远是一个增值的来源,但作为一个决定性的来源,它往往是暂时的。私募股权公司,或公司发现一个治理不善的公司,接管它,改善其治理和业绩,然后将其重新融资或卖给另一家公司。

发达经济体的大公司通常只能从最佳所有者的前三个来源中寻找附加值:与其他业务的特有联系、独特的技能、更好的洞察力或先见之明。这些增值来源大多是基本业务特征的属性。一个生产洗手液的公司可能也会生产洗碗皂,尽管它们可能以不同的品牌进行销售,这是合乎逻辑的,因为它们拥有共同的技术,而且它们通过相同的零售渠道销售,有共同的客户和分销需求。同样,一家电信公司可能会使用一个单一的网络来提供语音和数据服务,为商业和住宅客户服务。

只要有共同的客户、技术或共享的资产(如电信网络),就会很自然地寻找可以在企业中应用的联系、洞察力或技能。但是,在这些最佳所有者的来源中,需要强调的是与其他业务的特有联系、独特的技能、更好的洞察力或先见之明。没有它们,总公司就不太可能增加价值。随着市场变得越来越成熟和复杂,公司越来越难以证明,如果没有与其他业务的特有联系、独特的技能、更好的洞察力或先见之明,公司是很难调整自己的。

我们调查了按2009年利润排名的50家最大的美国公司。在这50家公司中,只有3家是传统的企业集团,拥有广泛的无关联业务:通用电气、联合技术、伯克希尔·哈撒韦。另外7家可以被认为是中等程度的多元化(沃尔特·迪士尼、3M、强生、雅培、美国银行、摩根大通和惠普),其中超过四分之一的利润不是来自单一的、狭义的行业或客户。[1]

大多数大公司都是高度集中的。例如，IBM 完全专注于为企业的 IT 部门提供服务和产品，它不再销售任何消费品，并表示它将远离这一市场。宝洁公司的产品主要是健康、美容和家庭护理领域的品牌消费品，这些产品主要通过折扣店、杂货店和药店销售（宝洁公司的宠物食品和 Pringles 薯片是少数例外）。

公司变得更加集中的另一种方式是摆脱垂直整合，这个过程已经进行了 100 多年。随着原材料和半成品市场变得更加流动和复杂，公司可以更容易地只专注于价值链中他们与众不同的一个狭窄部分。例如，汽车制造商很久以前就不再自己生产轮胎和钢材，最近他们也不再自己生产刹车和座椅。造纸公司不再拥有森林。许多科技公司，如苹果公司，将其制造工作承包出去，专注于设计和营销。

尽管趋势是专注于投资组合和纵向分解，但我们已经了解到，根据定义，与趋势相悖的独特情况有时就是创造价值的机会所在。例如，西方的主要石油公司最初是在一个整合的链条中生产、提炼和销售石油，因此被称为整合石油公司。因为当时没有一个流动的原油市场，公司努力在其石油生产和炼油能力之间实现平衡。但现在，原油市场是所有商品中最有深度和流动性的市场之一，所以垂直整合的理由已经消失，炼油厂的原油来源广泛。然而，有一些来自阿拉斯加的原油具有独特的特性，如果与加州的专用炼油厂进行垂直整合，则利润更高，所以这是垂直整合减弱的一个例外。

剥离：定期修正

系统剥离的逻辑就如同果农修建他们的果园。聪明的果农会砍掉那些死了的或者生命力弱的分枝以保持果树的健康。他们同样砍掉许多茂盛的树枝——这些树枝阻碍了阳光的进入，会妨碍果树的生长。只有这样的细心照料，果园才会有最高的产量。就像每年对果树的修剪，定期剥离业务（即使是一些良好的）保证剩下的发挥它们全部的潜力，使整个公司更加强大。

---

[1] 我们认为，惠普公司的多元化是适度的，因为它提供的是商业信息技术和客户两类服务。另外，IBM 提供的全部是商业信息技术服务。

价值

维持业务的成本

想要维持一个业务的愿望是很强烈的,特别是一个成功的业务。一个业务可能会产生大量的现金流,这是公司重要的一部分,会让公司员工附上强烈的感情。出售一些业务对某些人来说可能感到不忠。当杰克·韦尔奇出售通用电气的家用电器部门时,他收到了许多来自员工的抱怨信,指责他破坏公司的遗产。[1]

但是无论剥离有多么痛苦,持有一个业务部门太久也会造成大量的潜在成本,这个成本远远低于来自该业务部门的利益。我们来看其中的三个成本。[2]

划归总部成本

已经建立起来的成熟业务给公司提供了稳定的现金流,但是这种稳定性有好处,也有坏处。成熟业务部门的文化可能与总公司想要创建的文化相矛盾。此外,成熟业务部门总是非常大的,可能会占用大量的管理时间,而这些管理时间原本可以被更好地用到寻找增长时机上。派迪夫包装公司(专业包装产品生产者)在1999年卖掉了他们的铝制品业务部门,尽管这个部门能够提供大量的现金流。根据管理者的说法,铝制品占用了大量的资源和管理时间,而这些时间可以用来发展其他更有用的部门。

业务部门之间的利益冲突会扭曲所做的决定,这是转让部分投资的一个原因。在20世纪90年代早期,朗讯公司(那时,它是美国电话电报公司的一个业务部门,是通信设备的成功制造者)卖掉了许多产品给美国电话电报公司的竞争者。为了避免冲突以及减少顾客的担忧,美国电话电报公司于1996年决定分拆朗讯公司。

划归部门成本

一个业务部门的表现可能会因为与总公司不匹配而受到阻碍,不仅是战略上的,也是总公司核心能力和高层管理能力上的。我们在第5章描述了最佳所有者的生命周期,实际上,业务投资组合可能是从公司考虑什么是由它的核心演变而来的。

---

[1] Lee Dranikoff, Tim Koller, and Antoon Schneider, "Divestitures: Strategy's Missing Link," *Harvard Business Review*, 80(5) (May 2002): 74–83.

[2] Jack Welch, *Jack: Straight from the Gut* (New York: Warner Books, 2001).

第 12 章 | 业务投资组合

在《杰克·韦尔奇自传》中，杰克·韦尔奇讲述了一个很有启发性的故事，这个故事是关于剥离是怎样解放业务部门及其员工的。他重新叙述了通用电气已经卖掉的一个空调部门总经理告诉他的卖掉部门的有益影响："杰克，我喜欢这里。当我早上起床来工作的时候，我的老板正在思考空调。他认为这很美妙。每次我和你电话沟通，你讲的都是一些客户的抱怨和我的利润。你讨厌空调。杰克，今天我们都是胜利者，我们都感受到了。在路易斯维尔，我是一个孤儿。"

根据美国泰科首席财务官的说法，这种大胆解体带来的好处是，分拆这些业务部门作为卫生保健公司（现在的柯惠医疗公司）来吸引更多有才能的人，这些人正在犹豫是否加入多元化的行业。"他们现在看到的'分拆业务'作为卫生保健公司是有一个明确的战略的，在那里，人们可以提高自己，同时留在卫生保健领域扮演重要的角色。"

出口价格低迷

推迟剥离的最终成本会对公司价值产生直接影响。正合时机的剥离能增加价值，而不合时机的会毁掉它。遗憾的是，当谈到管理业务部门时，大多数公司都未能"低买高卖"。相反，他们仅仅在业务不好的几年后卖掉一个部门——用甩卖的价格。尽管一些行业是不稳定的，以至于一些管理者不能简单预测市场的高峰和低谷，在许多情况下，公司知道他们部门的轨迹，但总是直到太晚才采取另一种方式。

当然，完美的市场调整是不可能的。但是，简单的经验法则能够相当大地改善公司：尽早卖。我们研究的绝大多数剥离都非常明确地表明，尽早卖将产生较高的价格。

早期剥离

当公司开始剥离业务时，他们总是做得太晚了，以至于会产生一些压力。如果对此持有怀疑，你可以自己收集数据。随机挑选一个星期，记录下值得一家主要媒体报道的所有资产剥离。对于每个记录，看看分析师和记者是怎么给出解释的。

你总会发现，大多数业务剥离是基于某种压力之下的——可能剥离业务正在损失钱，或者总公司有繁重的业务负担。我们研究了 50 个大的业务剥离，发现其中有超过 2/3 是被动剥离的，并且大多数剥离在问题变得明显、行动不可避免之后还延长了一段时间。大卫·雷温斯克雷夫和舍雷尔的研究表明，业务在被剥离前七年的利润都低于平均利润（相对于同行）[1]。其他研究已经证实，总公司往往表现出持有绩效不佳的部门过长时间[2]。所以，怎样才能抵消这种惯性？

首先，要克服表面的担心。管理者总担心剥离就像失败，使他们的公司变得更小，减少股票市场价值。相反，研究表明，股票市场持续积极地反映剥离公告。[3]剥离业务部门总是受益的，同时说明，在处理完整后的三年内有 1/3 的拆分业务的边际利润往往是增加的。[4]

其次，不要担心被稀释。剥离确实将减少公司的每股收益。但是，公司股票价格上涨意味着公司市盈率（剩余的部分）增加。被卖掉的业务的市盈率比剩余的市盈率低，是因为它的增长率低，潜在的投入资本收益率也低。所以，一旦这个部门被卖掉，公司将有更高的增长率和潜在的投入资本收益率，以及较高的市盈率。顺便说一下，计算的结果忽略了来自剥离的收益是用来偿还债款还是回购股份的。

最后，不要担心对公司规模的影响。高管和董事会总担心剥离将减小公司的规模，从而导致公司在资本市场上的价值变少。这里似乎有一个错觉，即大公司比小公司更有价值，但是没有证据来支持这种说法，除了一些学术研究表明公司少于 5 亿美元市值可能有较高的资本成本，但不是很明显。[5]

通过剥离的价值创造方法可能导致在任何生命阶段修正好的或坏的业务。但很明显，剥离一个好的业务对管理者来说是很困难的，也不是直观的选择。因此，

---

[1] L. Lang, A. Poulsen, and R. Stulz, "Asset Sales, Firm Performance, and the Agency Costs of Managerial Discretion," *Journal of Financial Economics* 37 (1994): 3–37.

[2] D. Ravenscraft and F. Scherer, *Mergers, Sell-Offs, and Economic Efficiency* (Washington, DC: Brookings Institution, 1987), 167; and M. Cho and M. Cohen, "The Economic Causes and Consequences of Corporate Divestiture," *Managerial and Decision Economics* 18 (1997): 367–374.

[3] J. Mulherin and A. Boone, "Comparing Acquisitions and Divestitures," *Journal of Corporate Finance* 6 (2000): 117–139.

[4] P. Cusatis, J. Miles, and J. Woolridge, "Some New Evidence That Spinoffs Create Value," *Journal of Applied Corporate Finance* 7 (1994): 100–107.

[5] Robert S. McNish and Michael W. Palys, "Does Scale Matter to Capital Markets?" *McKinsey on Finance* (Summer 2005): 21–23.

积极的投资组合管理要制定一些强制措施：定期举行业务退出决定审议会，确保执行过程中主题的保留，每个部门有最后的截止日期或估计退出日期。这种方法有利于约束高管去评估所有业务的保留日期。

增加投资组合

对于高管来说，最难的任务之一就是识别新的业务并将其增加到他们的业务投资组合中，不管是通过白手起家的方式还是通过收购的方式。过去的数据显示，大多数公司做得不怎么好，所以每十年就有50%的世界500强公司在排名中消失。一般公司的一个或几个重要的业务和产品达到了世界500强的规模，但是随着这些业务和产品的成熟，它们失去了新的主要增长来源（这主要是指新的增长资源要足够大才会对已经很大的公司产生有意义的影响）。

不像从一个相对小的可能区域中做出剥离的决定，发现一个新的商业机遇更像海底捞针。需要去太多的地方寻找，你的重点在哪里？

关于告诉你如何为你的公司寻找下一个好的时机，这点超过了我们讨论的范围。每家公司需要设计自己的方式来寻找新的想法，这种想法是针对独特的情况所产生的。这个方面的文献都认为，公司的寻找方法不是很系统。

例如，我们以前的同事梅尔达德·巴格海、斯蒂芬·科利和大卫·怀特认为，"大多数管理者专注于他们现在的业务。他们必须学着像今天所注意的地方一样去注意他们的目标"。[①]他们认为，建立和管理一个业务创造的连续性是对持续增长最重要的挑战。一种保持连续性的方法就是，确保管理公司发展的眼光，包括三个发展水平：

- 水平1 业务是指那些目前为公司产生大量现金流和利润的业务。它们增长缓慢。
- 水平2 业务是指那些刚出现的对公司收益微小的业务，但是至少还要四年才会为公司创造大量的现金流和利润。
- 水平3 业务是指研究项目，如测试市场的图表、联盟、少数股权和正在进行的将有重大贡献的学术备忘录。想要成功，还需要10年以上。

[①] Mehrdad Baghai, Stephen Coley, and David White, *The Alchemy of Growth: Kickstarting and Sustaining Growth in Your Company* (London: The Orion Publishing Group), 1.

关键的是，要确保公司对这三个发展水平中的活动引起足够的注意。在下节中，我们将讨论增加公司业务投资组合的不同收购战略。

业务投资组合多元化

公司战略的一个永久问题是，公司是否需要持有多元化的业务投资组合。多元化的方法应该追溯到20世纪70年代，一些高管已经说过这样的话："这就是使公司稳定的因素，就如同凳子的第三条腿。"我们认为，多元化的本质不好也不坏，它取决于相比于其他潜在所有者增加的价值，总公司增加了更多的价值，在这种情况下成为最佳所有者。

多年来，一直存在着不同的原因支持多元化或为其辩解，但是这些在发达市场上已经失去了认可度。大多数想法认为，不同的公司有不同的商业周期，所以一家公司现金流量周期的高峰将抵消其他业务的流量低谷，因此稳定了公司的综合现金流。如果在这种情况下现金流和收入是平稳的，那么顺理成章，投资者将支付公司较高的股票价格。

但是，以下事实反驳了这种观点。第一，我们没有任何证据表明，多元化的公司实际产生的现金流量平滑。我们研究了从1997年到2007年的标准普尔500指数盈利波动最好的50家公司。不到10家公司可以被认为是多元化公司，这种多元化从某种意义上来说是拥有了两个以上不同行业的业务。第二，同样重要的是，没有证据表明，投资者需要为波动较小的公司支付较高的价格（见第9章）。在为客户提供的多元化公司定期分析中，我们几乎没有发现多元化公司业务部门的总价值与原有公司的市场价值有显著不同。[①]

第二个观点是，提供更稳定的现金流的多元化公司可以安全地承担更多的债务，从而得到一个较大的债务税收优惠。尽管这在理论上有意义，但是我们从来没有碰到过比同行债务更多的多元化公司。

最后，更具体的说法是，多元化公司能更好地利用不同行业的不同商业周期优势。他们可以利用从周期顶部的业务部门产生的现金流来投资处于周期底部的业务部门（这时他们单一的竞争者却不能）。

---

① 业务部门价值的假设是基于相似同行的业务表现的。

但是，我们没有发现多元化公司在现实中有那种行为。事实上，我们找到了一些反例：在多元化公司里的资深高管不能非常好地理解他们的个别业务部门，以至于当竞争者都没有投资的时候，他们也没有信心在周期底部投资。多元化公司相对于非多元化公司对机会做出的反应更慢。

尽管来自多元化的收益是不确定的，但成本却是真实的。相对于公司，投资者可以以更低的成本使组合多元化，因为他们只要买卖股票，就可以一年多次较容易或相对便宜地做这些事。但是，真实业务投资组合的性质改变包括相当多的交易成本和破坏性，而且需要很多时间。此外，多元化公司的业务部门相对于业务更集中的同行表现得不是很好，其中部分原因是增加了复杂性和官僚主义。

当总公司是所有稳定业务的最佳所有者时，多元化必定能够创造价值。例如，丹纳赫是美国公司中业务最多元化的公司之一，有超过 40 项业务，总和资产超过 120 亿美元。丹纳赫可以从行之有效的制度（丹纳赫业务系统）中得到收益，这种制度是通过控制质量、快递和成本，以及大量创新来实现的。

无论是否多元化，一家公司业务投资组合在战略上的有效性的最终测试是，这家公司是否能够有效地操控组合中的其他公司。这里没有简单的经验规则。丹纳赫可能有能力对 40 项业务进行一系列有效的系统管理。相反，零售行业需要亲手管理，所以很少有成功的多元化零售商。杂货店运营杂货连锁店，百货公司运营百货连锁店，五金店运营五金连锁店，即使服装连锁店也不会有太多的存货或品牌。

拥有自己的公司还不够，还要清楚怎样使它们能够真正合作，这些难倒了一些看似合理的战略。人们只要通过观察许多失败的尝试就会发现，将银行业和保险公司结合是多么困难。

规模

高管要思考的另一个业务投资组合问题是，公司的绝对规模是否能带来福利——无论是以公司股票市场价值的方式，还是公司增长率或投入资本收益率的表现？

一些权威人士努力让高管相信，大公司将通过股票市场变得更有价值。其中一个说法是，公司越大，它的股份就会被更多的投资者所需要，因为它被更多的

价值

股票分析师和报刊所报道，而且会有更多的需求来自机构投资者。另一个说法是，公司越大资本成本越低，因为它的风险较低，或者它的股份更有流动性。较高的需求或较低的资本成本会导致更高的估计。

这些观点可能有一些道理，但仅仅是对一些规模较小的公司而言的。在某个截止范围内，公司在市场中被估价的方式处于不利地位，这个范围基本是市值在 2.5 亿~5 亿美元的公司。例如，在这个范围内的是一些资本成本较高的例子。但是当你超过这个范围时，无论公司的市值是 10 亿美元、50 亿美元还是 250 亿美元，均没有任何证据表明规模会对价值有影响。[①]

关于规模是否会影响公司的增长和投入资本收益率被一个重要的概念所混淆，这个概念是学生时期在早期商业或经济学课程中所学到的：规模经济。简单来说，规模经济意味着随着公司的变大，它可以在一个固定成本上有更大的销售量，所以每单位成本将降低，导致较多的边际收益和较高的投入资本收益率。

公司确实体验了规模经济，但仅仅是在特定情况下。有一个问题是，大公司（以及一些中等规模的公司）已经在一个行业上得到了规模经济的全部或大部分好处。以包裹快递公司为例，如联邦快递公司或 UPS 公司。你可能认为加入更多的包裹可能没有更多的额外费用（飞机、卡车已经在一个地方了，所以增加包裹不会有额外的成本），但事实却复杂得多。

首先，这些公司的网络是需要微调和优化的，以最小化闲置产能，因此增加 10%的体积事实上可能需要增加 10%的飞机和卡车。从我们的经验来看，许多公司已经拥有了可以利用的所有规模经济。其次，不是所有规模经济都是相同的，有规模类型的问题。在包裹快递公司的案例中，与新客户相比，现有客户增加同样数量的包裹成本则会较低一些。

在冰激凌或面包这类产品中实现规模经济是具有挑战性的，因为事实上地区是有细微差别的。不同地区的客户对这类产品有不同的口味和偏好，所以营销、广告和分销的活动一定要在本地部署。因此，一个全球最大的公司并不意味着在个别国家、区域或地区的市场占有率高。

规模就如同多元化，不会自动给公司的绩效和股票市场价值增加好处。事实

[①] Robert S. McNish and Michael W. Palys, "Does Scale Matter to Capital Markets?" *McKinsey on Finance* (Summer 2005): 21–23.

上，可能会发生相反的情况，大规模可能产生复杂性和规模不经济。随着公司的变大，他们会增加业务部门，在地理上进行扩张，使价值链变得更长，使越来越多的人参与到每个决策中。一般来说，较小较灵活的公司相对于较大的公司有更低的成本。如同其他的战略问题，无论公司规模是有益的还是有害的，无论公司会产生规模经济还是规模不经济，都取决于公司的独特情况。

第 13 章
兼并和收购

收购不仅是公司增长的重要来源，而且是动态经济的重要因素。收购使公司由更好的所有者和管理者减少产能过剩，收购一般能够创造大量的价值，不管是对整个经济还是对投资者。

这种情况将增加收购公司的综合现金流。总的来说，尽管收购会创造价值，但是收购所创造的价值的分配往往不平衡，其中出售公司的股东拥有较大部分。

从统计学上来说，尽管大多数收购不会给收购者的股东增加价值，但这与高管尝试决定是否进行收购是无关的。不过，投资者面临的挑战是，确保他们的少数收购能够为他们的股东创造价值。

衡量价值创造

价值守恒原则帮助我们解释如何从收购中创造价值（见第 3 章）。当公司的现金流比收购之前多时，收购就创造了价值。如果不用为收购支付太多，这些价值的一部分将被分配给收购者的股东。

价值创造给予收购者股东的钱等于收购所获得的价值和为收购所支付的价格的差额。收购所获得的价值等于，由之前管理团队独立运行的目标公司的内在价值，加上收购后性能提高的现值，这将显示出目标业务或收购业务的现金流的提高。为收购所支付的价格就是，目标公司的市值加上说服目标公司股东卖掉股票所答应支付的保险金。

图 13.1 展示了一个有说明性的收购。A 公司用 13 亿美元买了 B 公司，这个交易包括 30%的市场溢价。A 公司希望通过各种各样的操作和改进让 B 公司增加 40%的价值，所以 B 公司对于 A 公司的价值是 14 亿美元。从 14 亿美元的价值中减去购买价格 13 亿美元，剩下的 1 亿美元价值创造是给予 A 公司股东的。

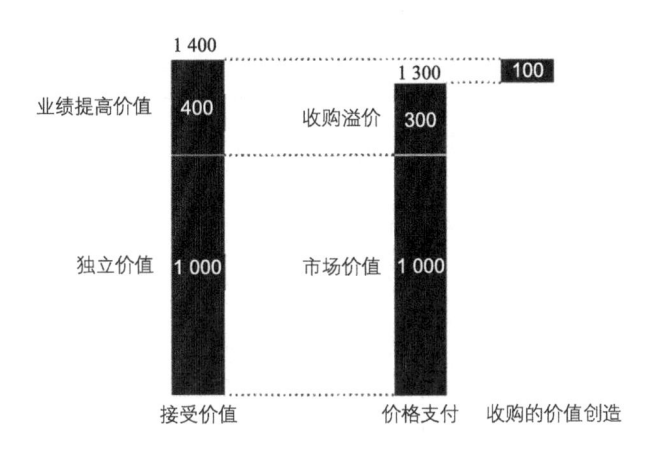

图 13.1　收购评估框架（单位：百万美元）

在目标公司的独立价值等于它的市场价值的那些案例中，当提高的价值大于收购溢价时，收购者只为股东创造了价值。检验这个等式很容易发现，为什么大多数由收购而来的价值创造给了卖方股东：如果一家公司支付 30%的溢价，那么它必须增加目标公司价值的至少 30%才能创造价值。

图 13.2 展示了相对于不同层次溢价或者操作提高下的投资额，为收购者股东所创造的投资价值。如果前面提到的 A 公司支付 30%的溢价给 B 公司，并且增加了 B 公司 40%的价值，那么收购股东创造的价值就是 A 公司在这笔交易中投资的 8%。

我们可以进一步假设，在收购时 A 公司的价值是 B 公司的三倍，这个重大的收购预计将仅增加 A 公司 3%的价值——1 亿美元的创造价值（见图 13.1）除以 A 公司的 30 亿美元价值。正如这个例子所显示的，从收购创造大量的价值是很困难的。

尽管增加 40%的价值听上去不合理，但是收购者往往能做到。表 13.1 展示了

价值

从四大消费产品部门的交易中创造价值的估计。为了估计总的价值创造，我们对实际经济指标改善的公司资本成本进行了贴现，目标公司的价值一般会超过50%。此外，凯洛格和百事总是用低的溢价进行收购，这让他们可以获取更多的价值。

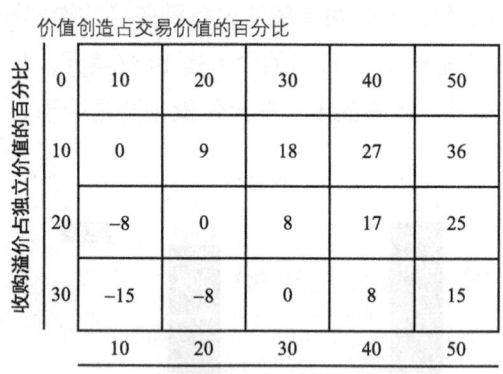

	价值创造占交易价值的百分比				
	0	10	20	30	40	50
10		0	9	18	27	36
20		−8	0	8	17	25
30		−15	−8	0	8	15
		10	20	30	40	50

（纵轴：收购溢价占独立价值的百分比；横轴：业绩提高价值占独立价值的百分比）

图13.2 在给定的业绩提高价值和收购溢价下的价值创造

表13.1 有显著提高的收购 （单位：%）

	年份	业绩提高价值占独立价值的百分比	收购溢价占独立价值的百分比	价值创造占交易价值的百分比
凯洛格/科布勒	2000	45～47	15	30～50
百事/桂格燕麦片	2000	35～55	10	25～40
高乐氏/第一品牌	1998	70～105	60	5～25
汉高/国民淀粉	2007	60～90	55	5～25

实证结果

关于收购是否创造价值的问题已经被专业学者和其他研究者研究了几十年。毫无疑问，基于本章所描述的收购的好处，研究已经表明，收购将给收购者和被收购者的股东都带来好处。根据麦肯锡从1997年到2009年的1 415个收购中的研究，收购者和目标公司的价值平均增加了大约4%。[①]

但是，压倒性的证据表明收购不会创造太多收益，即便有，也是给收购公司

---

① Werner Rehm and Carsten Buch Sivertsen, "A Strong Foundation for M&A in 2010," *McKinsey on Finance* 34 (Winter 2010): 17–22.

股东的。实证研究检验了资本市场对公司收购的反应，发现加权平均价值低于股票价格的 1%～3%。①收购后的股票收益率没有变得更好。马克·米切尔和埃里克·斯塔福德发现，在收购后的三年中，相比于符合技术检验规范的公司，收购者表现不佳，差距为 5%。②

看待这个问题的另一种方法是，估算所有收购公司股东交易价值的百分比。麦肯锡研究发现，1/3 会有价值创造，1/3 不会有价值创造，剩下的 1/3 实证结果是不确定的。③这些研究通常检验收购消息公布几天内的股票市场反应。研究已经发现，市场最初表面上是平稳的（平均来说）并且表明对将来的业绩预测是十分准确的。④

然而，尽管公告效应的研究对于大样本给出了许多有用的研究，但是同样的方法不能被应用到个人交易中。尽管市场能够正确地预测交易的平均结果，但并不意味着单一交易的最初预测总是正确的。另一个对公告效应的研究问题是，分析不适用于特殊的一连串小收购，这些收购中没有一个单一交易能够大到足以影响总公司的股票价格。

研究人员还试图定义那些可以区分对收购有益的和无益的交易的具体因素。本研究主要涉及三个有意义的特点，其中没有一个是令人感到惊奇的。

1．强大的运营商都比较成功。根据实证研究，那些收益率和股票价格增长率在收购前三年高于行业平均水平的收购者，在公告后会赢得显著的正的收益。⑤

2．低的交易溢价比较好。研究者发现，支付高溢价的收购者在公告时会赢得

---

① S. B. Moeller, F. P. Schlingemann, and R. M. Stulz, "Do Shareholders of Acquiring Firms Gain from Acquisitions?" (NBER working paper no. W9523, Ohio State University, 2003).

② M. L. Mitchell and E. Stafford, "Managerial Decisions and Long-Term Stock Price Performance," *Journal of Business* 73 (2000): 287–329.

③ Werner Rehm and Carsten Buch Sivertsen, "A Strong Foundation for M&A in 2010," *McKinsey on Finance* 34 (Winter 2010): 17–22.

④ Mark Sirower and Sumit Sahna, "Avoiding the Synergy Trap: Practical Guidance on M&A Decisions for CEOs and Boards," *Journal of Applied Corporate Finance* 18, 3 (Summer 2006): 83–95.

⑤ R. Morck, A. Shleifer, and R. Vishny, "Do Managerial Objectives Drive Bad Acquisitions?" *Journal of Finance* 45 (1990): 31–48.另一个研究运用市场价值与账面价值比率作为公司绩效的衡量发现了类似的结果：H. Servaes, "Tobin's Q and the Gains from Takeovers," *Journal of Finance* 46 (1991): 409–419.

负的收益。[1]

3．作为唯一的竞买者是有用的。研究表明，收购者在股票市场的收益与竞买者的数量是呈负相关的；越多公司想要购买目标公司，价格就越高。[2]

它的重要程度就像要定义那些无所谓的特征一样，没有证据表明以下的收购规模的结果意味着价值创造或毁灭：

- 收购者的规模与目标公司有关；
- 交易是否使每股收益增加或减少；
- 收购者的市盈率与目标公司有关；
- 收购者与目标公司的关系。

这个实证性的证据清楚地表明，在公司收购中，大多数管理是没有万能的公式可以套用的。就像其他业务流程一样，收购没有天生的好与坏，就像市场营销或产品研发没有天生的好与坏一样。从我们的经验来看，每个交易都有自己的战略逻辑，并且在每笔交易中成功的收购者都有较适宜的、具体的价值创造理念。不太成功的交易的投资理念倾向于模糊，如"追求国际规模"，建立稳定的投资组合，或者象征性地要求"战略"处理。

价值创造的收购原型

实证性分析在价值创造的收购战略分析能力上有所不足。在缺乏实证研究的情况下，我们对创造价值的战略建议是基于对公司有效收购的。从我们的经验来看，创造价值的收购战略原理通常符合五个原型之一：

1．改善目标公司的绩效；
2．合并移除行业的过剩产能；
3．加快目标公司或购买者产品的市场准入；

---

[1] M. L. Sirower, *The Synergy Trap* (New York: Free Press, 1997); and N. G. Travlos, "Corporate Takeover Bids, Methods of Payment, and Bidding Firms' Stock Return," *Journal of Finance* 42 (1987): 943–963. 在 Sirower 文章中结果是显著的，但在 Travlos 文章中结果是不显著的。

[2] R. Morck, A. Shleifer, and R. Vishny, "Do Managerial Objectives Drive Bad Acquisitions?" *Journal of Finance* 45 (1990): 31–48; and D. K. Datta, V. K. Narayanan, and G. E. Pinches, "Factors Influencing Wealth Creation from Mergers and Acquisitions: A Meta-Analysis," *Strategic Management Journal* 13 (1992): 67–84.

4．以更低的成本更快地获得技术和技能；

5．尽早挑选成功者，并帮助他们发展业务。

如果收购不符合一个或更多个原型，它就不大可能创造价值。战略原理应该是具体的这些原型之一，而不是像增长或战略定位这样模糊的概念。尽管增长和战略定位是重要的，但是它们需要被转换成更有形的一些东西。此外，即使你的收购符合原型之一，但如果你多支付或者没有履行价值创造的计划，它仍旧不会创造价值。

改善目标公司的绩效

改善目标公司的绩效是价值创造最通常的来源之一。简单来说，你购买一家公司，要减少成本来提高收益和现金流。在某些情况下，收购者也可以采取措施来增加收入。

交易投递是最好的私人股权公司做的。阿查里雅、哈恩和基欧研究了成功的私人股本收购，在这个收购中，目标公司被购买、提高并且销售，没有额外附加的收购。[1]他们发现，收购公司的边际经营利润提高了 2.5 个百分点，这在私人股权公司拥有期间比同行公司要多。这就意味着，许多处理可以增加更多的边际经营利润（当然有些是减少的）。

请记住，提高低收益和低投入资本收益率的公司绩效，相对于提高高收入和高投入资本收益率的公司绩效要容易。考虑一个购买有 6%边际经营收益的公司的案例。将收益的 94%降到 91%以减少成本，则能增加 9%的边际收益，从而可以使公司价值增加 50%。相反，如果公司的边际经营收益是 30%，增加 50%的价值则需要增加 45%的边际收益。降低成本需要将收入的 70%减少到 55%。成本基数降低 21%，这可能是不合理的期望。

合并移除行业的过剩产能

随着行业的成熟，必然会发生产能过剩。例如，在化学制品行业，公司不断地寻找方法来从工厂得到更多的产品，同时新的竞争者不断进入这个行业。从 20

---

[1] Viral V. Acharya, Moritz Hahn, and Conor Kehoe, "Corporate Governance and Value Creation: Evidence from Private Equity" (working paper, February 4, 2010).

世纪 80 年代中期开始生产的沙特基础工业公司，从 1985 年的 630 万吨的附加值商品增加到 2008 年的 5 600 万吨。现在沙特基础工业公司是世界上最大的石油化工产品生产者之一，它预期能持续增长，估计它的年生产力在 2020 年能达到 1.35 亿吨。现有的高生产能力和新进入公司相结合往往会造成供大于求。但是，没有一个单一的竞争者有兴趣去关闭工厂。公司经常会觉得关闭那些由收购产生的综合公司的工厂，比在没有收购的情况下关闭自己的低生产工厂并成为小公司更容易。

减少产能过剩并不局限于关闭工厂，也可以扩展到减少有形资产的形式。例如，医疗行业的合并会显著减少销售力度，因为合并公司的业务投资组合改变了他们与内科医生的关系。医药行业已经显著地减少了他们的研发能力，因为他们已经发现了更多的生产方式来实施研究，因此会调整他们的开发项目的组合。

加快目标公司或购买者产品的市场准入

通常情况下，拥有创新产品的相对小的公司很难使它们的产品全部进入潜在的市场。例如，小型医药行业通常在导入新产品上没有优势或者没有足够大的销售力度以接触到内科医生。但是大型医药行业有销售和产品管理能力，从根本上加速了小公司产品的销售增长。

IBM 已经在它的软件业务上发展了这个战略。从 2002 年到 2009 年，IBM 用 140 亿美元收购了 70 家公司。通过 IBM 全球销售力量推动这些公司的产品，IBM 预计在收购每家公司后的一两年内能够增加这些行业收益的 50%，并且在接下来的三年有超过平均 10% 的收益。[①]

在某些情况下，目标公司也能帮助加速收购者收益的增长。在宝洁收购吉列的案例中，合并后的公司是有利的，因为宝洁在新兴市场有强大的销售量，而吉利在其他方面有大量的股份。他们在一起工作，有能力在新市场更快地介绍他们的产品。

以更低的成本更快地获得技术和技能

思科系统公司已经通过收购来集合大量的互联网解决方案产品，并且从单一产品生产线迅速成长为互联网设备的重要角色。战略性地采取"自己没有的就收

---

① 2010 IBM 投资者简报，2010 年 5 月 12 日。

购来"而不是"建造使得自己也有",思科公司从 1993 年到 2001 年用了大概 3.5 亿美元收购了 71 家公司。思科公司的销售量从 1993 年的 6.5 亿美元增加到 2001 年的 220 亿美元,其中 2001 年收益的 40%是直接来自这些收购的。到 2009 年,思科公司的收入已经超过了 360 亿美元,市值大约有 1 500 亿美元。

尽早挑选成功者,并帮助他们发展业务

最后一条成功的收购战略是:在新产品或生产线周期的早期就实施收购,并且要在大多数其他行业可以明显地看到这个行业会变大之前。强生公司在医疗事业上很早就开始策划收购。当强生公司在 1996 年收购科迪斯时,科迪斯的收益是 5 亿美元。到 2007 年,收益已经增加到 38 亿美元,反映了 20%的年增长率。同时,强生公司在 1996 年也收购整形外科设备制造商德普伊,当时德普伊的收益是 9 亿美元。到 2007 年,德普伊的收益已经增长到 46 亿美元,也反映了 20%的年增长率。

这次收购战略需要一个规范的管理方法,涉及管理的三个方面:第一,你必须有意愿早期投资,早在你的竞争者和市场看到行业或者公司的潜力的时候。第二,你要多次进行投注,预见到其中几个会失败。第三,你要有技能和耐心来培养被收购的公司。

为收购创造价值制定战略更困难

除了已经列出的五个主要的收购战略,高管经常调整收购战略,选择更广泛的战略,包括汇总战略、合并以完善竞争行为、进入转换合并及廉价购买。尽管这些战略能够创造价值,但是我们发现他们很少这样做,大部分是因为它们很难被成功实行。因此,价值取向的高管应该对基于这些战略的交易投以批评挑剔的眼光。

汇总战略

汇总战略联合了大量的分散市场,在这些市场上现在的投资者太少了,不能达到规模经济。例如,20 世纪 60 年代初期,国际服务公司从在休斯敦的 1 个殡仪馆发展到 2008 年超过 1 400 个殡仪馆和墓地。同样,美国清晰频道通信公司汇

总了美国市场的无线电台，最终所有权超过 900 个。

当业务投资组合在一起时，相比单一业务能够节约大量的成本获得较高的收益。例如，在一个城市的服务公司的殡仪馆可以共享车辆、采购和后台服务操作，他们也能跨城市调整广告，既降低成本又提高收入。

规模在本质上不能创造成功的汇总，重要的是规模合适。例如，对于服务公司来说，单一城市的多地区比跨越城市有多个分支更重要。因为只有当这些分支彼此都非常接近时，节约成本（如车辆）才能够实现。

因为这种汇总战略很难保密，它们容易遇到模仿者。随着其他人试图模仿服务公司的战略时，一些殡仪馆的价格将被哄抬提高，造成额外的收购不经济。

合并以完善竞争行为

在高竞争行业，许多高管希望合并将引导竞争者将焦点较少地放到价格竞争上，因此会提高行业的投入资本收益率。但是，有证据表明除非一个行业合并到只剩三个或四个竞争者，并且能够保证其他人不进入这个行业，否则竞争者的价格行为将不会改变；较小的业务或者新进入者往往要通过较低的价格来获得较多的股份。所以，在一个有十个竞争者的行业中，许多交易必须在竞争基础改变之前完成。

进入转换合并

收购或合并经常被提到的一个原因是，希望转变一家或两家公司。但是，成功的转换合并是很少见的，因为它需要适合的环境，以及管理团队非常好地执行战略。

我们用一个例子来描述转换合并。世界领先医药行业之一的瑞士诺华公司在 1996 年通过 300 亿美元的山德士和汽巴-嘉基的合并而成立。但是这种合并并不是业务的简单组合：在新的首席执行官丹尼尔·魏思乐的领导下，山德士和汽巴-嘉基被改造成一家全新的公司。使用合并作为变革的催化剂，魏思乐和他的管理团队不仅获取了 14 亿美元的成本节约，而且对公司的战略、组合、结构和所有从研发到销售的关键过程进行了重新定义。在任何一个区域，没有一种必然选择可以适用汽巴-嘉基或山德士的商业模式；相反，需要一套系统的努力来找到最佳的商业模式。

诺华公司的战略重点转移到创新的生命科学业务（医药、营养和农业），并于 1997 年剥离 70 亿美元的汽巴-嘉基精化业务。组织上的改变，包括在全世界范围（在治疗术上，而不是从地理上）调整了研发，从而使得诺华公司建立了世界领先的肿瘤学专营权。对于整个部门和管理层，诺华公司创造了强有力的绩效导向文化，通过从论资排辈改变到管理层的以绩效为基础的报酬系统。

廉价购买

通过收购创造价值的最后一个方式是廉价购买——换句话说，收购的价格低于公司的内在价值。但是根据我们的经验，来自廉价购买的价值创造是非常少见的。

尽管在较长的时间内市场价值会回到内在价值，但是仍然会有一段时间两者是不相等的。例如，市场有时会对负面消息过度反应，如高管的犯罪调查或者许多好的产品组合中单一产品的失败。这样的时刻在行业周期中是极其少见的，这时的资产比周期底部的价值要低。基于"完全预测"模型，我们将真实的市场价值和内在价值进行比较，发现如果周期性行业的收购是在周期的底部，而出售是在周期的顶部，那么周期性行业的股东收益率是实际收益的 2 倍。[1]

尽管市场确实提供低于内在价值的价格购买公司的偶然机会，但是我们很少见到这样的例子。为了获得对目标公司的控制，收购者必须支付给目标公司股东超过现在市场价值的溢价。尽管溢价差别很大，但是控制公司的平均溢价已经非常稳定，是目标公司宣布股票价格的 30%。

对于有许多收购者想收购的目标公司，溢价会大量增长，造成所谓的赢家诅咒。如果几家公司评估一家给定的目标公司，所有效果的鉴定大致是一样的，谁对效果估计过高且超过最多，那么它将支付最高的价格。因为提出的价格是对价值创造的高估，所以赢者将支付很多，最终将成为失败者。[2]

---

[1] T. Koller and M. de Heer, "Valuing Cyclical Companies," *The McKinsey Quarterly* no. 2 (2000): 62–69.

[2] K. Rock, "Why New Issues Are Underpriced," *Journal of Financial Economics* 15 (1986): 187–212.

重点在价值创造而不是会计

许多投资者把重点放在收购所代表的收入的增值或减值上，而不是它可以创造的价值上。尽管他们做的许多研究表明，股票市场对收购公司的会计数字效应没有反应；市场只对交易的价值评估有反应。因此，把重点放在会计战略上是危险的，会很容易导致错误的决定。

2005年，无论是国际财务报告准则还是美国通用会计准则，都淘汰了商誉摊销。结果，有许多（如果不是大多数）用现金支付的收购的收入正在增值而不管它们是否将增加价值。它不会采取太多收益增值的收购，如表13.2所示。收购公司支付目标公司5亿美元的现金，以6%的利率融资5亿美元（税后有3.9%的成本效应）。为了要看到收入的增值，将目标公司3 000万美元加上收购公司8 000万美元的收入，再减去债务的税后利息支付1 950万美元。交易者现在将有收益9 050万美元，比之前的收益增加了13%。

表13.2　带有价值破坏的每股收益增加

	总计（百万美元）	每　股	
收购公司净收益	80.0	2.00	
目标公司净收益	30.0	0.75	← 5亿美元收购价格的税后收益是6%
额外的税后利息支出	(19.5)	(0.49)	← 收购价格的税后利息支付是3.9%
收购公司在收购后的净收入	90.5	2.26	

只要目标公司的收入超过新债务的税后利息支付，收购公司的收入就将增加。在这个例子中，目标公司的收入是收购价格的6%，而税后的债务利息只有3.9%。虽然收入增加了，但是没有一种方法能说明这种交易是否将创造价值。事实上，根据所提交的信息，好像交易会破坏价值，因为收购公司的股东赚取的收入只有6%，远远低于大多数公司的资本成本。也许绩效在未来的提高将会使这次交易创造价值，但是无法从收入的增值中来确定。

但是，金融市场理解创造真实价值比会计结果有优先权。在美国117个交易研究中，我们发现收益增值或减值是由于这个交易不是市场反应的因素之一（见

图 13.3)。①忽略每股收益的增加或减少,或者交易两年后的收益依然差不多。大约有 41%的收购会有正的市场反应。

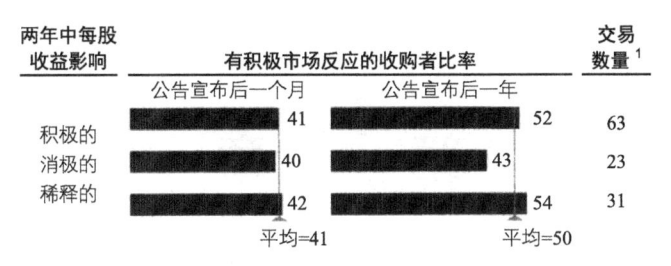

两年中每股收益影响	有积极市场反应的收购者比例		交易数量[1]
	公告宣布后一个月	公告宣布后一年	
积极的	41	52	63
消极的	40	43	23
稀释的	42	54	31
	平均=41	平均=50	

1 美国公司的样本集合包括 117 个交易大于 30 亿美元的公司,期间是 1999 年 1 月到 2000 年 12 月。

(资料来源:汤姆森,分析报告,Compustat,麦肯锡公司绩效中心分析。)

图 13.3 市场对收购的每股收益影响的反应

交易是否将创造价值的问题不能简化到类似会计收入的增值或减值。唯一相关的标准是:收购是否将在长期内增加合并公司的现金流(尽管短期市场成本节约或者收入扩大都是有用的指标)。此外,尽管不同收购战略的原型能够帮助鉴定那些会创造价值的收购,最后,每个交易根据特定的行业和市场环境,以它们自己特有的能力来增加现金流,从而创造价值或破坏价值。

---

① Richard Dobbs, Billy Nand, and Werner Rehm, "Merger Valuation: Time to Jettison EPS," *McKinsey on Finance*, Spring (2005): 17–20.

第 14 章
风　险

　　2007 年开始的经济危机提醒了许多高管，他们对风险的理解和管理存在着差距。因此，许多人已经采取了行动来改善他们的风险管理，其中一些将是有益的，但许多只是为了安抚他们的董事会。

　　风险可以通过多种方式进行分类。考虑到我们的目的，一个有用的分类通常包括：（1）公司的内部风险（如员工和客户的安全、员工渎职）；（2）自然灾害风险（如飓风或地震）；（3）外部经济风险（如经济衰退、通货膨胀、利率的变化、商品价格的变化、消费者需求和喜好的变化、技术革新和竞争者的行动）。

　　内部风险和自然灾害风险通常是单向的下行风险，可能导致重大危机，但很少发生。公司需要权衡他们愿意投资多少来减少这些风险。例如，像石油生产这样具有实际安全风险的重工业需要决定在培训和建立安全文化方面投资多少，而像游戏或证券交易这样的行业则需要决定如何有效监控员工的行为。

　　我们在本章的重点是外部经济风险。关于如何管理这些风险的决定是复杂的，因为它们往往是两方面的风险（经济变化可能是有利的，也可能是有害的），而减少这些风险可能在合理的成本下是不可行的。

　　假设你看到这本书时是 2005 年。你经营着一家高科技公司，而且你知道美国的住房价格很可能下降，在未来 1～5 年的某个时候将导致大规模的经济衰退。你能做什么？你可以确保你的资产负债表上没有太多的债务，这样你就可以在没有太多困难的情况下度过经济衰退，也许还可以改善你相对于较弱的竞争对手的竞争地位。这将是明智的，而且成本相对较低。

此外，你可以减少产品开发，放慢销售队伍的建设。但是，你将冒着失去市场份额的风险，而市场份额将很难重新获得。或者，你可以尝试在金融市场上购买一些对冲工具。但你会购买什么金融工具呢？因为你不卖可交易的商品，所以你不能购买一个对冲工具。你唯一可以购买的是股票指数合约，如果股票指数的价值下降（如标准普尔500指数），按照合约你将得到回报，但该指数的变动充其量与你公司的经营业绩有松散的联系。你最好做好准备，制订一个计划，当经济开始下降时知道该怎么办。

风险对公司和投资者的影响不同

当高管决定应对风险管理时，他们需要考虑到公司的投资者对风险的看法与他们不同，董事会可能对风险还有第三种看法。投资者通常只在一家公司拥有其投资组合的一部分，所以他们可能更喜欢公司进行有巨大潜在回报的投资，即使成功的概率很低。管理者可能不愿意致力于相同的投资，因为失败会影响他们的职业生涯。董事会可能更关心的是限制下行风险，而不是在巨大的上升潜力上碰运气。

这些不同的观点导致了公司风险量和风险价格之间的非直接关系。把风险量看作一家公司未来现金流的不确定性范围，把风险价格看作投资者在评估公司现金流时使用的比率（也称资本成本、贴现率或对投资者的预期回报）[①]。不直观的是，风险量往往与风险价格无关，投资者的多元化打破了风险量和风险价格之间的联系。

股票市场投资者，特别是机构投资者，通常在他们的投资组合中拥有数百只不同的股票；即使是最集中的机构投资者，也至少拥有50只。因此，他们对任何一家公司的风险都是有限的。图14.1显示了当更多的股票被加入投资组合时，股票组合的总风险会发生什么变化。总风险的下降是因为公司的现金流是不相关的。

---

① 一家公司的资本成本等于投资者期望从投资该公司中获得的最低回报。这就是为什么投资者的预期回报和资本成本这两个术语在本质上是一样的。资本成本也称贴现率，因为你在计算一项投资的现值时，是以这个贴现率来贴现未来的现金流的。

当一些公司的现金流下降时，另一些公司的现金流会增加。

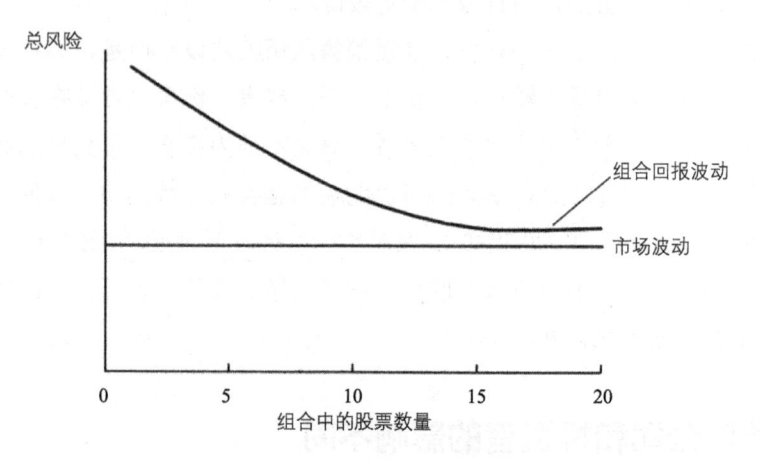

图 14.1 投资组合回报的波动：随着多元化而下降

经得起时间考验的金融学术见解之一是，关于多元化对风险价格（资本成本）的影响。如果多元化能降低投资者的风险，而且多元化的成本不高，那么投资者就不会为他们承担的任何风险要求回报，因为他们可以通过多元化轻松消除这些风险。他们只要求对他们无法分散的风险进行补偿。

他们不能分散的风险是那些影响所有公司的风险，如经济周期的风险。然而，由于公司面临的大多数风险是可以分散的，因此大多数风险并不影响公司的资本成本。

2010 年年初，一家大型非金融公司的股权资本成本在 8%～10%之间，这比政府债券（像美国或德国这样的安全政府）的回报率高出 4%～5%，只比 BBB 评级的公司债券高出 2%～3%。

股权成本的范围很窄，尽管包含了像金宝汤这样具有可预测现金流的公司，以及像谷歌这样不太可预测现金流的公司。这个范围很窄，因为投资者将其持股多元化了。如果这个范围更广，我们也会看到更广泛的市盈率，但我们没有。大多数大公司的市盈率在 12～20 之间。如果资本成本从 6%到 15%不等，而不是 8%～10%，那么更多公司的市盈率将低于 8 或高于 25。

一家公司的资本成本是 8%还是 10%，抑或是介于两者之间，在金融领域有激烈的争论。几十年来，衡量资本成本差异的标准模型是资本资产定价模型，该模型一直被学术界和从业人员批评为不能充分反映股票表现的经验数据。但反过来，这些批评又因为他们自己的数据问题而受到批评。在任何情况下，新兴的竞争理论都不会导致各公司的资本成本比资本资产定价模型的分布更广。因此，即使新的方法取代了资本资产定价模型，对商业决策的实际影响也会很小，甚至为零。当各公司的投入资本回报率从不到 5%到超过 30%变动时，资本成本的一两个百分点的差异似乎不值得争论。

衡量风险

如果不衡量公司所面临的风险，就不可能进行风险管理。正如我们从 2008 年的银行所看到的，衡量风险需要深思熟虑，而不一定是复杂的模型。在银行的案例中，我们看到他们的复杂模型里含有大量的数学和统计学，但很少有经济分析。

风险衡量的陷阱有很多。例如，个别风险可能以复杂而微妙的方式相互影响。考虑新的碳法规对铝生产商的影响。[①]一个简单的分析表明，如果政府对碳排放征税，公司的利润将受到挤压。其逻辑是，他们的成本会增加，因为他们需要为自己的碳排放或他们购买的货物支付更多的费用。此外，他们将无法将其更高的成本转嫁给客户。

然而，在铝方面，不同的生产商可能会受到不同的影响。在美国中西部，需求远远大于供给，因此铝的价格在很大程度上受到将铝运到该地区的成本的影响。高碳排放税将增加该地区的运输成本。但在该地区拥有冶炼厂的生产商不会产生这些额外的成本，因此该生产商实际上可能从高碳排放税中受益。

另一个影响可能是增加对铝的需求。随着碳排放税的提高，汽车制造商可能会将更多的汽车成分从钢转向铝，以减轻重量并提高燃油效率。某些风险的影响可能并不明显，有时甚至违反直觉。

风险量化也可能因使用表面上复杂的模型而受到阻碍，这些模型通常依赖于短期的历史数据（假设过去几年能代表未来），而不是基本经济分析。例如，一个基于 1999 年引入欧元以来希腊利率波动的模型，会让你陷入一种自满的感觉。对

[①] 例子改编自 Eric Lamarre 和 Martin Pergler 的 "Risk: Seeing Around the Corners," *McKinsey on Finance* 33 (Autumn 2009): 2–7。

经济的基本面分析会表明，一场债务危机正在酝酿，潜在的波动性将比最近几年高得多。这样的分析会包括考察私营部门的生产力和创新，养老金义务，以及依赖政府收入的人口比例（无论是养老金领取者、政府雇员还是福利领取者）。在这种情况下，简单的定性分析可能比基于不相关参数的复杂统计分析更有洞察力。

最后一个问题是，公司试图将整个公司的风险降低到一个单一的衡量标准，如风险价值（对于金融机构）或风险现金流（对于非金融公司）。以风险现金流为例，它通常被衡量为一年的现金流在某种程度上的潜在下降。例如，一家公司可能会计算出这一年的现金流比基本情况低 10 亿美元以上的概率小于 5%。尽管这个风险现金流的数字可能会让一个拥有 20 亿美元超额现金的管理团队放心，他们可以在 5% 的概率情况下生存下来，但它并没有告诉他们应该如何应对他们确实面临的风险。

我们相信有一种更有用的方法，如果做得好，将帮助公司克服风险衡量中的大多数常见错误。这种方法必须更加细化，具体说明公司面临的每一种风险的上行/下行价值影响的大小、现金流影响和概率，如图 14.2 所示。例如，这个假设的公司开发的新产品有 50% 的失败机会，但失败对未来三年的价值和现金流的影响只有 1 亿美元。这个新产品有 20% 的成功机会，价值为 18 亿美元，在未来三年有 5 亿美元的额外现金流。

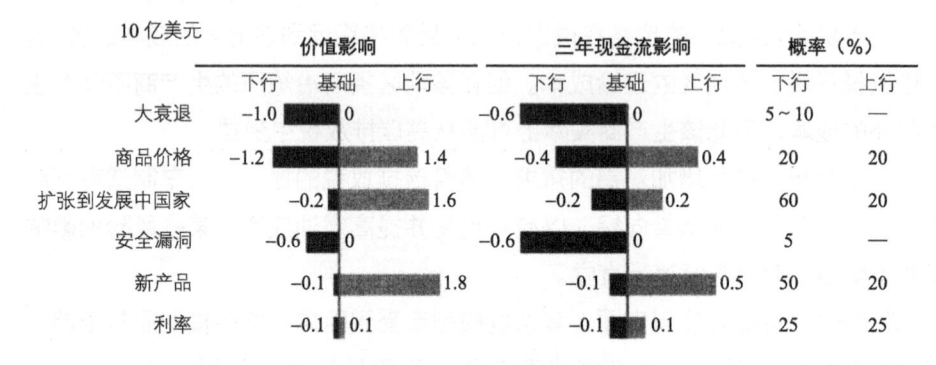

10 亿美元	价值影响			三年现金流影响			概率（%）	
	下行	基础	上行	下行	基础	上行	下行	上行
大衰退	−1.0	0		−0.6	0		5～10	—
商品价格	−1.2		1.4	−0.4		0.4	20	20
扩张到发展中国家	−0.2		1.6	−0.2		0.2	60	20
安全漏洞	−0.6	0		−0.6	0		5	—
新产品	−0.1		1.8	−0.1		0.5	50	20
利率	−0.1	0.1		−0.1	0.1		25	25

图 14.2　风险衡量的例子

还要注意的是，对这家公司来说，利率波动的影响不大，尽管其概率相当高，而安全漏洞的成本高，但概率低。该公司最好是将资源用于进一步降低安全漏洞的概率，而不是试图管理高概率但低影响的利率波动。

公司应保留一定的风险

高管不应该草率地得出所有风险都应该降低的结论。可能有一些风险是公司应该承担的，因为这对其投资者来说是最好的。例如，金矿公司和石油生产公司的投资者购买这些股票是为了获得经常波动的黄金或石油价格的风险。如果金矿公司和石油生产公司对其收入进行套期保值，这种努力只会使其投资者的生活更加复杂，他们不得不猜测公司对冲了多少价格风险，以及管理层如何以及是否会在未来改变其政策。

此外，大型对冲的最长时间通常只有一到两年。但一家公司的价值包括随后几年在市场价格波动下的现金流。因此，尽管套期保值可以减少短期现金流的波动，但对公司基于长期现金流的估值影响不大。

关于哪些风险要接受、哪些风险要最小化的决定是非常具体的，甚至在同一行业的公司之间也是如此。考虑货币风险对全球啤酒制造商喜力的影响。出于营销目的，喜力在荷兰生产其旗舰品牌喜力，并将其运往世界各地，特别是美国。相比之下，其他大多数大型啤酒商则在其销售的国家市场生产大部分啤酒。因此，对大多数啤酒商来说，汇率变化只会影响到他们的利润换算成他们的报告货币。

对大多数啤酒商来说，他们的一个非本土市场的货币价值下降1%，就意味着这些市场的收入变化1%，利润也变化1%。对收入和利润的影响是一样的，因为所有的收入和成本都是用同一种货币计算的。营业利润率没有变化。

喜力的情况不同。以喜力在美国的销售为例。当汇率变化时，喜力的欧元收入会受到影响，但成本不会受到影响。如果美元下跌1%，喜力的欧元收入也会下跌1%。但由于它的成本是以欧元计算的，所以它们不会改变。假设开始时的利润率为10%，美元下跌1%将使喜力的利润率降至9%，其以欧元计算的利润将下降高达10%。

由于喜力的生产设施在不同的国家，而其销售也在不同的国家，因此其外汇风险要比其他全球啤酒商大得多。套期保值可能对喜力的生存至关重要，而其他全球啤酒商可能不会从套期保值中受益，因为汇率变化的影响对他们来说并不重要。

金融市场对降低经济风险的帮助有限

一旦衡量了你的风险并决定承担哪些风险，你就需要考虑用哪些方法来减少风险。例如，你是一个在日本生产汽车并把它们卖到美国市场的汽车生产商。你的大部分成本、劳动力、工程、设计和一些原材料都是以日元计价的。如果美元下跌，你将不能在美国市场提高价格（因为你的竞争对手在美国或欧洲生产），你的日元收入将下降，你的日元利润也会下降（可能是显著的）。

理论表明，汽车公司可以在货币市场上对冲这种风险。但这是假设货币市场的深度足以提供长期对冲。在现实中，它们并没有那么深。汽车制造商所需的对冲规模将淹没货币市场，最多只能保护公司 12~18 个月。作为一个实际问题，减少货币风险的唯一方法是要么将生产转移到美国市场，使收入和成本保持一致（大多数日本和德国制造商一直在这样做），要么确保你有足够的财务实力来吸收几年的任何不利的货币波动，或者两者都是。

即使可以在金融市场上进行套期保值，套期保值的真正成本也可能很大。金融套期保值交易通常要求公司投入大量的资本，以抵御潜在的损失。假设你预计在一年内会收到 1 000 亿日元，你想锁定美元等值。目前的汇率是 100 日元兑换 1 美元，所以应收账款的当前价值是 10 亿美元。你签订了一份为期一年的 10 亿美元的远期合同，以 100 日元兑 1 美元的汇率购买 1 000 亿日元。对方希望得到一些保证，即你在一年内有足够的资金进行购买，所以他们可能要求你预留 1 亿美元的现金或政府债券作为抵押。在这一年里，你不能用这笔钱投资于你的业务或向你的股东支付现金。

另一个成本是上行损失，锁定当前价格的套期保值可能会使放弃的上行成本高于下行保护的价值。例如，一家大型的独立天然气生产商正在评估未来两年的生产套期保值。期货市场上的天然气价格为每百万英热单位 5.50 美元。该公司的基本观点是，未来两年的天然气价格将保持在每百万英热单位 5.00~8.00 美元的范围内。通过以每百万英热单位 5.5 美元的价格进行套期保值，该公司只保护自己不受价格下跌的影响，如果价格上涨到 8.00 美元，则放弃了 2.50 美元的潜在上涨空间。

通常情况下，减少宏观经济风险（如货币和商品价格风险）的唯一实用方法是，对公司进行结构性改变，如转移生产，或者简单地确保公司有足够的财务缓冲来吸收风险。

承受多少风险

从金融理论中我们可以得出，公司不应该承担危及整个公司的风险。然而，除此之外，金融理论并没有提供关于承担多少风险的指导。

考虑到项目 A 需要 2 000 万美元的前期投资（见表 14.1）。如果项目一切顺利，公司将永远获得 1 000 万美元的年收入。如果不成功，公司的收益为零。（这种全有或全无的项目并不罕见。）为了给项目 A 估值，金融理论指导你将期望现金流按资本成本折现。但在这种情况下，期望现金流是多少呢？如果一切顺利的概率为 60%，期望现金流将是每年 600 万美元。按 10% 的资本成本计算，该项目一旦完成，价值将达到 6 000 万美元。减去 2 000 万美元的投资，投资前的项目净值为 4 000 万美元。

表 14.1 项目 A 分析　　　　　　　　　　（单位：万美元）

	成　功	失　败	期望值
概率（%）	60	40	—
每年现金流	1 000	—	600
资本成本（%）	10	10	10
项目总价值	10 000	—	6 000
初始投资	（2 000）	（2 000）	（2 000）
项目净值	8 000	（2 000）	4 000

但是，该项目每年绝不会产生 600 万美元。它每年产生的现金流要么是 1 000 万美元，要么是零。这意味着折现后的现金流的现值要么是 1 亿美元，要么是什么都没有，使得这个项目扣除初始投资后的价值要么是 8 000 万美元，要么是负 2 000 万美元。它的期望值为 4 000 万美元（6 000 万美元减去初始投资）的概率为零。

与其知道期望值，管理者不如知道该项目有 60% 的概率值 8 000 万美元，40% 的概率损失 2 000 万美元。然后，管理者可以检查每种结果占主导地位的情景，并决定上行是否弥补下行，公司是否能够轻松地吸收潜在损失，以及他们是否能够采取行动降低损失的程度或风险。关注期望值的理论方法虽然在数学上是正确的，但隐藏了一些关于特定结果范围的重要信息。

一家公司应该如何考虑是否要承担一个上行 8 000 万美元、下行负 2 000 万美元、期望值 6 000 万美元的项目？理论上，承担所有期望值为正的项目，而不考虑上行与下行的风险。但遵循理论可能会有问题。

考虑一家电力公司（见表 14.2），有机会以 150 亿美元（2009 年对一个有两个反应堆的设施的粗略估计）建造一个核电设施，如果下行的可能性会使公司破产怎么办？假设该公司在建造核电站之前价值 320 亿美元（200 亿美元的现有债务和 120 亿美元的股票市值）。如果核电站成功建造并投入使用，它的价值将达到 280 亿美元。但也有 20% 的机会，它将无法获得监管部门的批准，价值为零。作为一个单一的项目，其期望值为 220 亿美元，或 70 亿美元的净投资。另一种说法是，该项目有 80% 的机会值 130 亿美元（280 亿美元减去 150 亿美元的投资），20% 的机会值负 150 亿美元。

表 14.2 核电站对公司价值的影响　　　　　　　　（单位：亿美元）

	公司现在	核电站成功	核电站失败	期望值
概率（%）	—	80	20	—
核电站价值	—	280	—	220
公司其他部分的价值	320	320	320	320
总价值	320	600	320	540
现有债务	(200)	(200)	(200)	(200)
新债务		(150)	(150)	(150)
股权价值	120	250	(30)	190

此外，失败将使公司破产，因为公司现有工厂的现金流将不足以支付现有债务加上核电站失败的债务。在这种情况下，核电站的经济效益会波及到公司其他部分的价值。失败将使公司的所有股权化为乌有，而不仅仅是投资于该核电站的 150 亿美元。

我们可以扩展这个理论，一个公司不应该承担会使公司其他部分陷入危险的风险。换句话说，不要做任何有巨大负面溢出效应的事情。在前面决定是否进行项目 A 的例子中，这一注意事项足以指导管理者。如果 2 000 万美元的损失会危及整个公司，他们就应该放弃这个项目，尽管它有 6 000 万美元的期望值。

就像公司必须仔细考虑承担可能溢出的风险一样，他们也不应该太保守，以至于回避那些不会威胁到他们生存的风险。例如，公司不应试图消除收益和现金流的适度波动。这意味着公司不应该试图消除对宏观经济风险的适度暴露，如利率风险、货币风险或商品价格风险，尽管这些风险会给公司的报告收益带来波动性。我们在第 9 章中表明，投资者并不会因为适度的收益波动而惩罚公司。

此外，公司不一定要放弃有吸引力但有风险的投资机会。考虑一下这个假设（尽管这个例子是基于真实情况的）：公司有机会在 S 项目上投资 10 亿美元，这个项目有 40%的概率值 200 亿美元，有 60%的概率完全失败，损失全部 10 亿美元投资。预期净现值是 70 亿美元，即每投资 1 美元就有 7 美元。该公司目前每年产生约 10 亿美元的税后现金流，并且没有什么债务，因此即使项目完全失败也不会造成财务困境，尽管它会产生负面的头条新闻。

拟议的投资将使该公司在未来五年内每年的报告收益减少 5%，而项目的成功或失败在五年内都无法预测。大多数投资者会对这项投资跃跃欲试，然而我们知道的许多公司却不会。第一，该项目甚至可能无法提交给首席执行官或董事会，因为即使它的失败不会接近毁掉公司，但如果它不成功，那些提议者的职业生涯可能会受到损害（所以他们可能首先放弃提议）。第二，许多公司不会容忍短期收益的减少。第三，许多公司会更关注 10 亿美元的潜在损失而不是 200 亿美元的可能收益。

风险文化

当涉及到风险管理时，公司经常落入三个陷阱：（1）忽视大的风险（特别是当它意味着要对抗有缺陷的现状时，就像银行向买不起房子的人提供抵押贷款，除非房价继续上涨）；（2）支付高价来减少不重要的风险，比如适度的收益波动；（3）当高回报项目的下行风险只对公司价值造成相对良性的影响时，就放弃了这些项目。公司落入这些陷阱是因为不良的风险文化，我们将其定义为高管不能公开讨论风险并采取行动。

例如，许多公司都有单点预测的做法，这意味着从资本支出到收购到五年战略都被归结为单一的财务预测，而不是多种方案。高管不愿意展示基本情况之外的任何上升潜力，因为他们担心这将成为要求的业绩。同样地，高管也不愿意展示任何下行风险，因为他们担心项目会被拒绝。这就是为什么这么多的项目只是一般般，赚的钱刚好超过他们的资本成本，可以得到批准，但没有得到太高的期望。

公司有时会自欺欺人地认为他们更先进，因为他们使用了先进的统计技术，但他们经常滥用这些技术。我们知道有一家公司使用复杂的统计技术来分析项目，但结果总是显示，出现负净现值项目的概率为零。该组织没有讨论失败的能力，而只有不同程度的成功。

像情景分析这样的简单技术可以在很大程度上改善风险管理，但前提是高管要求有足够广泛的情景（不是正负 10%）并鼓励公开讨论下行风险和上行潜力。

第 15 章 资本结构

资本结构的决定，包括那些与股息和股票回购有关的决定，是很重要的——不是因为做对了会创造大量的价值，而是因为做错了会破坏巨大的价值。例如，在 2006 年，一些非常大的公司收到了投资银行的建议，要求大幅提高他们的债务水平，并向股东支付大量资金（有些高达 500 亿美元）——认为这将提高每股收益和股票价值。幸运的是，没有一家公司决定以这种方式提高杠杆率；如果他们这样做，其中一些公司将发现很难在 2008 年开始的金融危机中生存下来。

一个公司资本结构的首要目标应该是确保它有足够的资本来追求其战略目标，并经受住沿途任何潜在的现金流短缺的考验。如果一个公司没有足够的资本，它要么会放弃机会，要么更糟，陷入财务困境或破产（或需要政府救助）。过多的资本总是可以通过增加未来对股东的分配来补救的。

资本结构可以归结为三个问题：(1) 在一个公司的资本结构中，债务和股权的正确组合是什么？(2) 什么时候公司应该超越简单的债务和股权，使用复杂的资本结构（如金融工程）？(3) 一个公司应该使用什么组合的股息和股票回购来向股东返还现金？

债务和股权的组合

债务和股权的组合是一种平衡的行为。一方面，股权为管理者提供了更多的灵活性，使他们能够度过意外的衰退期或利用未预见到的机会（如收购）。另一方面，债务提供了税收优惠和财政纪律。

区分债务实际价值的相关效应和它对不同类别投资者的回报和风险分布的影响是很重要的。债务放大了股东的回报。例如，如果一家公司获得10%的投入资本收益率，并能以3%的价格（税后）借入一半的资本，其股权投资者可以获得17%的回报。但这种较高的回报并不能创造价值，因为它是以股东的较高风险为代价的。

图15.1说明了这种风险。在没有债务的情况下，公司可以获得正10%或负10%的回报。但如果公司使用50%的债务或50%的股权，股权投资者将获得正16%或负24%的回报。债务放大了收益（增加了风险），无论是向上的还是向下的。但是，下行风险大于同样数量的杠杆所带来的上行收益。

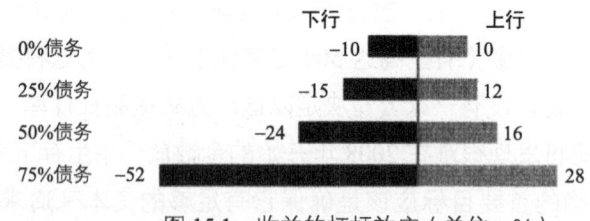

	下行	上行
0%债务	−10	10
25%债务	−15	12
50%债务	−24	16
75%债务	−52	28

图15.1 收益的杠杆效应（单位：%）

一些投资者可能乐意为预期的高回报而承担更高的风险，但这本身并不是价值创造。在没有债务的情况下，所有的价值创造或破坏都归股东所有；在有债务的情况下，则由股东和贷款人分享，但贷款人在换取固定回报的情况下获得优先权。

债务是一把双刃剑：它可以通过对公司现金流的影响创造或破坏价值。从积极方面来看，债务可以通过它提供的税收优惠和财政纪律来增加公司的现金流。从消极方面来看，债务可以通过减少管理的灵活性和使公司成为一个不太可靠的客户或供应商来减少公司的现金流。

债务通过减少税收来增加现金流，因为在大多数国家，债务的利息支付是免税的，而对股东的分配则不是。实际上，股息和资本收益要被征收两次税（在公司层面和投资者层面），因为它们是从税后利润中支付的，而利息只在投资者层面被征税，因为它是从税前利润中支付的。

尽管金融教科书经常显示，理论上债务的潜在税收收益很高，但在实践中，对于拥有小范围相关资本结构的大型投资级公司来说，这种收益要小得多。图 15.2 显示了这种情况的实际运作情况。大多数投资级债务评级为 BBB 至 A 的公司的利息保障倍数为 4.5～10。在这个范围内，4.5 倍的公司和 10 倍的公司之间的价值差异不到 10%。尽管一旦你的利息保障倍数降到 4 倍以下，价值曲线就会急剧上升，但公司也有可能降到投资级以下的评级，这就给公司带来了限制性条款和其他限制，通常会超过债务的税收优惠。

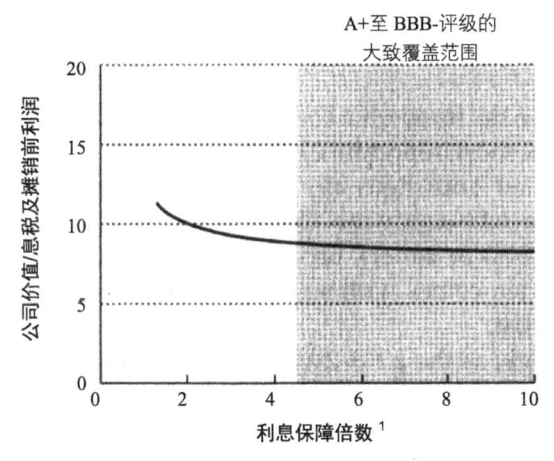

1 息税前利润除以利息。

图 15.2 债务的税收优惠：限制公司价值的影响

债务也可以通过对公司管理层施加财政纪律来增加公司的现金流。一家公司必须定期支付利息和本金，因此用于追求无意义的投资或不创造价值的收购的多余现金流较少。虽然这个论点多年来一直被用来支持杠杆收购交易中的高额债务，但它有一个问题：公司需要使用非常大量的债务来获得这种财政纪律，因此，这种债务只对具有非常稳定、可预测的现金流和有限投资机会的公司有用。

我们提到，债务以两种方式减少公司的现金流。第一，大量的债务降低了公司进行价值创造投资的灵活性，包括资本支出、收购、研发以及销售和营销。第二，大量的债务可能使公司作为客户或供应商的业务不那么受欢迎，作为雇主的吸引力也不那么大。

作为一个极端的例子，通用汽车和克莱斯勒汽车的市场份额大幅下降，因为消费者开始担心在不久的将来这些公司可能会不存在。同样地，供应商通常要求负债累累的零售商预付货款，这就造成了一个负面循环，即库存减少导致销售减少，导致库存更少，如此循环下去。

我们认为，公司在灵活性和财政纪律之间的权衡是决定其资本结构的最重要因素，远远超过了任何税收优惠。大多数大公司的目标应该是债务股权组合，使他们至少有一个投资级的评级（BBB 或更好），因为一旦低于投资级，债务往往伴随着重要的契约，当然，成本也更高。

此外，正如 2008—2009 年的信贷危机所表明的那样，低于投资级的债务并不总是容易获得。即使对即将到期的现有债务进行再融资，也很困难，更不用说为新的投资或收购获得资金了。大多数大公司都遵循这一准则，几乎 90% 的大型非金融公司都达到了投资级的债务评级（BBB 或更好）。[①]

拥有一个强大的资本结构在某些行业可以发挥很大的作用。在周期性的资本密集型行业，如化学制品和纸制品，投资支出通常紧随利润。公司在有现金的情况下投资于新的制造能力。[②]这些行业的模式是，所有竞争对手都在同一时间投资，当所有工厂同时投产时，会导致产能过剩和价格压力。在整个周期中，如果一个公司制定了一个反周期的战略资本结构，并保持比其他最佳方式更少的债务，那么它可以比其竞争对手赚得更多。在困难时期，它将有能力在其竞争对手无法做到的时候进行投资。

你可以使用复杂的建模技术来检验你的分析，但最终你需要问：我的期望现金流是多少？什么可能是错误的？什么意外的机会可能出现？设置你的债务水平，使你能够在你的行业中度过糟糕的时期，同时有能力利用意外的机会。

复杂的金融结构和金融工程

当涉及金融结构时，公司最好遵循阿尔伯特·爱因斯坦的建议："让一切都尽

[①] 样本包括在 2009 年年底市值超过 50 亿美元的所有非金融公司。

[②] Thomas Augat, Eric Bartels, and Florian Budde, "Multiple Choice for the Chemical Industry," *The McKinsey Quarterly* no. 3 (2003): 126–136.

可能简单，但不能过于简单。"事实上，大多数大公司倾向于遵循这个建议，只用普通股权和直接债务作为资本来源，不采用任何复杂的产品，可转换债券或资产负债表外债务。

复杂的金融工具或结构很少为大公司创造价值，但高管需要知道为什么这些复杂的产品可能或不可能创造价值，这样他们就知道是否以及何时适合他们的公司。

在第 3 章中，我们讨论了将酒店所有权和管理权分开的例子，它创造了大量的税收优惠。酒店由一个像房地产投资信托基金一样的税收传递实体所拥有，但由一家大型酒店公司如万豪所管理。这些交易并不简单，因为他们需要确保所有者和管理公司的利益是一致的。例如，他们需要事先确定如何对酒店进行翻新的决策，他们需要确定可接受的客户服务标准，等等。

金融工程几乎总是会产生这样的复杂性，而当这些复杂性没有得到很好的管理时，事情就会出错。[①]考虑到美国服装零售连锁店默文的所有者试图将其房地产所有权与经营权分开时发生的情况。

2004 年，三家私募股权公司以 12 亿美元的价格收购了默文，然后将其分为两个独立的公司，一家拥有所有的房地产，一家经营商店。商店经营者向房地产公司支付租金。更为复杂的是，三家私募股权公司在这两个公司中持有不同的股份：一家持有两个公司的同等股份，一家持有房地产公司的更多股份，一家持有运营公司的更多股份。不幸的是，这意味着所有者的利益并不一致，一个人更关心房地产公司，希望获得高额租金，而另一个人则希望获得较低的租金。

虽然默文公司还有很多其他问题，但这种结构加剧了改善公司业绩的难度。默文公司在 2008 年申请破产，所有商店在 2009 年被关闭。

我们将使用可转换债券来说明如何使用价值核心原则和价值守恒原则来评估一个复杂的工具。可转换债券支付利息，债务可以由债权人以固定价格转换为股权。由于转换功能，债权人将接受较低的债券利率。2007 年，大约有 1 500 亿美元的可转换债券被发行。

举例来说，Cissues 公司发行的可转换债券面值为 1 000 美元，利率为 2%。

---

① Emily Thornton, "What Have You Done to My Company?" *BusinessWeek,* December 8, 2008, 40–44.

债券持有人可以以每股25美元的价格将债券转换成股票（每1 000美元的债券，债券持有人将得到40股：1 000美元/25美元）。在债券发行时，股票的交易价格为20美元，因此转换价格比市场价值高出25%。假设三年后，股票交易价格为每股35美元，所以债券持有人决定转换，实际上每股支付25美元，比转换时的股票价格折价10美元。

以下是银行家对可转换债券的营销方式。对公司的好处是，他们支付的利率比直接债务低（在我们的例子中是2%），而且，如果转换，公司会得到发行时市场价值的溢价（每股25美元相对于每股20美元）。对投资者的好处是，如果股价下跌，投资者仍然持有债券，除非出现严重的困境，否则其价值不会下降很多；但如果股价上涨足够多，投资者可以分享收益（有机会以低于市场的价格购买股票）。这使可转换债券成为一种双赢。投资者和公司都比公司直接发行债券或股票的情况要好。

这听起来不错，但价值守恒原则告诉我们要看对现金流的影响。当公司发行可转换债券时，公司的总运营现金流并没有改变，只是这些现金流的分配发生了变化。因此，对公司和投资者来说，这不可能是一笔好交易，因为他们分的是同一块蛋糕。

这里有一个更好的方法来解释可转换债券。对公司来说，如果股价上涨，可转换债券的所有者将以转换时的市场价格的折价转换为股权（债券持有人为转换时价值35美元的股票支付每股25美元）。如果股票不涨或下跌，可转换债券的所有者将不会转换，而公司将不得不支付全部的债券金额。因此，当事情进展顺利时，公司必须与可转换债券的所有者分享上升的收益，但投资者不用承担下降的损失（除非公司违约）。

当投资者或贷款人与管理者在评估公司的信贷风险方面存在分歧时，可转换债券可能是有意义的。[①]当分歧很大时，可能很难甚至不可能就信贷条款达成协议。关键的原因是，较高的信贷风险确实使可转换债券的直接债券部分的吸引力降低，而转换部分的吸引力增加。

金融工程的另一个例子是资产负债表外债务，它通常以租赁、资产证券化或

---

① 见 M. Brennan and E. Schwartz, "The Case for Convertibles," *Journal of Applied Corporate Finance* 1, no. 2 (1988): 55–64.

项目融资的形式出现。考虑到一家公司目前拥有其总部大楼，并将该大楼出售给另一方，而后者又将该大楼租回给该公司（售后回租）。如果租赁符合某些会计要求，该公司可以将该交易视为对出租人的出售，将资产和相关债务从其资产负债表中删除。听起来是个好交易，而且可能是。但是，公司需要考虑到它不再拥有该资产，所以它不再分享建筑物的升值（或贬值），而且当租约到期时，它必须按照当时的市场价格重新谈判租赁条款。

此外，公司必须向投资者和信用评级机构披露他们的租赁义务。经验丰富的投资者和信用评级机构将这些义务视为债务，并在评估公司时将其列入资产负债表。

对于复杂的金融结构和金融工程，一定要确定对公司运营现金流的影响以及现金流在投资者之间的分配。这将有助于你了解该结构是否以及如何创造价值。不要忘记识别潜在的意外后果，这些后果在复杂的情况下不可避免地会出现。

股息和股票回购

大多数成功的公司最终发现，他们产生的现金流比他们以有吸引力的投入资本回报率再投资还要多。因为在资产负债表上积累未使用的现金是没有意义的，这些公司需要将现金返还给他们的股东。

一些高管认为，向股东返还现金是管理层没有找到足够的创造价值的投资。我们不同意，因为返还现金只是一种替代方案。以一家税后利润10亿美元、投入资本收益率20%、预计每年收入增长6%的公司为例。要以6%的速度增长，需要每年投资约3亿美元（超过我们假设的等于折旧的重置资本支出）。这就留下了7亿美元的额外现金流可用于投资或回报给股东。

在大多数经济部门每年找到7亿美元的创造价值的新投资机会并不是一件简单的事情。此外，在20%的投入资本收益率下，该公司需要每年增长20%的收入来吸收所有的现金流。公司别无选择，只能将大量的现金返还给股东。

一些领先的公司已经采取了明智的做法，定期归还他们不需要的所有现金，并利用定期的股票回购来支付总支付额和股息之间的差额。虽然这些公司没有正式公布的政策，但可以从他们的做法中推断出他们的政策。

例如，在截至2008年的五年中，IBM创造了550亿美元的自由现金流，并

价值

向股东返还了 610 亿美元。①在 IBM 分配给股东的 610 亿美元中，90 亿美元是通过股息分配的，520 亿美元是通过股票回购分配的。顺便提一下，很难想象 IBM 能在这五年中成功地将额外的 550 亿美元重新投入业务中，因为它每年已经在研发上花费了 60 亿美元，在广告和促销上花费了超过 10 亿美元。

有三种返还现金的方式：定期股息、股票回购和特别股息。特别股息很少被使用，因为它们不能让股东灵活地决定他们是想获得现金还是通过回购来增加他们在公司的股份，所以我们将重点关注定期股息和股票回购。②

正如我们在第 3 章中提到的，直到 20 世纪 80 年代初，对股东的分配中只有不到 10%是股票回购。现在，总分配中有 50%~60%是股票回购。为什么会有这种转变？这主要是由于灵活性。公司，尤其是美国的公司，已经让投资者形成了条件反射，认为他们只有在最糟糕的情况下才会削减股息。从 2004 年到 2008 年，只有 5%的收入超过 5 亿美元的美国上市公司削减了他们的股息，而且几乎每一个案例中的公司都面临着严重的金融危机。因此，公司不愿意建立一个他们没有信心维持的股息水平，而是选择股票回购。

一些投资者也喜欢回购，因为它允许他们选择是否参与。对于机构投资者来说，他们可以保持在一家公司的投资，而不需要承担股息再投资的交易成本。对于个人来说，通过不参与股票回购，他们可以推迟对股息的纳税，把它们变成可能在未来几年实现的资本收益。

理论上说，股票回购和股息增加向投资者传递了公司管理者的信号，这将推动公司的股价变化。对于股票回购，有三个潜在的信号，其中两个对公司的价值有积极影响，一个有消极影响。

回购的消极信号是，公司已经没有投资机会了，除了把现金返还给股东，找不到更好的办法了。这假设股市投资者还不知道公司产生的现金流比它能再投资的多。我们从未见过股市对公司不能再投资其现金流感到惊讶的情况。通常情况下，投资者在管理者做出这一决定前很久就已经预见到了股票回购，因为没有太多的选择。

---

① IBM 支付的现金比其运营产生的现金要多，因为它还从资产剥离、员工股票期权的行使、借款和减少现金中产生现金流。

② 此外，大多数高管股票期权计划不会调整股息的行使价格，因此当通过回购返还现金时，高管股票期权对高管来说更有价值。

第一个积极信号是，股票回购告诉投资者，管理者意识到公司不能投资所有的现金流，通过向股东返还现金，公司不会通过投资于损害价值的机会来挥霍现金。经验丰富的投资者通常会关注股票回购这一方面。

第二个积极信号是，管理者对公司的前景更加乐观，认为其股票被市场低估了。有一些学术证据支持这一观点，因为从历史上看，股价在回购计划宣布后会上涨。然而，这种上涨并不是永久性的。充其量，股票市场比其他情况下更早地认识到公司的高价值。

由于现在许多公司的股票回购更有规律，而且现在股票回购的总额超过了股息，我们怀疑其信号效应已经下降。不过，最近还没有任何研究。此外，大多数公司倾向于在他们有多余的现金流时回购股票，这也倾向于在他们的股票价格高的时候，所以我们不期望公司能够在他们的股票被低估的时候系统地购买。

虽然股票回购发出了一个积极信号，但股息增加也是如此。由于管理者只有在不得已的情况下才会削减股息，因此增加股息就意味着他们有信心能够继续支付新的更高的股息。股息的信号效应可能比股票回购更强，因为它是对未来支付的一种承诺，不像股票回购那样需要在未来几年重复支付。

关于股票回购的一个论点，经不起推敲，那就是股票回购会增加价值，因为它们会增加每股收益。正如我们在第 3 章中所看到的，股票回购在数学上确实增加了每股收益，但每股收益的增加将被市盈率的下降所抵消，因为公司由于杠杆率的提高而变得更加危险。对股票价值的净影响是零。

总之，将多余的现金流返还给股东通常是好事，但它本身并不创造价值。将现金返还给股东的另一个思路是，它可以防止这些现金被投资于低回报的项目。

管理不善的资本结构会导致财务困境和价值破坏，但对于那些杠杆率已经处于合理水平的公司来说，通过"优化"资本结构来增加价值的潜力是有限的，尤其是相对于改善资本回报和增长的影响而言。比起对所谓的最佳资本结构进行微调，管理者应该确保公司有足够的财务灵活性来支持其战略。

第16章
投资者沟通

与投资者沟通的价值可能很难确定。有些人认为这是浪费管理层的时间,对公司的股价没有影响。其他人则有不切实际的期望,认为你的投资者可以把你的股价说得很高,如果他们真的很厉害,可以告诉你为什么你的股价昨天下跌了1.2%。

我们介于两者之间。几乎不可能用任何有用的见解来解释短期的价格波动。即使你能把你的股价说得超过其内在价值,你可能也不应该这样做。另外,良好的投资者沟通可以确保你的股价不会脱离其内在价值,可以建立一个忠实的投资者基础,并可以确保高管不会因为误解投资者对他们说的话而做出错误的战略决策。

最后一点,关于倾听投资者的意见常常被忽视,这也是我们对投资者沟通感兴趣的一个关键原因。我们观察到,公司确实在关注投资者,而且有时会根据他们认为投资者希望公司做什么来做出重要的战略决策。然而,高管往往不知道如何解释他们从投资者那里听到的内容,往往是因为他们听错了投资者。

良好的投资者沟通使高管尽可能多地倾听正确的投资者,同样高管也告诉投资者有关公司的情况。这其实就是,与正确的投资者建立关系,并在他们的层面上与他们沟通。这也就是,不用关心那些短期倾向的投资者,仔细选择要关注的卖方分析,不要引起过多的媒体关注,这些媒体只是需要一个简单的标题,而使复杂的分析方法受阻。①

与投资者沟通的目的

良好的投资者沟通必须以正确的目的为基础，而通过投资者沟通达到尽可能高的股票价格就不是一个明智的目的。相反，与投资者沟通的首要目的应该是将管理者对公司内在价值的观点与公司的股票价格结合起来。

公司市场价值和内在价值之间的差异给所有公司股东带来了显著的损害。如果股票价格超过它的内在价值，价格最终会下降，因为公司真实的绩效会被市场所发现。当下降来临的时候，员工士气将会受挫，高管将不得不重视董事会，而董事可能并不理解为什么股票价格下降得那么快。

股票价格太高也可能鼓励投资者采取短期的政策来保持它的高股票价格，如延缓投资或维持成本，这些将在长期上妨碍价值创造。相反，股票价格太低也是有缺点的，特别是会有被收购的危险。此外，它会使得用股份赔偿收购这一选择变得没有吸引力，也可能使管理者和员工士气低落。

与投资者沟通的第二个目的是，开发支持一组有经验的内部投资者，他们完全理解公司战略、强势和弱势——他们能够更好地区分长期和短期。

最后一个目的是增加客户、竞争者和供应商的信息。最后，好的投资者将和你交谈你的客户、供应商和竞争者，所以他们可能提供给资深管理者更客观的见解。

内在价值与市场价值

任何好的战略必须从真实的状况评估开始，这与投资者沟通的战略没有什么不同。如果有的话，它应该从管理者认为的公司内在价值和股票市场价值的差距大小的评估开始。在实践中，我们通常会发现不存在显著的差异，或者这个差异可以被公司相对于同行的绩效表现所解释，或者通过市场的方式评估整个行业。请允许我们用假设的例子来说明。

Chemco 大型化学专用药品公司（简称 Chemco 公司）已经赚取丰厚的投入资

---

① 特别感谢 Robert Palter 和 Werner Rehm 的支持和对本章的见解，我们研究了他们的文章 "Opening Up to Investors," *McKinsey on Finance* (Spring 2009): 26–31.

价值

本收益率,但是它的产品线增长缓慢。结果,Chemco 公司的收入增长变得缓慢。Chemco 公司采用了购买行业领域中具有较高投入资本收益率的发展较快的小公司战略——试图采用它们的制造和分销技能来提高收购公司的绩效。自从公司在这个战略下第一次收购的 18 个月以来,Chemco 公司 5% 的收益是来自快速增长部门的。

Chemco 公司的管理者担心,相比于它自己而言,公司的市盈率会落后于许多公司。他们想要知道是否类似公司名字过时或者研究行业的分析师数量太少等因素是引起低价值的原因。

通过评估 Chemco 公司与它所认定为同行的公司的价值,我们开始分析那些显著的差异。一些假定的同行 100% 地关注快速增长部门,来自快速增长部门的收入比率远远超过 Chemco 公司的 5%。同样,一些 Chemco 公司的同行将通过大量重组,所以现在的收益是非常低的。当我们将 Chemco 公司的同行分组时,发现它的市盈率(公司价值/息税及摊销前利润)正在向这些同行看齐,但是仍旧落后于这些快速增长部门同行(见图 16.1)。第三组公司有较高的市盈率,因为目前的低收益是由重组导致的。图 16.1 也展示了 Chemco 公司和它最相近的同行有较低的投入资本收益率,并且增长率比其他公司低得多。因此,Chemco 公司的价值是与其相近同行的绩效表现联系在一起的。

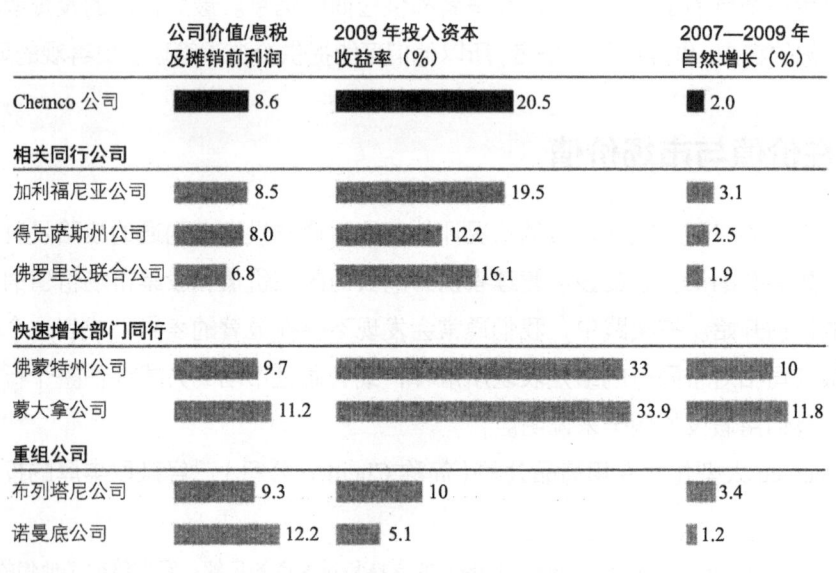

	公司价值/息税及摊销前利润	2009 年投入资本收益率(%)	2007—2009 年自然增长(%)
Chemco 公司	8.6	20.5	2.0
相关同行公司			
加利福尼亚公司	8.5	19.5	3.1
得克萨斯州公司	8.0	12.2	2.5
佛罗里达联合公司	6.8	16.1	1.9
快速增长部门同行			
佛蒙特州公司	9.7	33	10
蒙大拿公司	11.2	33.9	11.8
重组公司			
布列塔尼公司	9.3	10	3.4
诺曼底公司	12.2	5.1	1.2

图 16.1　Chemco 公司:与相近同行估价相符

接下来，我们调整所设计的 Chemco 公司和其同行的股票价格。通过为每家公司建立贴现现金流模型以及估算将来什么样的绩效水平会与现在的股票价格相一致，我们发现，如果 Chemco 公司每年增加 2%的收入和保持最好的利润水平和资金周转，它的净现值流量价值会等于它现在的股票价格。这个增长率是与最近同行隐含的增长率是一致的，比快速增长部门同行略低。

投资者类型重要吗

你的投资者是谁重要吗？目前，尚不清楚是否某个投资者会比另一个更好地帮助公司匹配股票价格和其内在价值。但是，了解公司的投资者能让管理者加深见解，或许会帮助他们预判市场将对重大事件和战略行动做出的反应，也会帮助他们提高投资关系活动的有效性和效率。

在第 6 章中，我们展示了传统的投资分类系统，如增长与价值，对投资者实际上怎样构建他们的投资组合只有很浅的了解。我们发现，越来越多的投资者倾向于投资高股票价格净值比的公司，而不会投资收入增长较快的公司。（记住，如果一个增长缓慢的公司有高投入资本收益率，它会有一个高的评估倍数。）

可能比较大的问题是，投资者的错误信念：他们能够通过可以更好地销售他们的股票给越来越多的投资者来提高公司价值的倍数，仅仅因为越来越多的投资者倾向于以较高的价值倍数拥有自己的股份。事实上，我们已经说明因果关系是相反的：在我们对公司的研究中，这些公司的股票价格增长得很多，足够将它们从价值类转移到增长类，成长型投资者的涌入明显不是促成市场价值上升的原因。相反，成长型投资者对高倍数做出进入股票市场的反应是在股票价格已经上升之后的。

在第 6 章中，我们也介绍了一种投资分类方法，这种方法是基于投资者组合构建战略的不同，更容易让人理解哪个投资者推动了股票价格。我们确定了四个类别的投资者：内在投资者、交易投资者、机械投资者和类指数投资基金。前两类是推动股票价格最重要的原因，但是方式不同。交易投资者通过预测近期的事件（季度盈利或产品公告等）进行购买或出售，产生了大量的交易量，但由于他们在短期内进进出出，他们对长期价格的影响是最小的。事实上，他们不在乎公司的股票价格是高还是低，而仅仅是看它能否在短期内上涨或下跌。

价值

内在投资者对股票价格有最大的影响力（除了公司事件触发的短期波动）。与其他投资者相比，这类投资者通常在他们的组合中拥有较少的公司，所以他们有能力更深、更细地研究他们投资的每个内在价值。他们也倾向于有更长期的眼光，所以他们持有的股票也更长期。

内在投资者以他们的研究为基础，来确定什么样的股票是值得的。如果价格比给定的价值临界值高，那么内在投资者将卖掉股票。如果股票价值下降到低于内在投资者所认为的真实价值，那么这类投资者将大量买入，使价格到达下限（开始上升）。不同的内在投资者对公司价值持有的不同观点常常给一个股票交易区间设置了上限和下限。

显然，公司应该多注意与内在投资者的沟通。如果内在投资者对公司的价值预测与公司自己的观点一致，那么整个市场对公司价值的评估就可能和公司做的一样，因为内在投资者推动了股票价格。他们对长期价值创造的理解意味着，他们相比于其他投资者在短期波动时期更可能持有股票（只要他们相信这些时期并不能反映公司内在价值的实质性变化）。当你想要了解市场是怎么评价你的公司时，你应该倾听这些投资者。

公司的难题是怎么对待类指数投资基金，这些投资者可能是一些公司最大的投资者。记住，这些投资者在他们的组合中可能有超过 200 家不同的公司，他们股份中的大多数是与公司在某个指标中的规模成比例的，如标准普尔 500 指数。检查一下这些投资者在你的公司中是过多还是不足。如果过多，把他们转移到相关公司或行业的内在投资者中；如果不足，将他们保留在类指数投资基金中。

首席执行官和首席财务官对他们的时间有大量的要求，并且投资者担心高管会花费太多的时间在投资者上而不是公司运营上。例如，首席执行官不得不决定与哪个客户亲自度过时间，首席执行官和首席财务官必须决定哪些投资者将得到他们的时间。投资者分类使首席执行官和首席财务官很清楚地知道，应该把他们的时间用来关注内在投资者这个小集体上，并且派遣投资关系部高管作为代表，与交易投资者和类指数投资基金进行沟通。事实上，投资关系部的重要作用之一应该是，分析首席执行官和首席财务官应该与哪些投资者建立关系，与哪些投资者促进关系，并处理哪些低优先权的投资者。虽然首席执行官和首席财务官可能在投资者中不怎么受欢迎，但这是必需的。

当然，首席执行官和首席财务官不能忽略卖方分析师，后者的角色总是随着时间在变。他们的工作是维护他们的客户，而他们最重要的客户是那些创造最多交易佣金的人：交易投资者。许多有经验的交易（或内在）投资者不怎么担心分析师发布买入或持有股票，而更喜欢关于公司的最新消息。因此，卖方分析师往往关注短期事件和近期收入，所以他们能把这些信息第一时间传递给他们的客户。

这就是说，通常有1~3个卖方分析师对行业动态和公司战略、时机和风险有很深入的了解。这些卖方分析师在处理时更像内在投资者。理性地看待卖方分析师的方法是，将他们分为兴趣和方法模仿交易投资者的，以及兴趣和方法模仿内在投资者的，然后更加注意后者。

与内在投资者沟通

内在投资者是有经验的，他们已经花了大量努力来了解你的业务，他们需要结果的透明度、管理者对公司绩效表现的公正评估，以及对公司目标和战略见解性的指导。他们在决定股票价格中的角色使得他们值得让管理者花一定的时间来满足他们的需求，即较为复杂的沟通而不是过于简单化的沟通。

但是，许多公司不愿意提供关于结果、问题和机会详细的讨论——认为那些减少了他们管理报告结果的灵活性，或者将给竞争者提供敏感信息。但是，从我们的经验可知，公司的竞争者、客户及供应商比管理者所预期的，已经知道了更多业务。

例如，一个摄影师的家庭手工业致力于寻找和宣传新的汽车模型，这些模型是汽车制造商还没有正式认可的。此外，公司的竞争者将定期和客户及供应商进行沟通，这些人只要符合他们的利益就会毫不犹豫地分享公司信息。所以，透露关于你自己的详情是不可能像你想象的那样会对公司不利的，考虑到这点，你应该评估你的竞争性成本和增大的透明度所带来的好处。

在有些情况下，公司甚至可能有能力去通过更大的透明度而比其他竞争者有更大的优势。假设一家公司已经发展了一种新的技术、产品或制造过程，管理者认为这将使公司超越竞争者。此外，管理者相信竞争者将没有能力去模仿这个创新。在战略方面，如果他们认为公司已经领先很多，那么公布的创新将阻止竞争者试图去竞争。从投资者方面来说，创新的公布使公司相对于其他竞争者可以增加股票价格，因此它对潜在的伙伴和重要的员工有更大的吸引力。

价值

有经验的投资者会通过总结分散业务的价值来建立对公司整个价值的评估。所以他们不太担心总结果：这些只是简单的平均数，对于公司个人业务在将来的增长和投入资本收益率会处在什么位置提供不了什么见解。在许多公司，管理团队希望公司的市场价值和他们自己资产的价值尽可能匹配，这也许可以通过揭露他们更多的个人业务的绩效来达到。

要如何详细才足够？关于财务数据，这取决于这些信息是否对评估企业能够创造多少价值至关重要。例如，IBM在低于业务部门水平下，在货币不变条款中公布了收入增长。雀巢在产品和地区水平下也是这么做的。这种详细的财务信息对于投资者是非常有用的，没有给竞争者在商业模式和战略来源优势方面提供见解，这些他们也不会从竞争情报和他们自己的绩效结果上学到。

就像拇指法则一样，公司应该提供详细的损益表给每个业务部门，至少是息税及摊销前利润水平。他们也应该提供资产负债表的所有经营项目（如财产、工厂和设备、应收账款、存货和应付账款）的综合报告数字。即使一家单一业务公司也能提高他们信息的披露程度，而同时不泄露战略上高度机密的信息。美国食品杂货连锁店全食品公司根据商店的年数提供投入资本收益率，如表16.1所示。这让投资者对于公司商业周期有了更深入的了解。

表16.1 全食品公司根据商店年数提供的投入资本收益率

可比商店 （2008年第一季度）	商店数量 （家）	平均规模 （平方英尺）	增长（%）	投入资本收益率（%）
超过11年	64	28 300	5.4	78
8~11年	28	33 400	4.0	55
5~8年	41	33 900	8.3	41
2~5年	41	44 600	11.7	22
少于2年（包括5个重新定位的）	15	58 100	37.7	−2

（资料来源：Whole Foods Annual Report 2007, March 2008 investor presentation, and Whole Foods.com。）

关于业务数据，要披露什么依赖于业务或业务单位的关键价值驱动因素。理想情况下，这些应该是度量标准，管理者运用这些标准来做出战略或操作决定。像钢铁或航空公司等某些行业也会定期披露销售量和平均价格，也有能源的使用和成本，这些是这些部门的关键价值驱动因素。劳氏（硬件零售商）提供了关键价值驱动因素的有用信息，如客户交易量和平均票据规模大小等，如表 16.2 所示。

表 16.2　劳氏的客户交易量和平均票据规模大小

其他指标	2007 年	2006 年	2005 年
可比商店销售量（减少）/增加（%）	5.1	—	6.1
客户交易量（百万美元）	720	680	639
平均票据（美元）	67.05	68.98	67.67
年末			
商店数量（家）	1 534	1 385	1 234
销售地面的平方英尺（百万美元）	174	157	140
平均商店规模，销售平方英尺（千美元）	113	113	113
平均资产收益（%）	9.5	11.7	11.9
平均股东权益收益率（%）	17.7	20.8	21.5

（资料来源：公司提交美国证监会文件。）

为了做出明智的投资决定，内在投资者要求高管诚实地对待他们公司或业务的对外评估。然而，高管的对外宣称通常不是很坦诚的。大多数管理展示和出版物提供的仅仅是过去一年的绩效，而不是对不足部分的综合评估。很少会讨论在数字上的战略性权衡的影响。例如，如何以利润为代价制定价格来积极地驱动增长。那些公开讨论在一年中发生了什么以及揭露管理在经济比较好的情况下确定绩效不佳的缺口在哪里的公司，将帮助投资者评估执行团队的质量，是否有未来价值创造的潜力。

更重要的是，当决策变得很差时，投资者想要知道管理者学到了什么。内在投资者尤其知道公司需要承担风险，但并非他们中的全部都会偿付。内在投资者对价值的了解程度和意愿可能会支持公司通过一种修正的方法来提高对管理判断的信任，前提是在他们之前所给的信息足够。

一个投资组合经理这样说："我不需要内部信息。但是我希望当管理者谈论绩效时把我看在眼里。如果他们逃避讨论或者解释，无论看到多么诱人的数字，我都将不再投资。"

考虑前进保险公司的例子。在 2006 年的第三季度，公司降低利率政策以鼓励快速增长，首席执行官格林·兰威克是这样描述的："是一个明确的、用利润换取长期客户增长的交易。"他认为："虽然我们从来不知道另一种决定的结果，但是我们对注重客户增长的决定感到非常好。"当战略没有按计划一样有效时,格林·兰威克在2007年股东年度报告上直接用信中头两句话指出了问题。"盈利能力和溢价增长都在下降,它们直接反映了我们采取的定价战略。"他写道。这一战略"并没有产生我们所希望的总收入增长"。当长期的投资者决定投资于一个惯例团队时,他们是在寻找这种坦诚的评估。

指导

许多高管认为,指导他们的下个季度或年度的每股收益发行仪式是必要的。如果有时太烦琐,那么可以是金融市场上的部分沟通。我们调查了有关指导方面的高管,他们认为指导收益发行有三个主要优点:较高的评估、较低的股票价格波动率、较高的流动性。但我们的分析发现,没有证据证明这些预期的收益会实现。

相比于每股收益的指导,我们更相信管理者应提供给投资者塑造公司绩效更广泛的标准,如销售量目标、收入目标及减少成本的积极性。[1]他们可以在财政年度的一开始就公布这个信息,如果发生重大变化,则要更新这个消息。

为了测试公司给出的每股收益指导是否会带来较高的价值,我们比较了有指导方针的公司与没有指导方针的公司的市盈率。在大多数行业,两类公司的潜在分布是没有显著区别的。此外,在公司开始提供指导方针的一年里,他们的股东总收益率与那些没有提供指导方针的公司相比没有什么不同,如图16.2所示。在公司开始提供指导方针的年份里,股东收益超过市场和低于市场的可能性是一样的。

针对股票价格波动的问题,我们发现一个刚开始发布收益指导方针的公司股票价格向上或向下波动的可能性与那些没有发布指导方针的公司是一样的。最后,我们发现当公司开始发布收益指导方针时,他们比那些没有提供的公司确实更有经验来增加交易量,如同管理者预期的那样。然而,这个效果在第二年开始消退。

当我们询问高管关于停止指导时,许多人担心他们的股票价格会下降,波动

---

[1] Peggy Hsieh, Timothy Koller, and S. R. Rajan, "The Misguided Practice of Earnings Guidance," *McKinsey on Finance* (Spring 2006): 1–5.

幅度会增加。但是，我们研究了126家已经停止发布指导方针的公司，发现他们和其余市场出现更高或更低的股东收益的可能性是一样的。在126家公司中，有58家在他们停止发布指导方针那年比市场收益率高，而68家比市场收益率低。

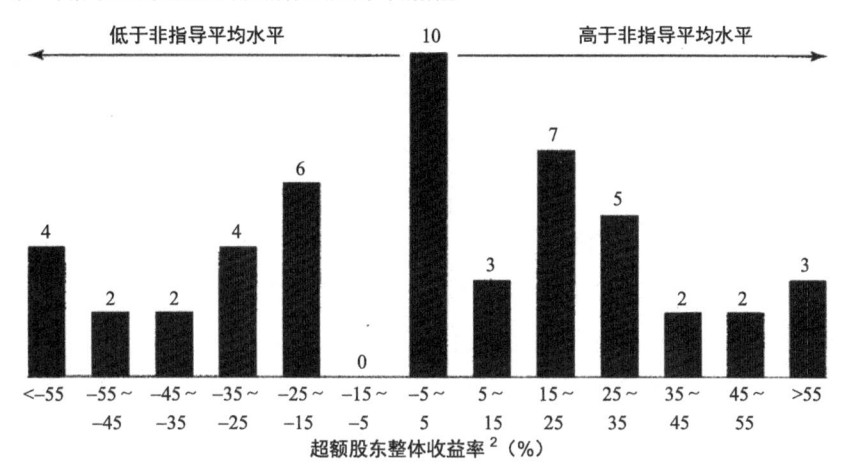

第一年指导公司收益达到给定的行业相对水平的数量[1]

低于非指导平均水平　　　　　　　高于非指导平均水平

超额股东整体收益率[2]（%）

区间	数量
<−55	4
−55~−45	2
−45~−35	2
−35~−25	4
−25~−15	6
−15~−5	0
−5~5	10
5~15	3
15~25	7
25~35	5
35~45	2
45~55	2
>55	3

1　50个指导公司样本全部来自客户包装货物部门。
2　所谓的公司超额股东整体收益率，是指开始指导那年的股东整体收益率减去非指导公司同一年股东整体收益率的中位数。

（资料来源：Thomson First Call，麦肯锡公司绩效中心分析。）

图16.2　股东整体收益率指导的最小影响

此外，我们分析表明，那些停止发布指导方针并且收益率比市场低的公司，是由于潜在的绩效表现不佳而不是指导方针本身的问题。例如，2/3的公司的停止指导方针并且投入资本收益率较低的公司，会表现出比市场更低的股东总收益率。而对于那些增加投入资本收益率的公司来说，仅有1/3的公司会表现出低于市场的股东总收益率。

我们的结论是，发布指导方针没有给公司和投资者提供真实的收益，相反，会产生真实的成本和不幸的、意想不到的结果。例如，对收益准确预测的困难度，经常引起管理者遭受错过季度预测的痛苦经历。反过来，那也会促使管理者重点关注短期，在以长期投资为代价下，每个季度都有不适当的管理收益，造成了稳定的假象。此外，根据我们对内在投资者的研究，发现他们意识到了收入在本质上是不可预测的。基于这个原因，他们不喜欢公司发布季度的每股收益指导方针。

价值

当可口可乐在 2002 年年末停止发布指导方针后，公司高管已经发表结论说，提供短期的指导方针会让管理者不能集中精力建立业务的战略活动和成功的长期管理。相反，加里·法雅尔（首席财务官）认为，这个举动标志着一个新的长期目标的重点。市场似乎也都表现一致并且没有表现出消极反应：可口可乐的股票价格保持稳定。①

作为替代方案，我们相信高管将从本财政年度初期所提供的指导中增加优势，关于他们的商业价值的短期、中期、长期价值驱动因素，给出一个估计范围而不是一个点。每当他们的目标中出现了有意义的变化，他们都应该更新这些指导方针。

在各种关于通货膨胀的假设下，一些公司给出了一系列收入增长的可能性，需要时，他们还会讨论单个业务部门的增长。信息技术研究部门顾能公司列出了一系列长期目标，如业务部门的增长目标、利润改善目标、资本支出改善目标。其他公司也提供了关于价值驱动的信息，这些可以帮助投资者评估增长持续性。例如，哈门那公司在它的健康计划中给评估会员提供了指导方针，包括公司预期会员会减少的计划。

理想情况下，公司会提供这类信息：帮助投资者基于他们对外在因素的评估来做自己的绩效预测。例如，在资源提炼行业中商品提取的定价（如黄金、铜或石油）是不稳定的。如果是这样的公司，管理团队对于未来价格的看法不一定比它的投资者准确。因此，在这些公司中生产目标比收入目标对投资者来说更有用。

同样，外汇汇率是不稳定的，但是在给定的一年中，仍然能够影响跨国公司 5% 甚至更多的利润。因此，公司应该避免汇率预测并将它们锁定到每股收益的目标中。相反，他们应该按不变的货币利率讨论他们的目标。这将使投资者更清楚他们预期的绩效。

倾听投资者

与投资者沟通的最后一个环节就是倾听投资者。当然，通过这样做来得到竞争性的信息是必定有用的。但是，高管在制定公司战略时应该受到投资者观点何

---

① David M. Katz, "Nothing but the Real Thing," *CFO* (March 2003).

种程度的影响（要么是表达观点，要么是投资者询问的问题本质），特别是当这些观点与资深高管所认为的创造长期价值的最好战略背道而驰时？

答案在于，对投资者的分类以及投资者根据自己的战略对投资者提供的信息的解释。例如，交易投资者（这些人通常有最强烈、最频繁的声势）以事件为基础做出他们的交易战略。所以，他们喜欢频繁公告和短期行动来创造交易机会。另外，内在投资者更关心的是长期战略举措，以及更广泛的驱动公司和行业的力量。将投资者提供的信息分类将帮助高管分类整理竞争性的观点。我们通常会发现，当高管将从投资者那里收到的信息分类时，来自内在投资者的信息是最有用的。

虽然最后高管会比投资者得到更多关于他们公司的信息，如它的能力、机会和威胁，但是他们需要对战略的选择有信心并把这些传递给投资者。高管不能期望满足所有的投资者，他们不得不采取对长期价值创造有用的做法。

我们喜欢 IBM 首席执行官山姆·彭明盛曾经做出的对关于在其他高科技公司都采取大量收购的情况下，IBM 是否应该也这样做的问题的回应。他很有信心地描述了 IBM 的战略："我们寻找的是有规模和杠杆效应的知识产权。我们有一个独特的基础，那就是我们的客户分布在 170 个国家。不管别人怎么说，我们不喜欢大的'收购'，因为你不能再将它规模化，它已经定型了……你告诉我曾经有多少这样的'大收购'可以赚回他们的钱，更不用说能得到比资本的平均加权成本还多的溢价了。"[1]

---

[1] 2010 IBM 投资者简报，2010 年 5 月 12 日。

第17章
价值管理

　　价值创造和应用四大基石中最困难的是，使近期收入和投入资本收益率达到适当的平衡以及继续投资长期的价值创造。[①]配置一家公司的管理方法以反映这个平衡是董事长的责任。

　　大公司在业务、市场、大股东和管理层次上很复杂——这往往会造成面向短期收益的偏见决定，因为它们是绩效最明显的标准。我们所知道的一家大公司用继承权做负债来耐心培养小业务部门，认为它们中的一些将变成大的成功的业务部门。但是，我们发现公司没有再培养那么多小部门了，想促进当前收益这一新目标造成了这一现象。

　　我们已经看到行业中的几家大公司，范围从消费品到卫生保健再到银行业，都设置了明确的目标要使盈利的增长比收入更快。这个能被解释为一种清晰大胆的绩效渴望，它通常对已经健康的业务有效两三年。但是，它忽略了一个事实，持续使盈利增长率比收入更快的唯一方法是削减增长的必要费用，或者在有几年低利润或负利润的新兴市场中不要投资。那些采取大胆但无法维持的绩效指令的公司通常会感到后悔。

　　在第9章中，我们提到过一个调查，是由格雷厄姆、哈维和拉吉哥帕所做的，

---

① 不仅包括固定资产，还包括计入当期损益的投资，如新产品开发、新区域市场和人力成本。

他们询问 400 名首席财务官，如果他们的公司处在危险中，收益目标没有达到，他们将做什么。80%的人会减少营销和产品开发这些可变支出来满足短期目标，尽管他们知道这样做会损害长期业绩。几乎 40%的人表示他们会为客户提供激励措施，使他们转变为在较早的季度购买。

大多数高管不会从一开始就欺骗未来的价值创造，但各种力量迫使他们把重点放在短期绩效上：投资者、股票分析师、记者、董事会、他们自己的内部管理流程。没有简单的方法来克服短期的偏见。它可能要求降低短期利润增长率和投入资本收益率，以低于他们能够到达的水平，有时也可能低于同行的增长率和投入资本收益率。更糟的是，对于一家公司来说，几乎不可能去向投资者证明公司当前的边际利润或利润增长低于同行是因为对未来的消费而不是管理水平差。

克服短期偏见同时保持很好的绩效文化往往需要在几个核心管理过程中的变化。绩效衡量应该反映公司的复杂性，包括长期与短期标准更好的混合方式，更加注重能预示财务结果的经营指标。高管薪酬应该从简单的收益基准和短期的股东总收益率的测量中移除。战略规划和预算应包括动态重新配置组合、新增长创造平台、与增长相关的资源再分配。董事会应该明白不可避免的交易，所以它既能挑战也能支持管理者的决定，这个决定将影响公司的长期价值。

价值组织

大型公司管理过程的一个共同的不足之处是，他们往往在一个过高的水平上运行。价值创造是通过来自特定消费类型的单个产品或服务的现金流，而不是公司水平（尽管多元公司价值增加机制在第 12 章中已经讨论过）。因此管理过程（如绩效衡量、报酬、规划）需要以一种方式被管理，这种方式能帮助公司在一个适当的水平做出决定。

许多大型公司都用分区（有时也称群组或部门）这种组织结构，这些分区就是有关业务部门的集合。这些分区化结构已经发展到为高级职位设置的培训经理，以限制对首席执行官直接报告的数量。但是，这会降低业务和运作的透明度，也会妨碍公司积极增值的行动。例如，一家小公司的负责人可能重视有前途的新技术投资，但是，因为公司不具有足够的研发预算，所以只能放弃。如果这个想法能够提升到更高的命令链，就容易获得资金。微观层面的透明度不足会成为未来创造价值的障碍。

我们的经验表明，一个典型的拥有 10 亿美元或更高收入的公司应当有 20～50 个分开管理的执行单位。同时，管理这么多的单位可能增加首席执行官和公司员工的工作量，但事实往往是相反的。使用更小的单位，实际上降低了复杂性，因为管理者会发现，识别和监控真正推动绩效的少量指标会变得更容易。

在设置更加精细的单位时，首席执行官可以做出大量更迅速、更详细、更激进的决定，而不是将战略和经济聚合成复杂的部门，然后占用过多的时间来理解总体的战略和性能。首席执行官和首席财务官拥有更好的信息，使自己在管理一个单位的长期发展中，成为更积极的角色。[1]

这些结构也使积极重新分配资金和人才来创造价值变得更容易。一家全球性技术公司发现，他们通过采取更精细的方法转移了其研发重点。根据那些只设置少数经营单位的老办法，一个单位通过定期减少在一项突破性可再生能源技术上的研发支出，以满足其总利润目标。一旦该公司重新定义报告单位，那么这项技术及其应用将成为自己的报告单位，支出则会根据这项技术的长期收入的潜力而显著增加。

绩效衡量

绩效衡量通常会大大驱动大公司的运作方式。在这本书中，我们大量谈论为什么会计利润或利润增长作为唯一的绩效指标是不会导致创造价值的。投入资本收益率的补充收益和收益增长是朝正确方向迈出的一步，用来确保业务赚得的收益事实上是会创造价值的，不是另一家公司可以用来更好部署的简单的过度消费资本。但是，收益、投入资本收益率和收入增长没有预见性。他们不会告诉你，公司怎么定位将来的增长和改善投入资本收益率才是好的。

我们知道有个公司业务部门在四年中持续创造利润增长和投入资本收益率的高水平。由于部门财务绩效报告非常好，总公司的高管不会过多询问部门利润驱动的问题——直到发现已经太晚。最后，部门通过提高价格和削减营销和广告支

---

[1] Massimo Giordano and Felix Wenger, "Organizing for Value," *McKinsey on Finance*, Summer 2008, 20–25.

第 17 章 | 价值管理

出费用来提升利润。较高的价格和减少广告会给其他竞争者抢走市场份额的机会，并且这些竞争者也是那么做的。所以，当利润上升、投入资本收益率很高时，市场份额正在减小。

公司知道接下来的事情就是他们不能再提高价格，市场份额正持续下降。公司不得不以较低的价格和更多的广告重新设置业务，公司会花很多年时间来重新获得所失去的地位。如果公司高管和董事会已经对部门的利润扩张资源进行过探讨，他们可能会较早采取纠正行动。这个例子也说明，管理者和董事会有责任质疑高绩效部门就像去质疑处于困境中的部门一样。好的绩效衡量方法可以帮助克服财务措施存在的短期偏见，通过明确监控公司和业务部门是否处在维持和改善它的财务绩效的位置上。这就是我们所说的公司健康，并且相关指标解释了财务绩效是怎么达到的，以及提供了未来潜在绩效因果关系的见解。系统地衡量绩效和健康的例子如图 17.1 所示。

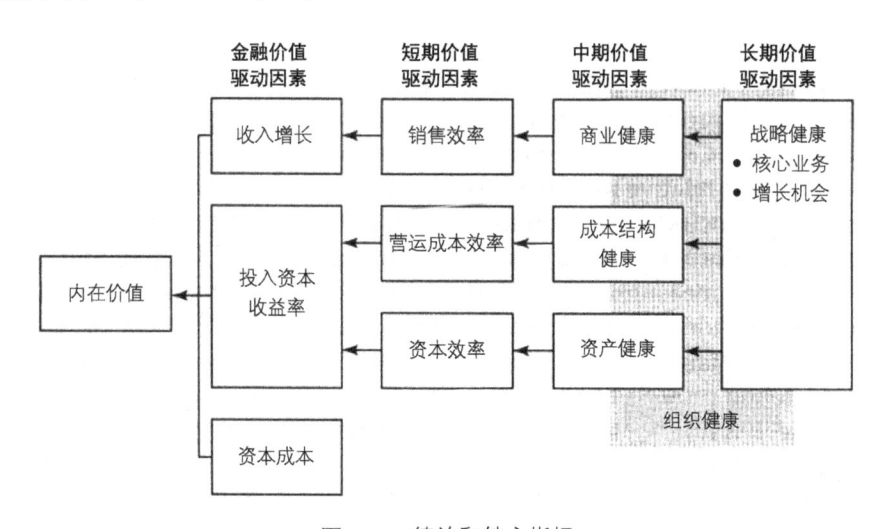

图 17.1 绩效和健康指标

图 17.1 左边显示金融价值驱动因素：收入增长和投入资本收益率。公司还需要指标表明短期、中期、长期业务的健康，显示财务指标的权重。虽然每个业务需要一些指标的修改，但是展示在图 17.1 中的八个通用类别能作为一个起点来确保公司对每个重要领域进行系统衡量。

短期价值驱动因素是增长和投入资本收益率的直接杠杆。它们表明，在不久的将来当前的增长和投入资本收益率是保持、提高还是会下降。它们可能包括销售生产力指标，如市场份额，该公司相对于同行收取溢价的能力或产品销售力度。营运成本的生产力指标可能包括制造汽车或传递包裹或返工率等组合成本。

中期价值驱动因素表明，公司在未来1~5年内是否能保持并提高收入增长和投入资本收益率（对于药品生产公司有长生命周期的公司，或者会更长）。这些指标可能会比短期指标更难以量化，更可能每年或甚至更长时间才能被衡量。

中期商业健康指标表明公司能否保持并提高它当前的收益增长，包括公司产品线、品牌实力措施和客户满意度。成本结构指标表明，公司在3~5年内相对于竞争者管理其成本的能力。这些指标可能包括持续改善计划的评估或者对竞争者保持成本优势的其他方法。资产健康指标可能表明，公司保持它的资产和持续提高资产生产力的程度。例如，酒店和饭店连锁店可能会衡量重建项目的平均时间并把它作为健康的重要驱动力。

长期战略健康指标包括公司在识别和开发新的增长领域上的发展以及公司面对威胁保持竞争优势的能力。长期战略健康指标可能比短期和中期指标的质量更好，并且可能会更加与公司处理环境变化能力的评价相一致。一些例子包括新技术、客户喜好的变化、为客户提供服务的新途径，以及破坏性的威胁。

最后一类是组织健康，是用来衡量公司是否有人才、技能、文化来维持和提高它的绩效。相对于其他衡量，重要的是按行业而异。其中，一个方面就是人才需要流动。医药行业渴望需要深厚的科学创造领导能力，而基本不需要总经理。这可能会改变个性化治疗在产品市场中的增值趋势。零售商通常需要训练有素的储备干部、一些较好的跟单员，在大多数情况下，需要客户服务方面的店员。

这个框架和1992年由罗伯特·卡普兰和大卫·诺顿所写的哈佛商业评论文章有关平衡计分卡概念有一些共同之处。[1]许多组织已经大量提倡和实施平衡计分卡的想法。卡普兰和诺顿指出客户满意度、内部业务流程、学习与发展、收入增长是长期绩效表现的重要驱动力。

尽管我们的健康指标的概念类似于卡普兰和诺顿的非财务指标，但是我们不提倡对它们的直接应用。我们提倡公司选择他们自己的一套适合他们行业和战略的指标。例如，产品创造对于在某个业务中的公司是很重要的，然而，严格的成

---

[1] Robert S. Kaplan and David P. Norton, "The Balanced Scorecard: Measures That Drive Performance," *Harvard Business Review* 80, no. 1 (January 1992): 71–79.

本控制和客户服务可能更重要。同样，单一公司（或业务部门）在不同的周期阶段有不同的价值驱动。

报酬

尽管经营业务的复杂性以及有无数的需要去做的决定，但是大多数公司仍旧把报酬与收入和股东总收益率联系在一起，可能会有一两个例外的指标，如收益增长。我们相信，公司需要从根本上改变他们如何评价和支付执行人员的绩效。具体来说，他们需要补充短期的、机械的公式，从更深层次来评估管理者如何有效驱动推动了长期价值。

这种兼顾的方法需要更多的判断力并且更浪费时间，但是值得努力的。例如，我们公司资深董事委员每年有3~4个星期会致力于评估公司的董事。每个委员会成员花2~3个星期和同事交谈关于5~8个他们正在评估的董事。然后，委员会开了一个星期的会来讨论调查结果，并做出发展、进步、报酬等决定。这需要大量的时间和精力，但是它会克服纯机械方式所带来的问题。

像我们这样的做法是不主观的，它依赖于客观事实，因为投入的是一个非机械的过程，这个过程不会根据简单的公式而补偿人们。很像公司的一个健康计分卡，根据整体指标个人计分卡也同样是平衡的。例如，除了基于管理层薪酬的财务绩效，公司也可以评估执行人员关于产品开发、客户满意度、员工发展目标等方面的进步。

我们相信现行的将报酬和公司股票价格表现联系在一起的做法，特别是用股票期权，不会创造长期经营的动力。第一，正如我们在第7章中表明的，许多在1~3年期间的公司股票价格表现更多的是受广阔的市场运动所驱动，而不是公司或高管所驱动的。从20世纪80年代初到90年代末，股票价格上升主要是由于利率下降和强大的经济，而不是由于管理者的作为。相反，股票价格在2008年全线下跌，同样不是因为个别公司的绩效。

第二，正如我们在第4章中看到的，估计在短期内的运动在大多数情况下是被预期的变化所驱动的（公司和部门），而不是实际的公司绩效。虽然使用相关同行的股票价格表现将是一个简单和正确的步骤，但是我们仍旧会给这样一个度量整体的指标。

价值

战略规划和预算

随着绩效衡量和报酬，规划和预算形成公司文化和推动行为贯穿整个组织。然而，很少有资深领导满意生产力或这些过程的有效性。很多时候过程会有短期的结构性偏差，阻碍了建立长期价值的步骤。

正如我们在本章所说的，战略规划和预算的有效性与工作的正式流程或公司需要每个部门完成的模板几乎没有关系。只有当这些过程基于公司内的信息和公开对话导致好的决策时，它们才是有效的；但是在许多公司，每年的预算过程总会被战略规划所压榨。周围太多的战略过程已经被整理，以提供一个整齐的多年的财务预测；也就是说，过少的过程往往导致乱七八糟的问题。这些问题包括业务投资组合中应该包括什么以及不该包括什么，或者什么样的有机的已取得增长的结合能够创造价值。

有很多方法来改善战略规划怎样对价值创造做出贡献。第一，打破战略规划和预算之间的联系。战略规划过程除了确保它不作为一个光荣的重现3~5年的预算，更应该是基于不同时间线来经营的。

第二，业务部门的战略规划应该从具体的财务预测中移除，而面向注意长期价值创造的推动，最重要的是，要面向关于部门的问题和机遇的讨论。不是自下而上的一个50个生产线项目的财务预测，也许公司需要每个部门三个10个生产线项目财务方案与他们的投资一起来帮助构建问题和机遇。

公司应该建立独立的公司战略过程不同于他们业务部门的战略规划。设计公司战略过程应该明白对于更好的所有权、增长平台、资源再分配的机会。

业务部门和公司战略讨论都要处理基础的现状变化问题，如突然退出业务，或者在有希望的增长机遇上大大增加开支，或者采取大胆的措施来降低资产的强度或改善公司开发或销售其产品的方式。

许多公司的预算过程总是自上而下的，脱离了战略。高管总是告诉我们在战略讨论期间有关增长的一些特殊的投资是被批准的（意味着产品和市场的发展投资记录在损益表上，而不是资产负债表上）。但是，当到了预算时，已经没有钱可供支出了。

此外，太多的预算过程被设计用来适应所有情况：不管是在什么样的情况下，都期望每个部门削减一定数额的成本或者一定量的增长。我们发现了公司预算过程的优点,这些公司不是从自下而上的目标开始的,如整个公司需要每股收益10%的增长。自上而下的目标会起作用,当且仅当他们已经深思熟虑分析每个部门潜在的需要投资时。

一个较好的方法是，公司先集中精力与每个部门一起设计出那个部门最初的正确目标和预算，然后想想怎么把它们汇总起来。当所有部门被汇总起来时，公司可能会发现不喜欢这样的汇总结果。不过，没关系。如果一家公司已经完成了它的汇总，那么它将根据部门的相对价值创造潜力，指导哪些需要被削减成本，而不是根据死记硬背的公式来全面削减百分比。更好的是，这个过程会帮助公司发现不需要对所有部门的机会都进行投资——引发了深思熟虑的讨论，即该公司是不是某些部门的最佳所有者。

董事会

另外一个可能不会作为"过程"出现的管理程序是，董事会参与并影响公司高管的方式。许多董事会并不会帮助高管做出大胆的长期决策，而总会做些相反的事，如鼓励关注短期收益。这来自他们所做的直接决策（如执行者薪酬设计）以及他们所问的各种问题（如注重每股收益，排除其他绩效指标）。

这并不是说，董事会不应该对管理者的短期结果施加压力，因为强大的绩效理论都是从今天做什么业务开始的。但是作为投资者常设代表，董事会要确保公司管理团队保持当前收入/投入资本收益率和建立未来收入增长的适当平衡。要想做出复杂的关于价值创造选择的判断，需要董事会保持距离，自由提问尖锐问题，并提出不同的观点。

许多董事会讨论的重点放在总的财务绩效上：整个公司的收入，或者充其量只是少数部门。正如我们早期所讨论的，这样还不够好。高水平的财务绩效不能帮助董事会了解资深管理者所做的决定，这个决定是为公司的将来做准备的。如果董事会集中在总的结果上，那么管理团队也将那么做。董事会和管理团队都应该注重绩效的分类，如健康指标而不仅仅是绩效指标。如果需要被管理的业务部门水平分别是20、30甚至50，那么董事会也应在那个水平上来看绩效。

按照财务绩效及未来增长和价值创造的潜能，理解20个或更多部门的战略或绩效是个艰巨的任务。但是，董事会在这些任务上花费的时间低得惊人，尤其考虑到许多大公司的复杂性。

我们的几位同事采访了20个董事,他们曾担任上市公司和私募股权基金董事会董事。①平均而言,他们发现这些董事在私募股权公司上花费的时间是上市公司的将近3倍(54:19)。大多数时间没有花费在董事会会议上,而花费在实地考察、与管理者的专案会议、电话、电子邮件上。此外,我们的同事发现,这些上市公司的董事会更多是在风险规避而不是战略和绩效管理上花费他们有限的时间。一位接受采访的上市公司董事说:"焦点都在核对清单是否完成任务,不关心有什么贡献。"

据我们的同事所说:"绩效管理文化的性质和强度也许是在两个环境之间最引人注目的不同点。一个被调查者描述私人股本董事长'严格注重价值创造的手段'。……相反,上市公司董事长被描述成很少注重细节。……上市公司董事很少注意基本面价值的创造手段,更多地关注季度收益目标。……上市公司董事更关注预算控制,提供短期会计利润,以及避免投资者意外。"

如果董事希望避免加强短期偏见,分散管理时间,那么他们需要充分了解公司的股票价格绩效。例如,一家董事会成员关注他的市盈率的公司,它在一家金融网站上被报道低于许多同行市盈率的20%。但是,深入的分析表明,当同行和一些非经营性项目的资本结构差异被调整时,它的价值倍数(通过计算公司价值/息税及摊销前利润)与同行是一致的。澄清这点后就使首席执行官和公司可以将谈话转移到更重要的问题上,如根据行业的外部压力怎样保持长期的增长。

当上市公司董事会和主席与高层管理团队一同工作时,这个工作是关于重要的价值创造问题,结果是很明显的。在一个案例中,尽管有固定的增长率和投入资本收益率,大公司的首席执行官和首席财务官还是会有一种感觉,就是公司没有给它的业务创造价值。在密切的合作中,董事会和管理者问到的最后的问题是:公司应该继续存在吗?他们决定它不应该存在,然后把它分解成几个独立的公司集合。摆脱了作为单一公司不得不做出的妥协,这些独立的公司改变他们的战略和绩效轨道,为他们的股东创造更多的价值。

很难提出关于董事怎样能推动价值创造的方案。公司和行业的需求不同,因

---

① Viral Acharya, Conor Kehoe, and Michael Reynor, "The Voice of Experience: Public versus Private Equity," *McKinsey on Finance*, Spring 2009, 16–21.

为这是现有的董事、主席和首席执行官的爱好和习惯。这就是说，我们只能提供一些建议。

首先，找到一种方法可以使董事会更加深入了解单一业务部门的绩效、战略和机遇。价值创造发生在业务部门的水平上，而不是公司水平上，所以董事会要在这个级别上有见解和讨论。

一种方法可能就是创建绩效管理和战略委员会。我们发现，在美国和欧洲只有不到10%的上市公司董事会有这样的委员会。委员会的任务是更深入地研究主要业务部门的绩效，确保董事会充分了解当前结果的原因，以及各部门未来创造价值的定位。一家公司可能甚至要求这个委员会的成员比其他董事会成员投入更多的时间来把这个做好。

另一种可能被创建的机制是，给每个主要部门提供更有专业知识的董事会。个别董事会成员或者一部分委员会可能涉及一个特定的业务部门。被指定的董事会成员和委员会可能定期召开会议，与这个业务部门的领导和首席财务官一起，更具体地评估它的战略和绩效，而这些是整个董事会做得比较少的。但是，整个董事会不能放弃战略和绩效管理，而将它丢给委员会和这部分的委员，它可能从更专注的成员提供的见解中受益。

另一种更深入了解公司和它的部门的方法可能是提供直接的工作人员来支持董事会。工作人员可以提供没有偏见的深入的关于绩效和健康的分析、价值创造的机会，以及风险。例如，董事会及它的机构可以花点时间和首席财务官或指定的员工非正式地认真探讨主要部门和整个公司的绩效表现和未来前景。首席财务官或员工的任务是负责确定主要的竞争风险和机会，以及独立评估业务长期发展的前景。这可能类似于内部审计人员与董事会私下讨论内部控制。虽然许多高管，特别是业务部门领导，将对董事会得到那些没有经过他们办公室过滤过的信息而感到不自在，但是我们相信有责任的董事会能够利用这些信息来提高信任。

当谈到大而复杂的公司权衡近期财务绩效和长期价值创造时，对董事会适当的设置并且得到其他适当的流程并不容易。风险过于简单会导致集中于更多近期收入的管理，从而失去平衡。如果公司不能找到一种方法来做出关于维持短期绩效并同时创造长期价值的更细的决定，他们就应该问自己是否已经变得过于庞大和复杂了。

附录 A
价值计算

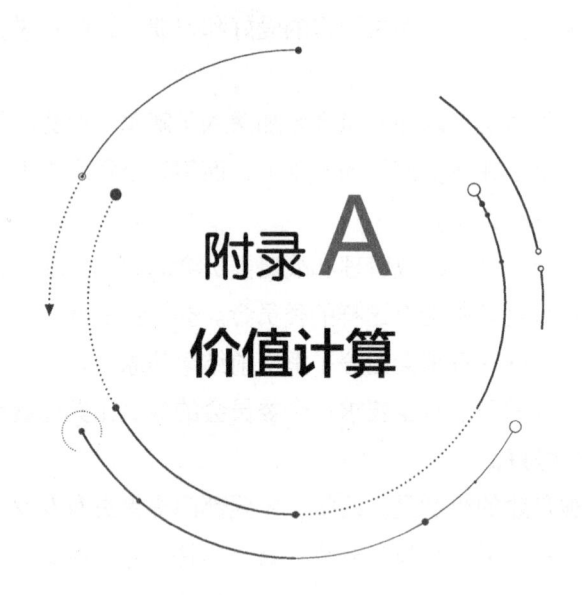

对于喜欢数学的人来说，附录 A 将价值核心原则作为一个简单的公式及其推导显示出来。我们称之为关键价值驱动公式，因为它将公司的价值与增长和投入资本收益率联系起来：

$$价值 = \frac{\text{NOPLAT}_{t=1}\left(1 - \dfrac{g}{\text{ROIC}}\right)}{\text{WACC} - g}$$

式中，净营业利润减去调整税（NOPLAT）代表公司核心业务产生的利润减去相应的所得税；

投入资本收益率（ROIC）代表公司在业务上每投资一美元所获得的回报：

$$\text{ROIC} = \frac{\text{NOPLAT}}{\text{投入资本}}$$

投入资本代表企业投资于其核心业务的累计金额，主要是厂房和设备，以及运营资本；

加权平均资本成本（WACC）代表投资者希望从投资公司中获得的收益率，所以是自由现金流的适当折现率；

增长率（g）代表公司的净营业利润减去调整税和现金流每年增长的速度。

为了得到价值核心原则的推导公式，我们还需要定义以下变量。

净投资是指从一年到下一年投入资本的增加量：

$$\text{净投资} = 第\ t+1\ 年投入资本 - 第\ t\ 年投入资本$$

自由现金流（FCF）是指企业核心业务在扣除新资本投资后产生的现金流：

$$\text{FCF} = \text{NOPLAT} - \text{净投资}$$

投资率（IR）是净营业利润减去调整税投资业务的部分：

$$\text{IR} = \frac{\text{净投资}}{\text{NOPLAT}}$$

公司的收入和净营业利润减去调整税增长率不变，该公司每年在它的业务中投资相同的净营业利润减去调整税的比率。每年投资相同的净营业利润减去调整税的比率也意味着公司的自由现金流将会以相同的速度增长。

因为公司的现金流增长率是不变的，所以我们能从使用公认的现金流量永续公式开始评估公司：

$$\text{价值} = \frac{\text{FCF}_{t=1}}{\text{WACC} - g}$$

这个公式是建立在金融数学文献上的。[1]

接下来用净营业利润减去调整税和投资率来定义自由现金流：

$$\begin{aligned}\text{FCF} &= \text{NOPLAT} - \text{净投资} \\ &= \text{NOPLAT} - (\text{NOPLAT} \times \text{IR}) \\ &= \text{NOPLAT}(1 - \text{IR})\end{aligned}$$

在第 2 章，我们开发研究了反映公司净营业利润减去调整税增长率的投资率和投入资本收益率之间的关系：[2]

$$g = \text{ROIC} \times \text{IR}$$

---

[1] 关于推导，请参见 T. E. Copeland and J. Fred Weston, *Financial Theory and Corporate Policy*, 3rd ed. (Reading, MA: AddisonWesley, 1988), Appendix A。

[2] 从技术上说，我们应该用新的或增加的投入资本收益率，但是在这里为了简单，我们假设投入资本收益率和增加的投入资本收益率是相等的。

计算 IR 而不是 g，可以推导出：

$$\text{IR} = \frac{g}{\text{ROIC}}$$

现在用这个来定义自由现金流：

$$\text{FCF} = \text{NOPLAT}\left(1 - \frac{g}{\text{ROIC}}\right)$$

自由现金流的代入给出了关键价值驱动公式：

$$价值 = \frac{\text{NOPLAT}_{t=1}\left(1 - \dfrac{g}{\text{ROIC}}\right)}{\text{WACC} - g}$$

将 Value 公司和 Volume 公司做的预先假设代入关键价值驱动公式，得到的价值与之前在我们将他们的现金流贴现时所提出的价值一样。

公司	净营业利润减去调整税（$t=1$）	增长率（%）	投入资本收益率（%）	加权平均资本成本（%）	价值（美元）
Volume 公司	100	5	10	10	1 000
Value 公司	100	5	20	10	1 500

我们把关键价值驱动公式叫作公司金融之道，因为它讲述的是公司价值能根本上推动经济价值：增长率、投入资本收益率和资本成本。你可能甚至会说这个公式所有代表的是评估，其他的一切都只是细节。

但是，通常我们不会在实际中运用这个公式。在大多数情况下，模型有太多的限制，因为它假设以不变的投入资本收益率和增长率向前发展。由于公司关键价值驱动是有望改变的，因此我们需要一个更灵活的模型。但是，这个公式对保持头脑集中于什么驱动价值上是有帮助的。

我们也可以用关键价值驱动公式来展示投入资本收益率和增长率决定市盈率，如价格对盈利的比率以及市场对账面价值的比率。为了看到这点，将关键价值驱动公式通过净营业利润减去调整税划分成两部分：

$$\frac{价值}{\text{NOPLAT}_{t=1}} = \frac{\left(1 - \dfrac{g}{\text{ROIC}}\right)}{\text{WACC} - g}$$

正如公式所表明的，公司的市盈率是由预期增长和投入资本收益率两方面共同推动的。

同样可以把公式转变成价值投入资本公式。从定义开始：

$$\text{NOPLAT} = \text{投入资本} \times \text{ROIC}$$

将这个净营业利润减去调整税的定义代入关键价值驱动公式：

$$\text{价值} = \frac{\text{投入资本} \times \text{ROIC} \times \left(1 - \dfrac{g}{\text{ROIC}}\right)}{\text{WACC} - g}$$

将两边除以投入资本：

$$\frac{\text{价值}}{\text{投入资本}} = \text{ROIC} \left(\frac{1 - \dfrac{g}{\text{ROIC}}}{\text{WACC} - g}\right)$$

附录 B
市盈率的使用

价值倍数特别是市盈率是总结公司价值常用的简称。我们在第 2 章中已经表明价值和市盈率能被投入资本收益率的增长率所解释。尽管实践中，分析和解释市盈率是麻烦的。更糟的是，市盈率的表面分析会使人产生误解。附录 B 解释了一些技巧，关于充分分析倍数来帮助你避免产生误导性结果。

有家公司最近问我们做什么可以增长市盈率。该公司正在以市盈率倍数 11 交易，然而，大多数同行以市盈率 14 交易，它折价了 25%。管理团队认为，市场只是没有明白它的战略或者绩效，但是事实证明，折价的公司比其他同行有更多的债务。我们估计，如果该公司与同行有相同的债务，它的市盈率也会在 14 左右。

区别仅仅是纯数学上的，而不是投资者的判断。其他所有东西都相等，有较高债务的公司将有较低的市盈率。经济上的解释就是较高债务水平公司风险也较高，因此，有更高的资本成本——这个就转换为较低的市盈率。

这个例子指出，表面运用和解释市盈率会带来陷阱。你必须认真分析会计报表确保你正在可比较的基础上比较公司。做得恰当的话，倍数分析能提供有用的见解和价值给公司，但是如果只是做一个草率的倍数分析会导致你错误的决定，这比没有做任何分析还要糟糕。

许多成功的投资者用市盈率来分析潜在的投资，但是他们强调需要谨慎地使用这个倍数。例如，本杰明·格雷厄姆的弟子不使用财务报告的收益来估计倍数；

相反，他们使用所谓的盈利能力。①他们调整很多项目的会计利润，包括一次性利润或费用、当前所处商业周期位置、资本机构等。然后，他们利用这些数据和信息估计维持的盈利水平。

这些天，有经验的投资者和银行家使用前瞻性的目光，公司价值对息税及摊销前利润的倍数。这些倍数提供更平等的公司价值比较。

前瞻性的目光，公司价值对息税及摊销前利润的倍数改善了简单的市盈率倍数，这个市盈率倍数在报刊和网站上用三种方式报道：它剥离了非经营性项目；它排除了资本结构的影响，通过利用对未来收益的估计；它更近似地反映公司在商业周期中的盈利水平。

当仔细构建倍数并做出适当调整时，你将发现在同行业中，整个公司的倍数差异倾向于大大缩小。图 B.1 显示了一些大型医药公司的市盈率和公司价值倍数。原始后置的市盈率倍数的变化范围是 12~38。展望未来一年，并调整公司倍数，发现范围下降到 12~17。使用收益四年后，公司之间的差异消失了。②

医药行业在四年后倍数收敛得最极端、最有可能的原因是，市场对强调短期收益的偏好，因为药物的引进和专利的使用到期是众所周知的，然而由于公司取得长期成功是基于公司发明新药物的能力，所以它很难加以区别辨认。

因为市盈率是由增长率和投入资本收益率的组合推动的，所以难免会有比较相似增长率和期望投入资本收益率的公司倍数。运用倍数通常有个缺陷，就是在比较公司与同行业其他公司的平均水平时，会忽略绩效上的差异。另一个缺陷是，公司往往会把自己和同行比较，而这些同行不具有相同的绩效，而是和他们的绩效不在同一类别中的。一旦你找到正确的同行，原本看来很荒谬的倍数会变得十分敏感。

图 B.2 显示了 6 个技术公司倍数和其预期绩效。我们的客户 C 公司简单地看了下左边并表达了不满，它的倍数比一些同行低。但是当你考虑绩效因素时倍数才有意义。

---

① Bruce C. N. Greenwald, Judd Kahn, Paul D. Sonkin, and Michael van Biema, *Value Investing: From Graham to Buffett and Beyond* (New York: JohnWiley & Sons, 2001).
② 在许多案例中市盈率倍数高于公司倍数，因为市盈率倍数使用的是税后收益，而大多数公司价值倍数用的是较高的税前收益。

价值

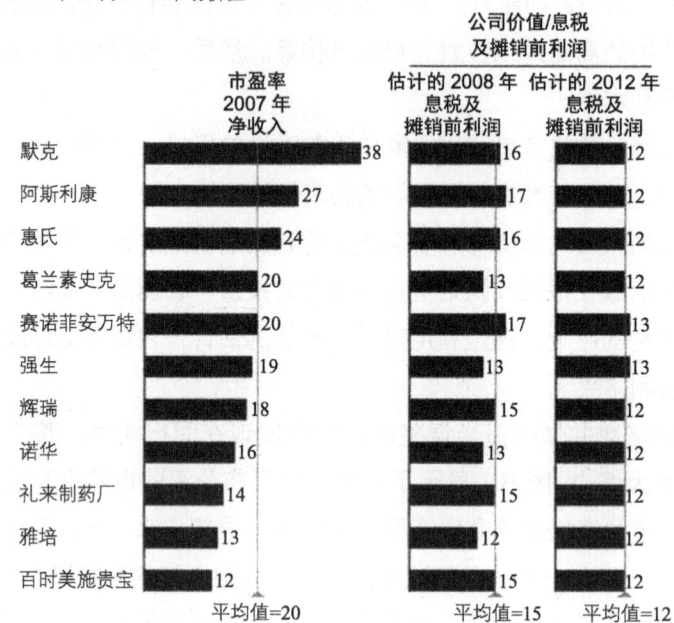

2007年12月31日市场价值

公司	市盈率 2007年净收入	公司价值/息税及摊销前利润 估计的2008年息税及摊销前利润	估计的2012年息税及摊销前利润
默克	38	16	12
阿斯利康	27	17	12
惠氏	24	16	12
葛兰素史克	20	13	12
赛诺菲安万特	20	17	13
强生	19	13	13
辉瑞	18	15	12
诺华	16	13	12
礼来制药厂	14	15	12
雅培	13	12	12
百时美施贵宝	12	15	12
平均值	20	15	12

（资料来源：Compustat，麦肯锡公司绩效中心分析。）

图 B.1　远期公司倍数比传统市盈率倍数的离差更小

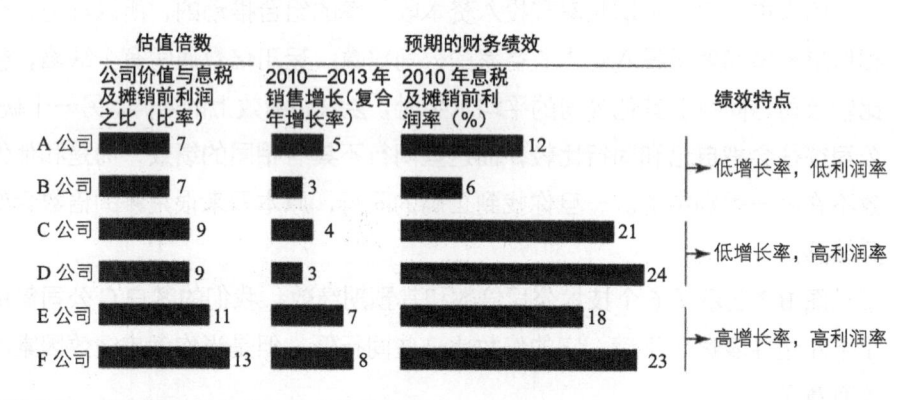

	估值倍数	预期的财务绩效		绩效特点
	公司价值与息税及摊销前利润之比（比率）	2010—2013年销售增长（复合年增长率）	2010年息税及摊销前利润率（%）	
A公司	7	5	12	低增长率，低利润率
B公司	7	3	6	
C公司	9	4	21	低增长率，高利润率
D公司	9	3	24	
E公司	11	7	18	高增长率，高利润率
F公司	13	8	23	

（资料来源：麦肯锡公司绩效中心分析数据流。）

图 B.2　多元化比较需要正确的同行群体

这些公司结合不同的倍数分为三个绩效区间：最低利润率和低增长率的公司倍数是7；低增长率但高利润率的公司倍数是9；高增长率和高利润率的公司倍数是11～13。